Volker Noll

Das linguistische Erbe von al-Andalus

Romanistische Arbeitshefte

Herausgegeben von
Volker Noll und Georgia Veldre-Gerner

Band 72

Volker Noll

Das linguistische Erbe von al-Andalus

Hispanoarabische Sprachkontakte

DE GRUYTER

ISBN 978-3-11-069773-5
e-ISBN [PDF] 978-3-11-069776-6
e-ISBN [EPUB] 978-3-11-069793-3
ISSN 0344-676X

Library of Congress Control Number: 2022942520

Bibliografische Information der Deutschen Nationalbibliothek
Die Deutsche Nationalbibliothek verzeichnet diese Publikation in der Deutschen Nationalbibliografie; detaillierte bibliografische Daten sind im Internet über http://dnb.dnb.de abrufbar.

Druck und Bindung: CPI books GmbH, Leck

www.degruyter.com

الأرض كروية ، والعامة تقول غير ذلك

Die Erde ist rund, dabei wird gemeinhin behauptet, es sei nicht so

(Ibn Ḥazm von Córdoba, 994–1064)

Vorwort

Die Jahre 711 und 1492 umrahmen in machtpolitischer Hinsicht die Zeit maurischer Präsenz auf der Iberischen Halbinsel auf einem Territorium unterschiedlicher Ausdehnung, das unter dem Namen al-Andalus bekannt ist. Der am Ende neun Jahrhunderte währende Kontakt zwischen Orient und Okzident hatte für Spanien kulturelle und insbesondere auch sprachliche Auswirkungen, die bis in die Gegenwart reichen. So hat das Arabische nach dem lateinischen Fundus den größten Anteil am spanischen Wortschatz. Die Beschreibung des arabischen Kulturadstrats in verschiedenen Bereichen der Sprache ist Gegenstand des vorliegenden Arbeitsheftes. Angesichts der enormen Materialfülle, die in Wortschatz und Onomastik mehrere Tausend Einheiten umfasst, kann es nur um eine beispielorientierte Darstellung gehen.

Im Kontrast zum RA 41 von Gustav Ineichen (1997, *Arabisch-orientalische Sprachkontakte in der Romania*) bietet dieses Arbeitsheft Ausbau und Vertiefung der Thematik für den spanischen Bereich, der in der universitären Lehre stärker im Fokus steht. Damit soll eine Lücke für den akademischen Unterricht geschlossen werden, denn als Einstieg in die Gesamtthematik stehen lediglich unselbständige Beiträge zur Verfügung, im Deutschen die Aufsätze von Kontzi (1982, 1998) und Montero Muñoz (2006). Ein Aspekt, der das linguistische Verständnis fördern soll, liegt in dem Ansatz, die Adstrateinflüsse nicht allein im Hinblick auf das Spanische (Romanische) zu beschreiben, sondern auch bezüglich der zugrunde liegenden arabischen Sprachstrukturen zu beleuchten.

Die Kapitelabfolge bringt zwangsläufig inhaltliche Überschneidungen mit sich. Spanische Namen wurden meist beibehalten (Extremadura, Aragón, Alfonso). Entlehnungen, die mit dem arabischen Artikel verbunden sind, wurden der Anschaulichkeit halber im Etymon formbezogen angegeben (sp. *aceite* < ar. *az-zayt* 'Öl'). Die Übertragung von Zitaten ins Deutsche stammt von uns.

Für die engagierte Durchsicht der Druckvorlage danke ich herzlich Frau Rabea Fröhlich sowie den Mitarbeiterinnen des Verlages, Frau Dr. Christine Henschel und Elisabeth Stanciu.

Das Arbeitsheft soll das Thema für Studierende öffnen und an Fachliteratur heranführen, ohne diese ersetzen zu wollen. Konzeptionell ist es ein studienorientierter Kompromiss aus Komposition, Explikation und vielleicht etwas Innovation.

Münster, im Sommer 2022

https://doi.org/10.1515/9783110697766-202

Inhalt

Vorwort — VII

Abkürzungen — XV

Abbildungs- und Tabellenverzeichnis — XVII

1 Al-Andalus (الأندلس) im historischen Rahmen — 1
1.1 Vorgeschichte und Eroberung — **2**
1.2 Territorium und Bevölkerung — **4**
1.2.1 Zur Namengebung von al-Andalus — **4**
1.2.2 Die Bevölkerungsgruppen in al-Andalus — **5**
1.2.2.1 Mauren — **5**
1.2.2.2 Exkurs: sp. *moro* — **6**
1.2.2.3 Mozaraber — **6**
1.2.2.4 Muladíes — **7**
1.2.2.5 Mudéjares und Morisken — **7**
1.2.2.6 Juden — **8**
1.2.2.7 Sklaven — **8**
1.3 Die Zeit des omayyadischen Emirats (756–929) — **9**
1.3.1 Toleranz und Märtyrertum — **9**
1.3.2 Reconquista und Marken — **10**
1.4 Die Zeit des omayyadischen Kalifats (929–1031) — **12**
1.5 Die Zeit der Taifas — **12**
1.5.1 Die maurischen Kleinkönigreiche — **12**
1.5.2 Die christlichen Reiche im 11. Jh. — **14**
1.6 Almoraviden und Almohaden (1086–1248) — **14**
1.7 Aragón und Katalonien — **17**
1.8 Portugal — **17**
1.9 Granada und die Zeit nach 1492 — **18**
Literaturhinweise — **19**
Aufgaben — **19**

2 Die Sprachen Spaniens im Mittelalter — 20
2.1 Romanisch — **20**
2.1.1 Das Romanische von al-Andalus (Mozarabisch) — **21**
2.1.2 Die Herausbildung der romanischen Sprachlandschaften — **22**
2.1.2.1 Die Bedeutung der Reconquista — **22**
2.1.2.2 Die Stellung des Andalusischen als Varietät des Spanischen — **23**
2.1.3 Der Aufstieg des Kastilischen — **23**

2.1.4 Das Spanische der Morisken — **24**
2.2 Mittellatein — **24**
2.3 Arabisch — **25**
2.4 Berbersprachen — **27**
2.5 Hebräisch — **28**
2.6 Sprachkontakt und Zweisprachigkeit — **29**
2.6.1 Flächenkontakt vs. punktuelles Kontaktmilieu — **29**
2.6.2 Prestige als bestimmender Faktor im Sprachkontakt — **31**
Literaturhinweise — **31**
Aufgaben — **31**

3 Strukturelle Aspekte des hispanoarabischen Sprachkontakts I — 32
3.1 Zur Charakteristik des Arabischen — **32**
3.1.1 Alphabet und Phonetik — **33**
3.1.2 Dialektale Besonderheiten des *árabe andalusí* — **35**
3.2 Phonetische Adaptation der Arabismen — **36**
3.2.1 Vokalismus und Imala — **36**
3.2.2 Anpassungen im Konsonantismus — **37**
3.2.2.1 Gemination — **37**
3.2.2.2 Sibilanten — **38**
3.2.2.3 Die Alternanz von *f* und *h* — **39**
3.2.2.4 Die Entwicklung ar. [wa-] > sp. [gwa-] — **40**
3.2.2.5 Emphatische Konsonanten — **41**
3.2.2.6 Weitere konsonantische Entsprechungen — **41**
3.2.3 Wortbetonung — **42**
3.3 Relikte arabischer Formen im Spanischen — **43**
3.3.1 Substantive — **43**
3.3.1.1 Genus und Flexion — **43**
3.3.1.2 Dual und Plural — **44**
3.3.1.3 Deverbale Substantive — **45**
3.3.1.4 Diminutive — **45**
3.3.1.5 Berufsbezeichnungen — **46**
3.3.2 Arabische Verben, Verben des IV. Stamms — **46**
3.3.3 Adjektive — **48**
3.3.3.1 Relationsadjektive auf *-ī* — **48**
3.3.3.2 Formen der Farbadjektive — **49**
Literaturhinweise — **49**
Bibliographische Hinweise zu hispanoarabischen Sprachkontakten — **49**
Aufgaben — **50**

4 **Strukturelle Aspekte II: der agglutinierte Artikel *al* — 51**
4.1 Zum Artikel *al* in der Forschung — **51**
4.2 Im Fokus der Diskussion: die Berberthese — **53**
4.3 Der bestimmte Artikel *al* im Arabischen — **54**
4.3.1 Polymorphie des Artikels — **54**
4.3.1.1 Regressive Assimilation — **54**
4.3.1.2 Elision — **54**
4.3.1.3 Allomorphie und Segmentierung — **54**
4.3.2 Der Status constructus — **55**
4.3.3 Der arabische Artikel in der Schrift — **55**
4.4 Statistik der Agglutination im Iberoromanischen — **56**
4.5 Das Funktionsprinzip der Agglutination — **56**
4.5.1 Silbenstruktur und Morphemgrenze — **56**
4.5.2 Hybridbildungen — **58**
4.6 Artikeltragende und artikellose Formen im Iberoromanischen — **58**
4.7 Spanisch und Portugiesisch vs. Katalanisch — **59**
4.8 Die Agglutination in der Zusammenfassung — **59**
Literaturhinweise — **60**
Aufgaben — **60**

5 **Lexik — 61**
5.1 Klassifikation des Lehnguts — **61**
5.1.1 Äußeres Lehngut — **61**
5.1.2 Inneres Lehngut — **62**
5.1.2.1 Lehnformung — **63**
5.1.2.2 Lehnbedeutung — **63**
5.1.2.3 Lehnsyntax — **64**
5.1.3 *Etymologia proxima* vs. *etymologia remota* — **64**
5.1.4 Bedürfnislehnwörter vs. Luxuslehnwörter — **65**
5.1.5 Aufnahme und Adaptation von Lehngut — **66**
5.1.6 Mehrfachentlehnung und semantische Entwicklung — **66**
5.1.7 Chronologie der Entlehnungen — **68**
5.2 Quantitative Aspekte — **69**
5.3 Wortklassen — **71**
5.3.1 Substantive — **71**
5.3.1.1 Landwirtschaft und Bewässerung — **72**
5.3.1.2 Pflanzen und Nahrung — **72**
5.3.1.3 Siedlung und Wohnkultur — **72**
5.3.1.4 Wirtschaftsleben und Berufe — **72**
5.3.1.5 Militär und Verwaltung — **72**
5.3.1.6 Wissenschaft — **72**
5.3.2 Verben — **74**

5.3.3 Adjektive — 75
5.3.3.1 Farbbezeichnungen — 75
5.3.3.2 Negativ besetzte Adjektive — 75
5.3.4 Strukturwörter und Interjektionen — 76
5.3.5 Phraseologie — 76
5.4 Ableitungen — 77
5.5 Hybridbildungen — 78
5.6 Irrtümlich zugeordnete Arabismen — 78
5.7 Das Arabische als Vermittlersprache — 79
5.7.1 Arabismen griechischen Ursprungs — 79
5.7.2 Arabismen persischen Ursprungs — 80
Literaturhinweise — 81
Aufgaben — 82

6 Onomastik — 83
6.1 Toponyme arabischer Prägung — 83
6.1.1 Exkurs: *Ceuta* — 84
6.1.2 Toponyme im Umfeld arabischer Anthroponyme — 85
6.1.3 Toponyme aus arabischen Sachbezeichnungen — 86
6.1.4 Unsichere Etymologien — 87
6.1.5 Ein Beispiel weltweiter Verbreitung — 87
6.2 Hydronyme arabischer Herkunft — 88
6.2.1 *Guad-* und seine Varianten — 89
6.2.2 Unterschiedliche Konstruktionen mit *Guad-* — 90
6.2.3 Hispanoarabische Charakteristika in Flussnamen — 91
6.2.4 Fragen der Etymologisierung — 91
6.2.5 Ein Hydronym aus arabischer Übersetzung — 91
6.2.6 Der Ausgriff von Hydronymen in die Toponomastik — 92
6.3 Sternnomenklatur arabischer Herkunft — 92
6.3.1 Historischer Hintergrund — 92
6.3.2 Fehlübertragungen und sprachliche Anpassung — 94
Literaturhinweise — 95
Aufgaben — 95

7 Die Jarchas — 96
7.1 Herkunft und Bedeutung — 96
7.2 Lektüre und Interpretation einer Jarcha (arabische Reihe) — 97
7.2.1 Lautung — 99
7.2.2 Inhaltliche Variation — 100
7.3 Lektüre und Interpretation einer Jarcha (hebräische Reihe) — 101
Literaturhinweise — 102
Aufgaben — 103

8 Das Romanische von al-Andalus (Mozarabisch) — 104
8.1 Quellen des Romanischen von al-Andalus — **105**
8.1.1 Allgemeine Probleme der Interpretation — **105**
8.1.2 Quellenwerke für das Romanische von al-Andalus — **106**
8.1.2.1 Zeugnisse aus der Literatur — **106**
8.1.2.2 Zeugnisse aus Naturwissenschaft und Heilkunde — **107**
8.1.2.3 Rechtsdokumente — **107**
8.1.2.4 Glossare — **107**
8.1.2.5 Toponomastik — **108**
8.2 Charakteristika des Romanischen von al-Andalus — **109**
8.2.1 Vokalismus — **109**
8.2.1.1 Diphthongierungen im Iberoromanischen — **109**
8.2.1.2 Die fallenden Diphthonge [au̯] und [ai̯] — **110**
8.2.1.3 Vokale im Auslaut — **110**
8.2.2 Konsonantismus — **111**
8.2.2.1 Die intervokalischen Verschlusslaute *-p-*, *-t-*, *-k-* — **111**
8.2.2.2 Die Palatalisierung von lat. $k^{e,i}$ — **114**
8.2.2.3 Die Entwicklung von vlt. *-kl-*, *-lj-* vs. *-ll-* — **116**
8.2.2.4 Die lat. Nexus *-kt-* und *-(u)lt-* — **117**
8.2.2.5 Lat. *f-* — **117**
8.2.2.6 Lat. *pl-*, *kl-*, *fl-* — **117**
8.2.2.7 Der lat. Nexus *-mb-* — **117**
8.2.3 Morphologie — **118**
8.2.3.1 Femininum Plural auf *-es* — **118**
8.2.3.2 Morphosyntax — **118**
8.3 Charakterisierung des Mozarabischen — **119**
Literaturhinweise — **120**
Aufgaben — **120**

9 Die arabischen Übersetzungen ins Altspanische — 121
9.1 Grundlagen — **121**
9.2 Ins Altspanische übersetzte Werke — **122**
9.3 Die Praxis des Übersetzens — **123**
9.4 Syntaktisch-stilistische Einflüsse auf das Altspanische — **126**
9.4.1 Absolute Relativkonstruktionen — **127**
9.4.2 Possessivkonstruktionen — **128**
9.4.2.1 Das Personalpronomen als Possessiversatz — **128**
9.4.2.2 Wiederaufnahme eines Genitivs durch das Possessivum — **129**
9.4.3 Parataktischer Satzanschluss — **129**
9.4.4 Paronomasie — **129**
9.4.4.1 Paronomasie bei Objektakkusativ — **129**
9.4.4.2 Paronomasie bei Indetermination — **130**

9.4.5 Das Konzept der Konvergenz — **131**
9.4.6 Statistik und Sprachvergleich — **131**
9.5 Die Übersetzung als Instrument lexikalischen Ausbaus — **132**
9.6 Die Übersetzung als Instrument syntaktischen Ausbaus — **133**
Literaturhinweise — **134**
Aufgaben — **134**

10 Aljamiadoliteratur — 135
10.1 Der historische Rahmen — **135**
10.2 Das sprachliche Umfeld — **136**
10.3 Sprachliche Charakteristika — **138**
10.4 Arabische Einflüsse in Aljamiadotexten — **139**
10.4.1 Wortschatz — **139**
10.4.2 Morphologie — **140**
10.4.3 Syntax — **140**
10.5 Beispiel eines Aljamiadotextes — **141**
Literaturhinweise — **142**
Aufgaben — **142**

11 Verlust und Ersetzung von Arabismen — 143
11.1 Die Einstellung zu Arabismen im 16. und 17. Jh. — **143**
11.2 Der Verlust von Arabismen in chronologischer Sicht — **145**
11.3 Gründe für den Schwund von Arabismen — **145**
11.4 Quantitative Aspekte des Wort- und Bedeutungsverlusts — **146**
11.5 *Alfayate* vs. *sastre* — **146**
11.6 Konkurrenz von Synonymen — **147**
11.7 Der Schwund von Arabismen nach Sachgebieten — **148**
11.8 Ausgeblendete Arabismen und heutiger Fachwortschatz — **149**
11.9 Der Verlust von Einzelbedeutungen — **150**
11.10 Arabismen und Bedeutungswandel — **150**
Literaturhinweise — **152**
Aufgaben — **152**

Literaturverzeichnis — 153

Index — 167

Abkürzungen

Die Abkürzungen von Buchtiteln werden direkt im Literaturverzeichnis aufgelöst.

/ /	Phoneme
[ ]	Aussprache
< >	Graphie
Abb.	Abbildung
Abl.	Ableitung
Adj.	Adjektiv
afr.	altfranzösisch
akast.	altkastilisch
akat.	altkatalanisch
apg.	altportugiesisch
ar.	arabisch; arabische Seitenzählung
arag.	aragonesisch
asp.	altspanisch
Aufl.	Auflage
b.	in arabischen Namen für *ibn* 'Sohn des'
bot.	botanisch
bzw.	beziehungsweise
dt.	deutsch
eng.	englisch
f., Fem.	Femininum
fr.	französisch
gal.	galicisch
germ.	germanisch
ggf.	gegebenenfalls
gr.	griechisch
hispar.	hispanoarabisch
ibid.	ibidem, ebenda
id.	idem
it.	italienisch
Jh., Jhs.	Jahrhundert(s)
jmd.	jemanden
Kap.	Kapitel
kast.	kastilisch
kat.	katalanisch
leon.	leonesisch
m., Mask.	Maskulinum
mlat.	mittellateinisch

https://doi.org/10.1515/9783110697766-204

moz.	mozarabisch
mpers.	mittelpersisch
n.	Verweis auf Anmerkung, Fußnote
Nr.	Nummer
NRFH	*Nueva revista de filología hispánica*
nsp.	neuspanisch
Pers.	Person
pers.	persisch
Pl.	Plural
Relativpr.	Relativpronomen
res.	reseña
RFE	*Revista de filología española*
RFH	*Revista de filología hispánica*
RJ	*Romanistisches Jahrbuch*
RLiR	*Revue de linguistique romane*
schweizerdt.	schweizerdeutsch
sanskr.	sanskrit
Sg.	Singular
siz.	sizilianisch
sp.	spanisch
ss.	et sequentes; und folgende
sth.	stimmhaft
stl.	stimmlos
Subst.	Substantiv
s.u.	siehe unten
s.v.	sub voce, unter dem Stichwort
Tab.	Tabelle
Transkr.	Transkription
Transl.	Transliteration
u.a.	unter anderem
v.	verso, Blattrückseite
vlt.	vulgärlateinisch
VR	*Vox romanica*
vs.	versus, gegenüber
wrtl.	wörtlich
Z	Zeile
ZRPh	*Zeitschrift für romanische Philologie*

Abbildungs- und Tabellenverzeichnis

Abbildungen

Abb. 1: Inneres Lehngut — 62
Abb. 2: Jarcha-Schriftprobe — 100
Abb. 3: Ausschnitt aus einem Aljamiadotext — 141

Karten

Karte 1: Die Taifareiche um 1050 — 13
Karte 2: Die Reconquista seit 1050 — 16

Tabellen

Tab. 1: Das arabische Alphabet — 33
Tab. 2: Die Entwicklung der kastilischen Sibilanten — 38
Tab. 3: Beispiel für ein ar. Deklinationsparadigma — 44
Tab. 4: Konjugationsbeispiel für ar. *kataba* 'schreiben' — 47
Tab. 5: Arabismen im sp. Grundwortschatz — 70
Tab. 6: Jarcha 36 der arabischen Reihe — 98
Tab. 7: Jarcha 2 der hebräischen Reihe — 101
Tab. 8: Vlt. Vokale unter dem Hauptton — 109

https://doi.org/10.1515/9783110697766-205

1 Al-Andalus (الأندلس) im historischen Rahmen

Zur maurischen Epoche Spaniens bestehen unterschiedliche historische Bewertungen. Man erinnert sich an die in verschiedenen Variationen erzählte Legende, nach der eine junge Frau aus dem Norden des Landes einen maurischen Fürsten heiratete und nach einiger Zeit in Traurigkeit verfiel. Nach dem Grund befragt antwortete sie, sie vermisse den Schnee ihrer Heimat. Der Fürst ließ daraufhin die Olivenhaine der Umgebung mit Mandelbäumen bepflanzen, die die Landschaft im Dezember in ein schneeweißes Blütenmeer verwandelten.

Diese Legende trägt einen wahren Kern in sich, denn die Geschichte von al-Andalus ist nicht die Konfrontation zweier Weltanschauungen, wie dies manche Verhältnisse aus heutiger Zeit vielleicht vermuten ließen. Sie war es nicht grundsätzlich auf militärischem Gebiet und noch weniger geistesgeschichtlich-kulturell. Ein zentraler Bestandteil der Bewertung des spanischen Mittelalters ist in diesem Zusammenhang die Kontroverse zwischen den Historikern Américo Castro (*España en su historia*, 1948) und Claudio Sánchez-Albornoz (*España, un enigma histórico*, 1956), die in der Franco-Ära beide ins Exil gingen. Sánchez-Albornoz zeichnet eine Entwicklung Spaniens, die eine Kontinuität von der Römerzeit über den als besonders prägend empfundenen Einfluss der Goten bis in die Moderne herstellt. Dabei schließt er die Mauren nicht aus, weist ihnen jedoch einen eher marginalen Anteil an der Geschichte des Landes zu. Einen differenzierteren Standpunkt vertritt Castro. Er entwirft für die Epoche ein Bild der *convivencia*, die Romanen, Mauren und Juden in einer toleranten und fortschrittlichen Gesellschaft verbunden habe.

Das fruchtbare Zusammenspiel der Kulturen im Umfeld der sog. Übersetzerschule von Toledo ist unumstritten. Man denke auch an den in Spanien verbreiteten Mudéjar-Baustil, durch dessen Beauftragung christliche Sieger ihrer Bewunderung für die Kunstfertigkeit der Besiegten Ausdruck verliehen. In den Jarchas verbindet sich arabische Dichtung mit romanischen Elementen, die hebräische Dichtung in al-Andalus wiederum entstand aus einer Befruchtung durch arabische Sprache und Literatur. Das erste Epos und zentrale Frühwerk der spanischen Literatur, der *Cantar de Mio Cid* (um 1200) verewigt im Titel den arabischen Beinamen des Helden und Rückeroberers von Valencia, Rodrigo Díaz de Vivar (hispar. *sid* < ar. *sayyid* 'Herr').

Zweifellos bestehen in der Charakterisierung der Gesellschaft von al-Andalus Gegensätze. In kritisch orientierter Literatur (Fanjul 2005) wird sie als mythische Verklärung beschrieben. Wie Catlos in *Kingdoms of Faith* (2018) hervorhebt, geht es jedoch nicht darum, Verhältnisse zu idealisieren oder Gegensätze zu überzeichnen, sondern um das Verständnis der Ereignisse. Dass die Rahmenbedingungen auf allen Seiten machtpolitisch und interessengeleitet definiert waren, stellt ein Fixum der politischen Geschichte dar. Für Extreme gibt es auch nach dem Zeitalter der Aufklärung in der heutigen Welt viele Beispiele.

https://doi.org/10.1515/9783110697766-001

1.1 Vorgeschichte und Eroberung

Bereits in der Antike bestanden Verbindungen zwischen der Iberischen Halbinsel und Nordwestafrika. Der Sieg Roms über die Karthager im 2. Punischen Krieg 206 v. Chr. bei Ilipa war Ausgangspunkt für die weitere Eroberung und die Romanisierung der Iberischen Halbinsel. Nach der Zerstörung Karthagos (146 v. Chr.) wurde *Africa proconsularis* mit dem Zentrum im heutigen Tunesien römische Siedlungsprovinz und Kornkammer des Reiches. Auch dort entwickelte sich eine frühe Romanität, die bis ins 12. Jh. fortlebte. Es ist die Heimat des Kirchenvaters Augustinus (354–430), dessen *Confessiones* zu den bekanntesten autobiographischen Schriften der Weltliteratur gehören. Im westlichen Algerien und in Marokko schloss sich das römische Mauretanien an, wovon sich der Name der Mauren (sp. *moro*) ableitet. Die autochthone Bevölkerung bestand aus Berbern.

Im 5. Jh. war Europa den Wirren der Völkerwanderung ausgesetzt. 406 überquerten Sueben, Alanen und Vandalen den Rhein und erreichten 409 Hispanien. Die Sueben gründeten im Nordwesten der Iberischen Halbinsel (Gallaecia) ein Reich, die Vandalen ließen sich im Süden des Landes (Baetica) nieder. Nach der Plünderung Roms 410 zogen die Westgoten in den Südwesten Frankreichs, wo ihnen ein Siedlungsgebiet angeboten wurde. Dort gründeten sie 418 das Tolosanische Reich (Tolosa → Toulouse). Als die Vandalen 429 nach Nordafrika weiterzogen, schickten sich die Sueben an, ihren Machtbereich auszudehnen, wodurch sie mit den Westgoten in Konflikt gerieten. Mit dem Sieg Theoderichs II. 456 über die Sueben stand den Westgoten Hispanien offen. Theoderichs Bruder Eurich II. unternahm 472 und 473 Feldzüge, bei denen Pamplona, Zaragoza sowie die Mittelmeerküste bei Tarragona unter gotische Herrschaft fielen. Schließlich mussten die Westgoten dem Druck der Franken weichen und ließen sich ganz in Hispanien nieder, wo sie 507 Toledo als neue Hauptstadt wählten. Ihr Reich sollte bis 711 Bestand haben.

Ausgangspunkt für die arabische Eroberung Nordafrikas und der Iberischen Halbinsel war die Verbreitung des Islam, die von der Arabischen Halbinsel ausging. Dort hatte der aus Mekka stammende Mohammed (ar. *Muḥammad*, 571–632) die Offenbarung des Korans empfangen und als Prophet zahlreiche Anhänger gefunden, die den Glauben bis zu seinem Tod fast auf der gesamten Halbinsel verbreiteten. Die darauf folgende fulminante Expansion des Islam über die angrenzenden Regionen war gewiss nicht allein von Religion beflügelt, sondern es lag auch ein Anreiz in der Aussicht auf Beutezüge, wenn man an das Leben denkt, das die rivalisierenden Beduinenstämme in ihrem Stammland führten. Bei ihren schnellen Vorstößen profitierten die Muslime von der politischen Instabilität ihrer Nachbarn. Dies betrifft das sassanidische Persien, die byzantinischen Besitzungen in Nordafrika und auch das gotische Hispanien. Ägypten wurde 640 erobert, 670 entstand die Große Moschee von Kairuan (Tunesien). Bis 680 erreichten die Araber den Atlantischen Ozean.

Die nordafrikanischen Gebiete westlich von Ägypten bilden den Maghreb (< ar. *maġrib* 'Sonnenuntergang; Westen'). Statthalter des Maghreb war Mūsā b. Nuṣair. Ein erster erfolgreicher Beutezug führte den Berber Ṭarīf 710 an den südlichsten Punkt der Iberischen Halbinsel (→ Tarifa). Daraufhin beauftragte Mūsā den Gouverneur von Tanger, Ṭāriq b. Ziyād, mit einer Mission: Im Jahr 711 überquerte Ṭāriq mit bis zu 12.000 Mann die Straße von Gibraltar, die zusammen mit dem auf dem Festland gelegenen Felsen bis heute seinen Namen trägt (< ar. *ǧabal Ṭāriq* 'der Berg Tariks'). Unterstützung in Form nachrichtlicher Informationen und durch Schiffe erhielt Ṭāriq vom byzantinischen Statthalter Ceutas, Julian. Das Hauptkontingent der Truppen, die die Iberische Halbinsel "öffneten", wie das arabische Verb *fataḥa* in einer interessanten semantischen Kombination von 'öffnen, erobern' ausdrückt, bestand aus Berbern. Die Population aus Arabern und Berbern, die das Land über viele Jahrhunderte beherrschen sollten, nennt man in diesem Kontext Mauren. Damit verbindet sich keine inhaltliche Wertung. Vielmehr wäre es verkürzend, die Epoche als arabisch einzuordnen, selbst wenn die Berber meist weniger in Erscheinung traten. Allerdings spricht man in diesem Zusammenhang von arabischer oder arabisch-islamischer Kultur.

Der Erfolg der Invasion von 711 begann mit der Niederlage der Westgoten in der Schlacht am Río Guadalete (Provinz Cádiz) und dem Tod ihres Königs Roderich, der erst gekrönt worden war. Aufgrund der Gegnerschaft der Anhänger des im Jahr zuvor verstorbenen Königs Witiza zu Roderich war das Reich instabil, so dass man davon ausgeht, ein Teil der Truppen sei sogar zu den Mauren übergelaufen.

Innerhalb nur weniger Jahre eroberten die Mauren die Iberische Halbinsel bis auf einen schmalen Streifen im Norden, der in erster Linie vom Kantabrischen Gebirge begrenzt wurde und im Osten im Einflussgebiet der Franken südlich der Pyrenäen verlief. Bereits 713 wurde Toledo eingenommen. Im Bergland Asturiens (sp. *Asturias*) hatte sich Pelayo, ein Adliger aus der Leibwache Roderichs, niedergelassen und war dort zu einem lokalen Anführer geworden. Er schlug gegen die Muslime die Schlacht von Covadonga, deren Ablauf und Datierung (718/722) bis heute nicht eindeutig feststehen. Covadonga gilt in gewisser mythischer Überhöhung jedoch als Beginn der sog. *Reconquista*. Der Terminus stammt aus dem 19. Jh. und ist in Spanien selbst umstritten, weil er auch im Spanischen Bürgerkrieg (1936–1939) eine Rolle spielte. Als Rückeroberung ehemals maurisch beherrschter Gebiete, die nach 1492 zur territorialen Einigung Spaniens führte (cf. 1.9), hat die Reconquista jedoch ihren Platz in der Geschichtsbetrachtung.

Die Mauren drangen auch nach Frankreich vor, beherrschten Teile Septimaniens (Languedoc-Roussillon), zogen das Rhonetal hinauf und gelangten über Lyon bis Autun, das sie 725 einnahmen. In Fraxinetum (La Garde-Freinet), östlich von Toulon, hielten sie sich bis 972. Entscheidend war jedoch die Niederlage, die ihnen Karl Martell 732 bei Poitiers beibrachte. Bis zur Mitte des 8. Jhs. zogen sie sich bis auf gelegentliche Beutezüge nach al-Andalus zurück. Darüber hinaus herrschten die Mauren über Sizilien (827–1091) und Teile Süditaliens. Ihr kultureller Einfluss währte über die normannische Eroberung (ab 1061) hinaus, war jedoch nicht so tiefgreifend wie auf der Iberischen Halbinsel.

1.2 Territorium und Bevölkerung

1.2.1 Zur Namengebung von al-Andalus

Der Süden Spaniens wurde in römischer Zeit Baetica genannt – nach dem Fluss Baetis, der heute den arabischen Namen Guadalquivir trägt. Die Bezeichnung *al-Andalus* erscheint 716 auf einer arabisch-lateinischen Münzprägung zusammen mit *Spania*: "ḍuriba hāḏā 'd-dīnār bi-'l-Andalus [...]". Die lateinische Aufschrift lautet FERITOSSOLINSPANAANXCVII (= feritus solidus in Spania anno XCVII) 'dieser Dinar wurde im Jahre 97 in al-Andalus geprägt' (cf. Cagigas 1936–39, 211).[1]

Mit al-Andalus wird das maurische Herrschaftsgebiet bezeichnet (711–1492), das in seiner territorialen Ausdehnung über die Jahrhunderte hinweg variierte. Ursprünglich reichte es bis an das Kantabrische Gebirge im Norden der Iberischen Halbinsel. Zu Beginn des 13. Jhs. lag das Kerngebiet in Andalusien, im Westen erstreckte es sich bis südlich von Lissabon, im Osten über Murcia bis nördlich von Valencia.

Zur Herkunft des Namens al-Andalus (sp. *al-Ándalus*, auch *Alandalús*, cf. 3.2.3) gibt es verschiedene Theorien (cf. Noll 1997). Die von Halm (1989) vertretene geht davon aus, dass der Name von den Westgoten übernommen wurde. Die westgotischen Besitzungen in Spanien unter Eurich II. entsprächen einem in jener Zeit urkundlich erwähnten lat. *Gothica sors* 'Land, das den Goten (durch Los) zugefallen war' (cf. lat. *sors* 'Los, Losstäbchen'). Das Pendant im Gotischen selbst laute **landahlauts*, eine Form, die als solche nicht belegt und auch hinsichtlich des Fugenvokals /a/ spekulativ ist. Als die Goten 507 die Macht in Spanien übernahmen, hatten sie sich schon länger in romanischsprachigen Gebieten aufgehalten. Inwieweit das Gotische in jener Zeit noch Verwendung fand, ist nicht bekannt. Zur Zeit der Eroberung durch die Mauren wurde es wohl nicht mehr gesprochen. In Bezug auf **landahlauts* fragt man sich, durch wen eine unspezifische germanische Bezeichnung, die mit dem Romanischen der Iberischen Halbinsel nichts zu tun hatte, als Bezeichnung für ein Land weitergegeben worden sein soll, das bei Isidor von Sevilla (ca. 560–636) *Spania* hieß.

Plausibler scheint die Verbindung mit dem Namen der Vandalen (Wandalen) (→ [W]andalusien), die bereits im Mittelalter als Erklärung diente. In der *Primera Crónica General*, einer auf Initiative Alfonsos X. (1252–1284) verfassten Geschichte Spaniens, wird der Name Andalusiens um 1270 vom Volk der Vandalen abgeleitet:

> [...] e daquella sazon adelante fue aquella prouincia Betica llamada del nombre daquellos vuandalos, que la ouieron por suerte, Vuandalia en latin, que quiere tanto dezir cuemo Andaluzia en el lenguage castellano. (*PCrónGen*, 210a)

1 Es handelt sich um die islamische Zeitrechnung in Mondjahren ab 622 n. Chr. Auffällig ist die Diskrepanz von einem Jahr in der lateinischen und der arabischen Version.

Das ostgermanische Reitervolk siedelte von 409 bis 429 in Südspanien und zog nach Nordafrika weiter, wo sich seine Spur im Raum des heutigen Tunesiens ungefähr ein Jahrhundert später in Zusammenhang mit der byzantinischen Eroberung des Gebietes verliert.

Ein lateinisch-romanisches *Guandali* ist um 520 belegt (cf. Noll 1997, 206). In lautlicher Entwicklung wird germ. *wa-* zu rom. *gua-* (cf. 3.2.2.4), im Iberoromanischen entspricht dies der Form **Guándalos*. Man kann den Namen als Ellipse verstehen: Zunächst ergibt sich ein Bezug zu dem Hafen an der Südspitze der Iberischen Halbinsel (→ Tarifa), wo 80.000 Vandalen nach Afrika übersetzten (< **puerto de los Guándalos*). Dann überträgt sich die Bezeichnung auf das Hinterland, denn auch im Arabischen spricht man von *ǧazīratu 'l-Andalus* '(Halb)Insel al-Andalus'. Diese Bedeutung ist heute im Namen der Stadt Algeciras (ar. *al-ǧazīra*) erhalten. Das Arabische kennt genuin kein /g/, keine Konsonantennexus am Wortanfang und kein /o/ (→ /u/). So wurde aus dem romanischen Ethnonym **los Guándalos* ([gw]ándal[o]s) in Verbindung mit dem bestimmten arabischen Artikel möglicherweise *al-Andalus* (cf. 3.1.2).

1.2.2 Die Bevölkerungsgruppen in al-Andalus

Durch die maurische Präsenz auf der Iberischen Halbinsel entstand eine neue Gesellschaft. Diese setzte sich aus heterogenen Bevölkerungsgruppen zusammen, die sich auch hinsichtlich ihrer kulturellen und religiösen Ausrichtung unterschieden und zudem Teil eines sich mit der Zeit wandelnden Machtgefüges waren. Ehen wurden in al-Andalus oft zwischen Mauren und einheimischen Frauen geschlossen.

1.2.2.1 Mauren

Die Bezeichnung "maurisch" geht etymologisch auf lat. *Mauri* zurück, womit die Bevölkerung Nordwestafrikas gemeint war. Das auch im Griechischen vorhandene Wort bedeutet ursprünglich 'dunkel'. In der Geschichte Spaniens versteht man unter den Mauren ein Hyperonym für die Bevölkerungsgruppen der Araber und Berber.

Die angestammte Heimat der Berber in Nordafrika außerhalb der Sahara liegt seit der römischen Eroberung hauptsächlich in Gebirgsregionen wie dem algerischen Aurès, der Kabylei, dem marokkanischen Rifgebirge sowie dem Atlas. Dies spiegelt sich auch in der Wahl ihrer Siedlungsgebiete auf der Iberischen Halbinsel. Interne Spannungen zwischen den Bevölkerungsgruppen ergaben sich in al-Andalus aus der Tatsache, dass die Berber zwar die Mehrheit der Eroberer stellten, die Araber jedoch eine kulturelle Dominanz ausübten und sich ihnen überlegen fühlten. Die zum Islam konvertierten Berber wurden vor allem in der frühen Zeit als Klienten (ar. *mawālī*, Pl.) betrachtet, die auch bei der Landvergabe in al-Andalus benachteiligt wurden.

An der Spitze der sozialen Hierarchie in al-Andalus standen die Araber, obwohl der Islam eine bedeutungsrelevante Abstufung unter Gläubigen nicht vorsieht. Angehörigen anderer Bevölkerungsgruppen, selbst ehemaligen Sklaven, war es dennoch möglich, in hohe Ämter aufzusteigen. Die Araber von al-Andalus zeigten sich als Gruppe jedoch keineswegs geeint, sie pflegten vielmehr alte Rivalitäten aus ihrer Heimat weiter. Dies kam besonders in der Frühzeit in der Gegnerschaft der Qaysiten, die ursprünglich aus Gebieten Syriens stammten, und der jemenitischen Kalbiten zum Ausdruck.

1.2.2.2 Exkurs: sp. *moro*

Bereits im Altspanischen verbindet *los moros* als Terminus Araber und Berber, die das Land erobert hatten. Getrennte Ethnonyme kommen z.B. im *Cantar de Mio Cid* nicht vor. Mit der Wendung *moros e cristianos*, auf die man in dem Heldenepos wiederholt stößt, ist die gesamte Bevölkerung des Landes gemeint. Heute bezieht sich *moros y cristianos* anlässlich des Jakobsfestes (Santiago de Compostela) auf eine folkloristische Veranstaltung mit historischem Hintergrund, bei der Masken getragen werden. In Mexiko wiederum geht es um ein Reisgericht mit schwarzen Bohnen.

Aus den Konflikten während der Reconquista und der Zeit danach hat sich in Verbindung mit *moro* aber auch eine Reihe von Wendungen erhalten, die heutigen Vorstellungen zu politisch korrekter Ausdrucksweise nicht entsprechen: *haber moros y cristianos* verweist auf Streit; *haber moros en la costa* mahnt zur Vorsicht; *pedir el oro y el moro* bedeutet 'überzogene Forderungen stellen', *a más moros, más ganancia* 'viel Feind, viel Ehr'. Schließlich gibt es mit *matamoros* noch den 'Maurentöter', Beiname des Apostels Jakobus (Santiago), der den Christen in einer legendären Schlacht im 9. Jh. zum Sieg verholfen haben soll. Heute bedeutet *matamoros* schlicht 'Angeber'.

Auch im spanischen Substandard sind Kollokationen mit pejorativer Konnotation vorhanden: *moro* (Sg.) 'Nordafrikaner'; *bajar al moro* 'Drogen im Marokko kaufen'; *pesar más que un moro ahogado* 'schwergewichtig sein'. Es sind zum Teil auch sprachliche Einflüsse, die sich in Zusammenhang mit den spanischen Besitzungen in Nordafrika (Melilla, 1497, Ceuta 1668), aus der Zeit der Barbareskenstaaten (16.–19. Jh.), der spanischen Einwanderung nach Westalgerien im 19. Jh. oder dem Protektorat in Nordmarokko (1912–56) ergeben haben. Ein klarer Bezug besteht bei *moro mogataz*, Bezeichnung für einen einheimischen Soldaten, der in Nordafrika in einem spanischen Gefängnis Dienst tat.

1.2.2.3 Mozaraber

Die in al-Andalus lebenden Christen wurden Mozaraber (sp. *mozárabes*) genannt. Dieser Terminus leitet sich von ar. *mustaᶜrab* 'arabisiert' ab, dem passivischen Partizip des Verbs *istaᶜraba* 'sich arabisieren, arabische Lebensart annehmen'. Der Erstbeleg in Spanien stammt aus einem lateinischen Dokument von 1024 (Neuvonen

1941, 51). In einer Urkunde von 1101 wandte sich König Alfonso VI. nach der Rückeroberung von Toledo (1085) “ad totos Muztarabes de Toleto”, um ihnen ihre bisherigen Rechte zu garantieren (Muñoz y Romero 1847, 360). Bezüglich der Etymologie findet man auch den Verweis auf ar. *mustaᶜrib*, das aktivische Partizip, das genau genommen mit ‘Arabist’ zu übersetzen wäre und in fr. *arabisant* eine parallele partizipiale Wortbildung findet.

Der Terminus *mozárabe* kann inhaltlich insofern in die Irre führen, als er sich auf die autochthone christliche Bevölkerung bezieht, deren Muttersprache das Romanische war (cf. Kap. 8), das im Süden des Landes auf die frühe Romanisierung der Baetica zurückging. Die geläufige Fremdbezeichnung leitet sich daraus ab, dass sich die Mozaraber in diversen Dingen wie Kleidung arabischem Vorbild anpassten und auch das Arabische beherrschten. Im Spanischen verwendet man alternativ *cristianos andalusíes* (im Gegensatz zu *andaluces*).

Die Mozaraber galten wie die Juden als Schutzbefohlene (ar. *ḏimmī*, Sg.) und zahlten eine Sondersteuer (ar. *ǧizya*), als Landbesitzer zudem eine Grundsteuer. Durch dieses System wurden einerseits Steuereinnahmen generiert, andererseits konnten existierende Wirtschaftsstrukturen fortbestehen (cf. Hitchcock 2014, 11). Mit der christlichen Bevölkerung außerhalb von al-Andalus kamen die Mozaraber im Zuge der Reconquista entweder durch eine Veränderung der Machtverhältnisse oder durch Übersiedlung in direkten Kontakt. Unter den Almohaden wurden Mozaraber zu Beginn des 12. Jhs. auch in den Maghreb umgesiedelt.

1.2.2.4 Muladíes

Christen, die in al-Andalus zum Islam übertraten, also Neumuslime, werden im Spanischen *muladíes* genannt. Das Wort leitet sich von ar. *muwalladīn* (Pl., cf. 3.3.1.2) ‘geboren; nicht arabischer Herkunft’ zu ar. *wallada* ‘gebären’ ab. Es kann auch die muslimischen Nachkommen aus einer muslimisch-christlichen Verbindung bezeichnen. Muslim ist in einer solchen Verbindung grundsätzlich der Ehemann, die Frau kann ihre Religion beibehalten. Konvertiten zahlten nicht die Sondersteuer, zu der die Schutzbefohlenen, d.h. die christlichen Mozaraber verpflichtet waren. Deshalb wurde die Konversion zumindest aus steuerlichen Erwägungen nicht sonderlich gefördert. Auch nahmen die Muladíes in der Gesellschaft von al-Andalus keine privilegierte Stellung ein. Bulliet (1979, 124) hat errechnet, dass in al-Andalus um 961 ungefähr 50% der Bevölkerung den Islam angenommen hatten, um 1100 sollen es 80% gewesen sein.

1.2.2.5 Mudéjares und Morisken

Mauren, die durch das Voranschreiten der Reconquista unter christliche Herrschaft fielen, werden im Spanischen *mudéjares* genannt (< ar. *mudaǧǧan* ‘bezwungen’). Nach dem Abschluss der Reconquista stellte man die Mauren vor die Wahl, den christlichen Glauben anzunehmen oder das Land zu verlassen. Die maurischen

Zwangskonvertierten (→ sp. *cristianos nuevos*), die im Verborgenen weiterhin dem Islam treu blieben, nennt man Morisken (sp. *moriscos*). Sie verblieben bis zu ihrer definitiven Ausweisung 1609 durch Felipe III. in Spanien und besaßen mit der Aljamiadoliteratur ein eigenes Schrifttum (cf. Kap. 10).

1.2.2.6 Juden

Juden lebten auf der Iberischen Halbinsel seit dem 1. Jh. n. Chr. Man nennt sie nach dem unter ihnen geläufigen Namen der Halbinsel (*Sepharad*, ספרד) sephardische Juden oder Sephardim (sp. *sefardíes*) – im Gegensatz zu den Ashkenasen Mittel-, Nord- und Osteuropas. Die Sepharden hatten unter den Goten einen schweren Stand. Durch die Konzilien von Toledo waren sie immer wieder diskriminierenden Maßnahmen ausgesetzt, zuletzt Ende des 7. Jhs. vor dem Beginn der maurischen Epoche Unter muslimischer Herrschaft konnten sie wie die Mozaraber ihren Glauben frei ausüben.

Nach dem Abschluss der Reconquista mussten alle Juden, die nicht den christlichen Glauben annehmen wollten, Spanien auf Geheiß der "Katholischen Könige" (gemeint ist das Königspaar Isabel I. von Kastilien und Fernando II. von Aragón) bis Ende Juli 1492 verlassen. Viele fanden bis 1496 vorübergehend Zuflucht in Portugal, bevor ein neuer Exodus begann, der die Menschen nach Nordafrika, manche in die Neue Welt und wieder andere ins Osmanische Reich (u.a. Saloniki, Istanbul, Ismir) führte. Das Spanische des 15. Jhs., das sie mit sich ins Exil nahmen, bezeichnet man als Judenspanisch (sp. *judeoespañol* oder *ladino*). Die Zwangskonvertiten wurden in Spanien *marranos* oder *cristianos nuevos* genannt und standen unter Beobachtung der 1478 zur Verfolgung von Häresie neugegründeten Inquisition (sp. *el Santo Oficio*).

1.2.2.7 Sklaven

Bereits unter den Westgoten spielte Sklavenhaltung eine große Rolle. In al-Andalus stammten Sklaven aus nicht muslimischen Gebieten, so z.B. von Raubzügen in den christlichen Norden Spaniens. Darüber hinaus kamen Sklaven zum Teil aus Schwarzafrika sowie aus Mittel- und Osteuropa. Etymologisch gesehen steht das Wort Sklave in den europäischen Sprachen mit den Slaven in Verbindung. Im Englischen ist dies ganz offensichtlich (eng. *Slav* vs. *slave*).

In al-Andalus konnten Sklaven durch den Übertritt zum Islam die Freiheit erlangen. Die Emire von al-Andalus stellten, ähnlich wie im Orient, eine aus Sklaven (ar. *mamlūk*, Sg.) bestehende Garde auf, die den Auftrag hatte, den Herrscher zu schützen. Damit verfügten sie über eine neutrale und loyale Truppe, die nicht geneigt war, sich lokalen Fraktionen anzuschließen, um die Strukturen der Macht zu verändern. Auch im Heer waren Sklaven vertreten.

1.3 Die Zeit des omayyadischen Emirats (756–929)

Die maurische Herrschaft in al-Andalus lag in der ersten Phase, die bis Mitte des 8. Jhs. reichte, bei Gouverneuren, die in Kairouan bestimmt wurden und vom Kalifat in Damaskus abhingen. Danach gründete sie sich auf die Dynastie der Omayyaden (sp. *los omeyas*). Dafür ausschlaggebend waren die Geschehnisse im Orient: Auf den Propheten Mohammed, der 632 starb, folgten aus seinem direkten Umfeld die vier sog. rechtgeleiteten Kalifen (ar. *ḫalīfat ar-rasūl* 'Nachfolger des Propheten'). Der letzte von ihnen, Mohammeds Schwiegersohn ᶜAlī, verlor die Macht an einen Clan aus Mekka, der 661 die Dynastie der Omayyaden begründete.

Im Jahr 750 eroberten die Abbasiden das Kalifat, das seinen Sitz in Bagdad nahm und sich nunmehr vom Atlantik bis an die Grenzen Indiens und Chinas erstreckte. Es heißt, einem Massaker, das an den Omayyaden verübt wurde, entkam als einziger ᶜAbd ar-Raḥmān, der in den Maghreb floh, möglicherweise weil seine Mutter von den marokkanischen Berbern der Nafza abstammte. 755 gelangte ᶜAbd ar-Raḥmān nach Spanien, stürzte 756 den von den Abbasiden eingesetzten Statthalter von al-Andalus in Sevilla und begründete das omayyadische Emirat von Córdoba (ar. *imāra* 'Fürstentum', ar. *amīr* 'Prinz, Kommandeur').

Die Regierungszeit ᶜAbd ar-Raḥmāns I. (756–788) war von internen Aufständen geprägt. Der Herrscher setzte sich jedoch gegen seine Widersacher durch und sicherte zudem die Unabhängigkeit seines Emirats gegenüber dem abbasidischen Kalifat in Bagdad. Auch initiierte er den Bau der berühmten Mezquita von Córdoba. Sein Nachfolger Hišām I. (788–796) regierte in einem innenpolitisch stabileren Umfeld, was ihn in die Lage versetzte, regelmäßige Kriegszüge gegen die Christen im Norden zu unternehmen. Unter seiner Herrschaft etablierte sich in al-Andalus die Rechtsschule der Mālikiten, die einen orthodoxen Islam vertritt.

Unter ᶜAbd ar-Raḥmān II. (822–852) entstand in Córdoba ein glanzvoller Hof, der einerseits Wissenschaft und Künste förderte, andererseits bessere Techniken zur Bewässerung einführte sowie Land- und Minenwirtschaft vorantrieb. Um 825 gründete ᶜAbd ar-Raḥmān II. Murcia, wo die Bewässerungstechnik zur Anwendung kam und der Stadt die Grundlage für eine ergiebige Landwirtschaft bot.

1.3.1 Toleranz und Märtyrertum

Der Islam ist nach seiner grundsätzlichen Ausrichtung eine lebensnahe und tolerante Religion. Dies gilt insbesondere gegenüber den beiden anderen Buchreligionen der Christen und Juden, die zur sog. *ahl al-kitāb* ('Familie des Buches') zählen. In Ausübung des Glaubens wird im Islam von niemandem mehr verlangt, als er zu geben vermag. Wer vorübergehend seinen Gebeten nicht nachkommen oder im Ramadan nicht fasten kann, hat die Möglichkeit, dies nachzuholen. Der Fastenmonat soll die Menschen an Entbehrungen wie Hunger und Durst erinnern. Die von den Gläubigen erwartete Mildtätigkeit unterstreicht die soziale Verantwortung. Wer eine Pilgerfahrt nach Mekka unternimmt, wird von seinen bisherigen Sünden losgesprochen. Die Praktikabilität der religiösen Vorgaben, um mit Gott und den Menschen in Einklang zu stehen, die man die fünf Säulen des Islam nennt (d.h. Glaubensbekenntnis, fünf tägliche Gebete, Almosengeben, Fasten und nach Möglichkeit Wallfahrt), hat zur weiten Verbreitung des Islam beigetragen.

Die Vorstellung einer Erbsünde ist dem Islam fremd, ebenso die Trias von Vater, Sohn und Heiligem Geist, Fragen nach der göttlichen Natur Jesu, der im Islam als Prophet gesehen wird, oder das Anrufen von Heiligen. Der Islam ist eine rein monotheistische Religion, die jede personifizierte bildliche Darstellung unterlässt. Einer der maßgeblichen Grundsätze heißt: Kein Zwang im Glauben. Christen und Juden dürfen ihre Religion frei praktizieren. Gerade aus diesem Grund zogen viele Juden nach dem Abschluss der Reconquista wieder in muslimische Gebiete wie Nordafrika oder das Osmanische Reich, wo sie im Gegensatz zum Spanien der Katholischen Könige keinen Pressionen ausgesetzt waren. Die 114 Suren des Korans beginnen, bis auf eine Ausnahme, mit den Worten "Im Namen des gnädigen und barmherzigen Gottes". Dies bedeutet nicht, dass es keine fanatisch motivierten Handlungen oder Strömungen gegeben hätte, wie beispielsweise im 10. Jh. unter den Fatimiden in Ägypten oder im 11./12. Jh. unter den Almoraviden in al-Andalus. Die Toleranz findet im Islam dort ein Ende, wo sich einzelne, vor allem in einer muslimischen Gesellschaft, öffentlich gegen den Islam stellen, den Propheten beleidigen oder den Koran entweihen.

Um 851 fand sich in Córdoba um den Priester Eulogio eine Gruppe von Mozarabern zusammen, die sich im Wissen um die möglichen Konsequenzen ihres Handelns entschlossen, durch bewusste Schmähung des Propheten zu Märtyrern zu werden. Die Bewegung endete mit dem Tod Eulogios 859.

1.3.2 Reconquista und Marken

Frühe Erfolge der Reconquista nahmen im 8. Jh. in Asturien ihren Ausgang, das sich als erstes christliches Königreich formiert hatte und an der Biskaya an das Karolingerreich grenzte. König Alfonso I. (739–757) nutzte 741 einen Berberaufstand in al-Andalus, um Galicien zu erobern. Um Vorstöße der Mauren nach Norden zu verhindern, schuf Alfonso I. zwischen dem Kantabrischen Gebirge und dem Duero eine Grenzregion, die zu einem gewissen Grad entvölkert wurde. Inwieweit es hierbei um eine strategische Maßnahme ging (→ sp. *despoblación*, pg. *ermamento* 'Verödung'), ist historisch umstritten. Fest steht, dass sich Menschen aus der Konfliktzone zurückzogen und dass die Gebiete nach Stabilisierung der Verhältnisse im Zuge der Reconquista wiederbesiedelt wurden (cf. sp. *repoblación*). Dabei geht es einerseits um den Nachzug aus nördlicher gelegenen Regionen, andererseits um den Zuzug mozarabischer Bevölkerung, die auch schon zu Zeiten Alfonsos I. nach Asturien umsiedelte.

Im 9. Jh. fielen die Städte León (856) und Zamora (893) unter christliche Herrschaft. Die Grenze zu al-Andalus bildete von da an der Duero, dessen nördliche Uferregionen neu bevölkert wurden. Alfonso III. von Asturien (866–910) verlegte seine Residenz von Oviedo in das südlich der Kantabrischen Kordillere gelegene León. Der Name dieser Stadt geht auf die Römer zurück und bezieht sich auf die Stationierung der 7. Legion (lat. *legio, -nis*). Unter Ordoño II. wurde León 914 zur Hauptstadt des gleichnamigen Königreichs, das nach wie vor Asturien einschloss. Diese territoriale Einheit fand gleichermaßen in der Sprache ihren Niederschlag, denn das Asturisch-Leonesische ist einer der historischen Dialekte des Spanischen.

Auch Galicien gehörte zum Königreich León. Alfonso III. eroberte 878 das am Douro (sp. Duero) gelegene Portucale (< lat. Portus Cale), das in jener Zeit der Name der Stadt Porto war und aus dem sich die Landesbezeichnung Portugal ableitet. Nach der Einnahme Coimbras 878 verschob sich das Grenzgebiet zu al-Andalus vorübergehend bis an den Mondego.

Die Grenzregionen zwischen dem islamischen und dem christlichen Machtbereich werden auch Marken genannt (mlat./sp. *marca*, ar. *ṯaġr*). Sie fungierten als Pufferzonen, die je nach militärischer Lage in ihrer Ausdehnung variierten.

- Die Zone südlich des Duero bildete die sog. Untere Mark (sp. *marca inferior*), die nur dünn besiedelt war. Es heißt, dieses Gebiet, das sich jenseits des Duero (pg. Douro) befand (mlat. *extrema Durii* 'äußerst zum Duero'), habe der Extremadura den Namen gegeben. In Abweichung von der aktuellen Ausdehnung der Region bezog sich der Name auf die Zone unmittelbar südlich des Duero. Auf der maurischen Seite der Mark befanden sich die heute extremeñischen Städte Mérida und Badajoz.
- Die Mittlere Mark erstreckte sich nördlich von Toledo.
- Die Obere Mark wurde auch Spanische Mark (mlat. *Marca Hispanica*) genannt. Sie wurde von Karl dem Großen als südliche Grenze des Karolingerreiches geschaffen, nachdem sein Sohn, Ludwig der Fromme, 801 Barcelona erobert hatte.

Eine Episode, die der Eroberung Barcelonas vorausging und ihren Niederschlag in der Literatur fand, war der Feldzug Karls des Großen 778 nach Nordspanien. Dabei ging es um eine gescheiterte Allianz mit dem muslimischen Gouverneur von Zaragoza. Auf dem Rückzug nach Frankreich geriet die fränkische Nachhut am Pass von Roncevaux in einen Hinterhalt der Basken. Das altfranzösische Rolandslied (um 1100) berichtet davon, schreibt den Angriff allerdings den Sarazenen (Mauren) zu.

Zentrum der Spanischen Mark war die Grafschaft Barcelona, die wie die anderen Gebiete unmittelbar südlich der Pyrenäen zunächst von den Karolingern abhängig war. 824 schüttelte das Gebiet um Pamplona die fränkische Herrschaft ab und stieg zum Königreich auf, das später den Namen Reino de Navarra trug. Mit dem Ende der Dynastie der Karolinger 987 wurde die Grafschaft Barcelona de facto unabhängig von Frankreich.

1.4 Die Zeit des omayyadischen Kalifats (929–1031)

Unter der langen Regentschaft ᶜAbd ar-Raḥmāns III. (912–961) erreichte al-Andalus den Höhepunkt seiner wirtschaftlichen und kulturellen Blüte. Gesicherte politische Verhältnisse bewogen ᶜAbd ar-Raḥmān, al-Andalus im Jahr 929 zum Kalifat zu erheben. So konkurrierten im 10. Jh. drei Kalifate, das abbasidische in Bagdad, das fatimidische in Kairo und das omayyadische von Córdoba. Mit den Fatimiden ergaben sich Konflikte in Marokko. So ließ ᶜAbd ar-Raḥmān seine Flotte verstärken, die unter seinem Nachfolger gegen die Angriffe der Normannen an der Atlantik- sowie der Mittelmeerküste zum Einsatz kam.

ᶜAbd ar-Raḥmāns Sohn, al-Ḥakam II. (961–976), soll über eine erstaunliche Bibliothek mit 400.000 Bänden verfügt haben. Als Regent war er weniger erfolgreich als sein Vater, zumal die christlichen Reiche vereinter gegen die Mauren agierten. Hišām II. (976–1013), Sohn al-Ḥakams, wurde bereits im Alter von elf Jahren Kalif, die eigentliche Macht übte jedoch sein Großkämmerer (ar. *ḥāǧib*) al-Manṣūr aus. Dieses Ministeramt entsprach in al-Andalus dem des Großwesirs im Orient (cf. ar. *wazīr*).

Mit al-Manṣūr deutet sich eine strengere Auslegung des Islam an, die auch unter Almoraviden und Almohaden galt (cf. 1.6). So ließ al-Manṣūr zahlreiche Bücher aus der Bibliothek al-Ḥakams verbrennen. Gegen den christlichen Norden unternahm er mehr als 50 Raubzüge, die nach der Jahreszeit, in der sie stattfanden, *aceifas* (ar. *aṣ-ṣāʾifa* 'Sommerzeit') genannt wurden. Dabei wurden Barcelona 985 und Coimbra 997 zerstört. Santiago de Compostela fiel der Plünderung anheim, Glocken und Portale der dortigen Kathedrale ließ al-Manṣūr nach Córdoba transportieren. Nach seinem Tod 1002 begann jedoch der Zerfall des Kalifats. Der Machtverlust der Kalifen an ihre Verwalter trat im 11. Jh. übrigens auch im Orient ein. In al-Andalus wurde das Kalifat 1031 formell abgeschafft, nachdem es in den beiden Jahrzehnten zuvor zahlreiche Machtwechsel gegeben hatte. Es folgte die Epoche der Taifa-Reiche.

1.5 Die Zeit der Taifas

1.5.1 Die maurischen Kleinkönigreiche

Die Bezeichnung Taifa leitet sich von ar. *ṭāʾifa* 'Gruppe, Partei, Fraktion' ab und bezieht sich auf die Kleinkönigreiche (sp. *reinos de taifas*), die sich beim Zerfall des Kalifats von Córdoba (1008–1031) bildeten. Im Englischen werden die Könige der Taifas (ar. *mulūk aṭ-ṭawāʾif*) im Sinne der Grundbedeutung *party kings* genannt.

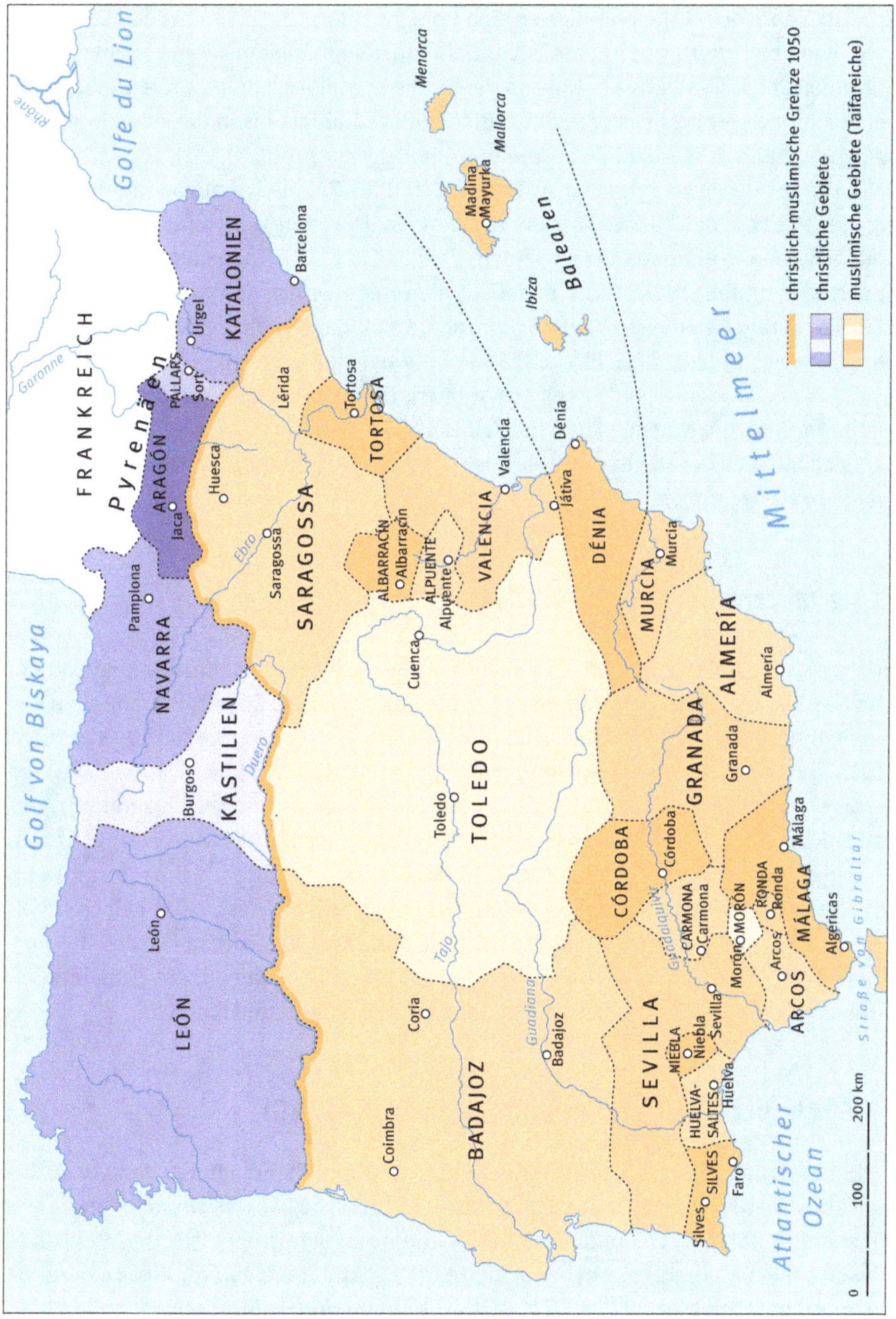

Karte 1: Die Taifareiche um 1050, adaptiert nach *Der Große Ploetz. Atlas zur Weltgeschichte*, p. 69

Im Laufe des 11. Jhs. formierten sich über 30 Taifas. Die ersten, wie z.B. die Taifa von Badajoz (1009), waren bereits vor dem offiziellen Ende des Kalifats entstanden. Chronologisch lässt sich die Epoche der Taifas in drei Abschnitte untergliedern. Die erste Etappe erstreckt sich von der Auflösung des Kalifats bis in die Zeit, als sich die Almoraviden aus Marokko in al-Andalus etablierten (cf. 1.6).

Die zweite Phase mit etwa 20 Taifas fällt in die Zeit der Almohaden (cf. 1.6), die dritte folgte auf den Niedergang der Almohaden. Die letzte der Taifas war das Emirat der Naṣriden in Granada bis zu seinem Fall 1492 (cf. 1.9). Taifas konstituierten sich nach bestimmten (auch ethnischen) Gruppierungen. So gab es Taifas der Araber (z.B. Sevilla, Zaragoza), der Berber (z.B. Córdoba, Granada, Ronda) und auch der Söldner und Sklaven (ar. *ṣaqāliba*, Pl.), z.B. Almería, Valencia.

Als relativ kleine politische Formationen, die in der Regel den Namen der Stadt in ihrem Zentrum trugen, waren die Taifas auf Allianzen angewiesen. Damit lieferten sie sich letztlich der Macht der Ende des 11. Jhs. aus Marokko zu Hilfe gerufenen Almoraviden aus (cf. 1.6).

1.5.2 Die christlichen Reiche im 11. Jh.

Neben dem Königreich Léon, das auch Asturien und Galicien umfasste, entstanden im Norden der Iberischen Halbinsel weitere Machtbereiche, deren Beziehungen sich ineinander verwoben und wechselhaft darstellen. Kastilien wurde schrittweise unabhängig von Léon. Dem König von Navarra, Sancho III. («el Mayor», 1004–1035), gelang es, die Grafschaften Kastilien und Aragón sowie das Königreich León zeitweise zu einem Großreich zu vereinigen. Mit dem Tod Sanchos III. 1035 wurde Aragón unabhängig. Sein Sohn Fernando I. (1035–1065), Graf von Kastilien, wurde durch Heirat zwar wiederum auch König von León, verfügte in seinem Testament jedoch erneut die Teilung des Reiches. So wurde sein Sohn Sancho als Sancho II. 1065 der erste König von Kastilien. Sein Bruder war Alfonso VI. von León, der mit der Einnahme von Toledo 1085 einen Meilenstein in der Geschichte der Reconquista setzte.

1.6 Almoraviden und Almohaden (1086–1248)

Die Eroberung Toledos (1085) hatte den maurischen Kleinkönigreichen vor Augen geführt, dass ihre Herrschaft auf längere Sicht gefährdet war. Deshalb riefen sie eine Föderation von Berberstämmen zu Hilfe, die als Ṣanhāğa große Teile der Westsahara bis tief nach Mauretanien beherrschten und als Almoraviden (sp. *almorávides*) bekannt sind. Der Name leitet sich von ar. *al-murābiṭūn* 'die Kasernierten' zu *ribāṭ* 'Grenzbefestigung' ab (cf. Rabat, Hauptstadt Marokkos). Ar. *ribāṭ* hat allerdings nicht nur eine militärische Bedeutung, sondern es war gleichzeitig ein spiritueller Rückzugsort. Dieser Wortsinn wohnt auch sp. *rábida* 'Konvent; maurische Befestigung' inne. Er findet im Namen des Klosters *La Rábida* in Palos de la Frontera im doppelten Sinne Ausdruck, wenn man sich die gerade in Andalusien verbreitete Ergänzung von Ortsnamen (*de la Frontera*) als Grenzland vor Augen führt.

Die Almoraviden vertraten eine sehr konservative Richtung des Islam. Ihr Anführer, Yūsuf b. Tāshfīn (1061–1106), hatte die Berberstämme ab der Mitte des 11. Jhs. im westlichen Maghreb geeinigt und sich in Marrakesch etabliert. 1086, ein Jahr nach dem Verlust Toledos, besiegte er das Heer Alfonsos VI. (1065–1109), mittlerweile König von Kastilien und León, in der Schlacht von az-Zallāqa (Sagrajas, Badajoz). Mit der gewährten Hilfe ließen es die Almoraviden jedoch nicht bewenden, sondern sie machten sich die Taifas sukzessive untertan.

Die konservative Auslegung des Islam bedeutete für Juden und Mozaraber in al-Andalus das Ende religiöser Toleranz. Daher wanderten viele in der ersten Hälfte des 12. Jhs. nach Kastilien und Aragón aus, wo auch dünn besiedelte Grenzgebiete bevölkert wurden. Mozaraber waren bereits bei der Einnahme Toledos reintegriert worden. In al-Andalus verbliebene Christen hingegen wurden von den Almoraviden nach Nordafrika umgesiedelt, um eine Stärkung des christlichen Nordens zu verhindern.

In jene Epoche fällt auch die Thematik des altspanischen Epos, *Cantar de Mio Cid*. Rodrigo (Ruy) Díaz de Vivar, genannt *el Cid*, gelang es als Vasall Alfonsos VI., Valencia vorübergehend einzunehmen (1094–1099). 1108 wurden die Christen bei Uclés (Kastilien) erneut vernichtend geschlagen. Das Blatt wandte sich mit der Rückeroberung Zaragozas. Die Taifa der Banū Hūd von Zaragoza war ein erklärter Gegner der Almoraviden und dem König von Kastilien tributpflichtig, bis sie von den Almoraviden 1110 unterworfen wurde. Acht Jahre später (1118) eroberte Alfonso I. von Aragón («el Batallador», 1104–1134) die Stadt.

Unterdessen bildete sich in Marokko eine neue Konföderation von Berbern der Maṣmūda, die aus dem Gebiet des Hohen Atlas stammten und ab 1121 gegen die Almoraviden zu Felde zogen. Es handelt sich um die Almohaden, deren Name (sp. *almohade*) sich von ar. *al-muwaḥḥidūn* ableitet und auf der gleichen Wurzel basiert wie ar. *wāḥid* 'eins'. Auf Gott bezogen bedeutet *al-aḥad* 'der Eine'. Die Almohaden stehen für einen reinen Monotheismus, wie ihn der Islam grundsätzlich vorsieht, d.h. im Gegensatz zum Christentum hat Gott keinen Sohn, es existiert keine Trinität, und es gibt keine Heiligen, zu denen man betet. Darüber hinaus orientierten sich die Almohaden maßgeblich am Koran und am Propheten Mohammed. Die Übernahme religiöser Auslegungen wie z.B. durch die Rechtsschule der Mālikiten, die sich in al-Andalus etabliert hatte und bis zur Epoche der Almoraviden eine Autorität darstellte, lehnten sie ab. Ihr geistiger Führer war Ibn Tūmart (1077–1130). 1147 eroberten die Almohaden Marrakesch.

Der Aufstieg der Almohaden in Marokko schwächte die Macht der Almoraviden. In al-Andalus leiteten Aufstände und wechselnde Allianzen die zweite Phase der Taifas ein. Die Almohaden regierten überwiegend von Marrakesch aus, in al-Andalus hatten sie mit Sevilla jedoch einen Hauptsitz.

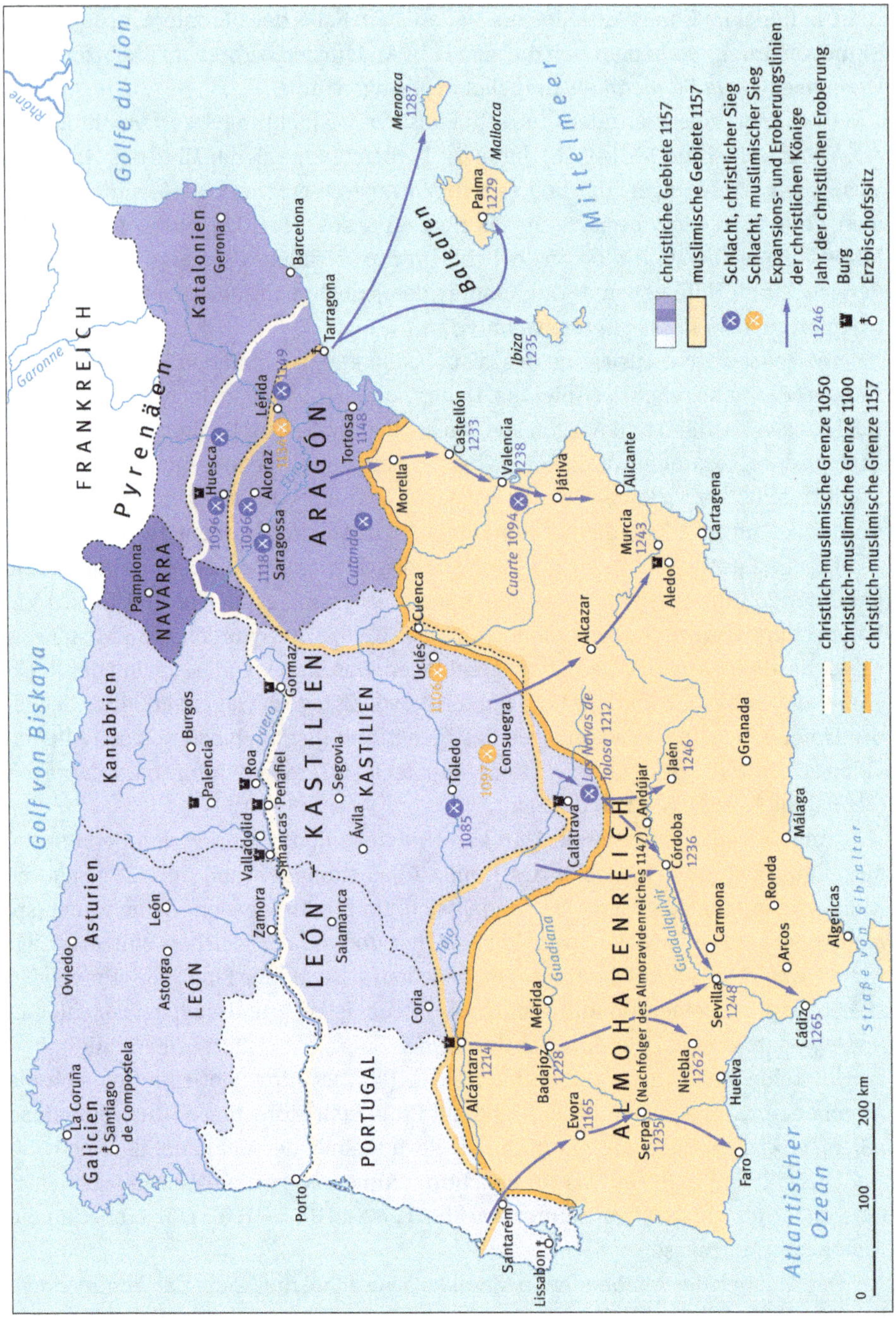

Karte 2: Die Reconquista ab 1050, adaptiert nach *Der Große Ploetz. Atlas zur Weltgeschichte*, p. 89

Unter Yūsuf I. (1163–1184), der sich 1171 mit einer großen Streitmacht auf die Iberische Halbinsel begab, erzielten die Almohaden gegen die christlichen Reiche vorübergehend Gebietsgewinne in der Unteren Mark bis nach Portugal und beherrschten zu jener Zeit auch al-Andalus. Den letzten großen Sieg gegen ein christliches Heer errang Yūsuf Yaʿqūb (1184–1199) in Alarcos bei Ciudad Real im Jahre 1195. Dadurch war Toledo bedroht. Sein Nachfolger Muḥammad (1199–1213) musste sich 1212 jedoch in Las Navas de Tolosa (bei Jaén) den vereinten Truppen von Alfonso VIII. von Kastilien (1158–1214), Pedro II. von Aragón (1196–1213), Sancho VII. von Navarra (1194–1234) und weiteren Verbänden geschlagen geben.

Dieser Sieg läutete das Ende der Herrschaft der Almohaden ein. 1230 vereinigten sich die Kronen von Kastilien und León. In Folge eroberte Fernando III. (1230–1252), Herrscher über beide Reiche, Córdoba (1236), Jaén (1246) und Sevilla (1248). Den Abschluss der Reconquista im westlichen Andalusien bildete 1262 Cádiz. Nördlich dieser Stadt, am Río Guadalete, hatte 711 die maurische Herrschaft begonnen.

1.7 Aragón und Katalonien

Mit *Šarq al-Andalus* (ar. *šarq* 'Osten') bezeichneten die Araber die östlichen Gebiete ihres Herrschaftsbereichs, also Teile Kataloniens, Valencia und Murcia. In der Spanischen Mark (cf. 1.3.2), der ehemaligen Südgrenze des Karolingerreiches, schritt die Reconquista nur langsam voran. Obwohl Barcelona bereits 801 eingenommen worden war, wurde die Ebro-Linie erst im 12. Jh. erreicht. Daran hatte Alfonso I. von Aragón («el Batallador», 1104–1134) mit der Eroberung Zaragozas 1118 entscheidenden Anteil.

Aragón wurde 1035 unabhängig und vereinigte sich 1137 mit der Grafschaft Barcelona zum Königreich Aragón. Ramón Berenguer IV. (1131–1162), Graf von Barcelona, nahm Tortosa und Lérida (kat. Lleida) ein. Die Balearen (Mallorca, 1229) und Valencia (1238) wurden erst im 13. Jh. unter Jaime (kat. Jaume) I. (1213–1276) zurückerobert.

1.8 Portugal

Um den Westen des Königreichs Léon gegen regionale Eigenbestrebungen unter Kontrolle zu halten, beschloss Alfonso VI. 1090, Galicien seinem Schwiegersohn, Raimund von Burgund, als Lehen zu geben. Die Grafschaft Portucale (Condado Portucalense), die sich in ihrem Kerngebiet zwischen den Flüssen Douro und Minho erstreckte, erhielt sein zweiter Schwiegersohn, Heinrich von Burgund.

Es war Heinrichs Sohn, Afonso Henriques (1139–1185), der Portugal zum Königreich ausrief und aus der Abhängigkeit von Kastilien und León führte. Damit war auch die definitive Trennung von Galicien, dem Gebiet nördlich des Minho, vollzogen. In der Schlacht von São Mamede hatte sich Afonso Henriques 1128 dem Wiederanschluss an Galicien erfolgreich widersetzt. Papst Alexander III. erkannte Portugal 1179 als Königreich an.

Die Untere Mark als Grenze zu al-Andalus bildete im letzten Drittel des 9. Jhs. das Gebiet südlich des Douro (cf. 1.3.2). Die Linie des Mondego war mit der endgültigen Einnahme von Coimbra erst 1064 gesichert. Das Gebiet südlich der unteren Grenzmark wurde *Ġarb al-Andalus* genannt (< ar. *al-ġarb* 'der Westen'). Die Bezeichnung besteht heute noch im Namen der Algarve fort. Nach 1140 verschob sich die Grenzlinie an den Tejo (sp. Tajo). Lissabon wurde 1147 mit Unterstützung von Teilnehmern des Zweiten Kreuzzugs (1147–1149) aus Deutschland und England zurückerobert.

1169 bot sich Afonso Henriques die Möglichkeit, Badajoz, die Stadt auf der südlichen Seite der Unteren Mark zu erobern. Fernando II. von León (1157–1188) verhinderte dies jedoch, indem er die Almohaden unter Yūsuf I. unterstützte. Aus dieser Aktion wird ersichtlich, inwieweit auch machtpolitisches Kalkül in die Vorgänge während der Reconquista einfloss. León hatte kein Interesse daran, dass das Gebiet Portugals über den direkten Vorstoß nach Süden in Richtung Osten ausgriff. Das vereinigte Königreich von Kastilien und León versagte Portugal bis zum Ende des 13. Jhs. sogar die Anerkennung seines Anspruchs auf die eroberte Algarve.

Unter dem Druck der Almohaden, musste Portugal Gebiete im Alentejo (cf. pg. *além* 'jenseits', also südlich des Tejo) zunächst wieder aufgeben und sich an den Tejo zurückziehen. Der Sieg über die Almohaden in Las Navas de Tolosa 1212, zu dem auch portugiesische Truppen beigetragen hatten, bedeutete jedoch den entscheidenden Wendepunkt. Portugal beendete die Reconquista in seinem Einflussbereich mit der Einnahme von Faro 1249.

1.9 Granada und die Zeit nach 1492

Nach der Eroberung Westandalusiens, Valencias (1238) und Murcias (1266) verblieb den Mauren als Rückzugsgebiet nur die Taifa der Naṣriden, die sich als Emirat von Granada konstituierte. Ihr Begründer, Muḥammad b. Yūsuf b. Naṣr (1232–1273), unterstellte sich 1236 Fernando III. von Kastilien und unterstützte ihn 1248 bei der Eroberung Sevillas. Dieses Vasallenverhältnis zu Kastilien, das hohe Tributzahlungen vorsah, garantierte Granada den Fortbestand. In seinem Kerngebiet erstreckte sich das Emirat von Ronda über Marbella, Málaga und Almería weiter nach Osten und schloss einen breiten Streifen des gebirgigen Hinterlandes ein.

1469 heirateten Isabel I. von Kastilien (1474–1504) und Fernando II. von Aragón (1479–1516), was 1479 auch zur Vereinigung der beiden Königreiche führte. Damit war auf dem Weg zur territorialen Einigung Spaniens, die mit der Integration Navarras 1512 abgeschlossen wurde, das Ende des Emirats besiegelt. Am 2. Januar 1492 wurde Granada übergeben.

Im gleichen Jahr wurden die Juden, die nicht bereit waren, zum Christentum zu konvertieren, aus Spanien vertrieben. Der aus Spanien stammende Papst Alexander VI. verlieh beiden Monarchen 1496 den Titel "Katholische Könige". Die Einstellung gegenüber den Juden kam nicht von ungefähr. Ein Beispiel mag dies verdeutlichen: Alfonso VIII. hatte 1195 die Schlacht von Alarcos gegen die Almohaden verloren (cf. 1.6). Im 13. Jh. kam die Legende auf, dies sei die Strafe dafür gewesen, dass Alfonso sieben Jahre eine Liebesbeziehung zu einer Jüdin namens Raquel aus Toledo unterhalten habe. Der entscheidende Sieg bei Las Navas de Tolosa 1212 sei ihm erst geschenkt worden, nachdem er Buße getan und sich für das Nonnenkloster *Las Huelgas* in Burgos verwendet habe.

Von den 1492 in Spanien verbliebenen Mauren wurde erwartet, dass sie sich assimilieren und als Morisken (sp. *moriscos*) das Christentum annehmen. Aufgrund eines Edikts aus dem Jahr 1609 mussten auch sie das Land schließlich verlassen (cf. 10.1). Ihr Exodus war 1614 abgeschlossen. Damit waren 900 Jahre maurischer Präsenz auf der Iberischen Halbinsel beendet.

Literaturhinweise

Zur Geschichte des maurischen Spanien steht eine wahre Fülle von Publikationen zur Verfügung. Ein frühes Standardwerk ist Lévi-Provençal (1950–53), einen konzisen Überblick über die Epoche bieten Bossong (2016) und Jaspert (2019). Geschichte und Kultur verbinden Hottinger (1995) sowie die Sammelbände von Jayyusi (1992) und Marín (2016) in Verbindung mit Fierro/Samsó (2017). Über Bereiche aus Wissenschaft und Technik, die über das maurische Spanien den Weg nach Europa fanden, referiert Vernet (1999). Eine kartographische Begleitung bietet der *Atlas de la «Reconquista»* (Sabaté 1998). Kritische Betrachtungen zu al-Andalus stellen Fanjul (2005) und Fernández-Morera (2016) an.

Aufgaben

1. Informieren Sie sich in Zaderenko/Montaner (2018) über den historischen Kontext des *Cantar de Mio Cid*.
2. Schlagen Sie weitere Bedeutungen und Redewendungen in Verbindung mit *moro* (cf. 1.2.2.2) nach, auch seine Präsenz in Orts- und Gewässernamen (cf. Terés 1986, 467–486). Lesen Sie die Artikel von Deutschmann (1988) und Corriente (2011: "Arabismos en la cultura popular española", cf. https://funci.org/arabismos-en-la-cultura-popular-espanola/). Diskutieren Sie Aspekte und Möglichkeiten eines politisch korrekten Sprachgebrauchs in Bezug auf Geschichte und Onomastik.

2 Die Sprachen Spaniens im Mittelalter

Mit der Eroberung der Iberischen Halbinsel durch Araber und Berber formierten sich die Bevölkerungsgruppen zum Teil neu und passten sich der Situation auch sprachlich an. Zunächst bestand ein grundsätzlicher Kontrast zwischen den Verhältnissen in al-Andalus und dem christlichen Machtbereich, die mit dem Voranschreiten der Reconquista weiteren Veränderungen unterworfen waren (cf. 1.3.2). Dabei kamen durch Migration und im Zuge der Landnahme erfolgte Gebietsverschiebungen vor allem christliche Mozaraber aus al-Andalus in Kontakt und Austausch mit der Bevölkerung weiter im Norden der Halbinsel (cf. 2.1.2.1). Das Baskische, dem man historisch einen gewissen Einfluss auf das Kastilische zugeschrieben hat, wird in der folgenden Übersicht ausgeklammert, da es in Zusammenhang mit al-Andalus keine spezifische Rolle spielt.

2.1 Romanisch

Die Iberische Halbinsel wurde im Zuge der römischen Eroberung (cf. 1.1), die 19 v. Chr. mit Asturien und Kantabrien abgeschlossen war, in regional unterschiedlich verlaufenden Entwicklungen romanisiert. Ausgangsgebiete waren Hispania citerior mit der Hauptstadt Tarrago (Tarragona) an der Ostküste und Hispania ulterior im Süden, die unter Kaiser Augustus Baetica genannt wurde (Hauptstadt Corduba). Die Baetica (das spätere Andalusien) gehört zu den früh romanisierten Gebieten mit urbanem Charakter. Die Region an der katalanischen Mittelmeerküste war in späterer Zeit Einflüssen aus Südgallien (Gallia Narbonensis) ausgesetzt, was sich in der sprachlichen Nähe von Katalanisch und Okzitanisch widerspiegelt. Über das Ebrobecken setzte sich die Romanisierung nach Westen fort und schloss das Hinterland im Osten Spaniens ein. Das westliche Zentrum und der Nordwesten der Iberischen Halbinsel (Asturien, Kantabrien) erfuhren eine vergleichsweise späte Romanisierung.

Die Zeit der maurischen Eroberung im 8. Jh. fällt mit der Epoche zusammen, in der man nicht mehr von Vulgärlatein oder Protoromanisch spricht, sondern von romanischen Einzelsprachen ausgehen kann. Die Schwelle liegt um 800 n. Chr. (Ineichen 1987), denn zu jener Zeit hatte sich z.B. auch der bestimmte romanische Artikel aus lat. *ille* herausgebildet. Was die Beziehung zwischen Lateinisch und Romanisch betrifft, legten die Bischöfe im Konzil von Tours (813) fest, dass die Predigt "in rusticam Romanam linguam aut Thiotiscam" gehalten werden solle, also in der Volkssprache (Altfranzösisch, Althochdeutsch), damit ihr die Gläubigen folgen konnten. Auch dies unterstreicht den Stand der Herausbildung des Romanischen.

https://doi.org/10.1515/9783110697766-002

2.1.1 Das Romanische von al-Andalus (Mozarabisch)

Einen frühen Hinweis auf die Sprache in Spanien nach der römischen Epoche findet man im arabischen Schrifttum beim persischen Geographen Ibn Khordādhbeh (auch Khurradāḏbih, ca. 820–885), der um 846 das *Kitāb al-Masālik wa'l-mamālik* ('Das Buch der Wege und Reiche') verfasste. Darin berichtet Ibn Khordādhbeh über die Sprachkenntnisse jüdischer Kaufleute, die im Orienthandel zwischen westlichem Mittelmeer, Konstantinopel und Arabien verkehrten:

> [...] yatakallamūna bi-'l-ᶜarabīya wa-'l-fārsīya wa-'r-rūmīya wa-'l-ifranǧīya wa-'l-andalusīya wa-'ṣ-ṣaqlabīya [...] (de Goeje 1889, 153, ar. Zählung)

In Übersetzung heißt dies: 'Sie sprechen Arabisch, Persisch, Griechisch (*ar-rūmīya*), die Sprache der Franken (*al-ifranǧīya*), die Sprache der Bewohner von al-Andalus (*al-andalusīya*) und Slavisch'. *Ar-rūmīya* hat Bezug zu Rom, gemeint ist Ostrom, d.h. Konstantinopel. Mit den Franken sind "Abendländer" gemeint, also z.B. Kaufleute aus Italien, die man schon früh aus Handelsbeziehungen im östlichen Mittelmeer kannte, zur Zeit der Kreuzzüge Ritter aus Frankreich, das dementsprechend den Namen *Firanǧa* trug.

Da das Arabische separat erwähnt wird, bezieht sich *al-andalusīya* eindeutig auf das Romanische von al-Andalus, das im 9. Jh. somit als erste romanische Volkssprache unabhängig vom Lateinischen benannt wird (cf. Noll 1998). Dies unterstreicht einmal mehr die Bedeutung der Schwelle um 800 und die Existenz romanischer Einzelsprachen.

Das als *al-andalusīya* bezeichnete Idiom ist ein historischer Dialekt des Spanischen, die romanische Muttersprache der in al-Andalus lebenden Christen, die auch Mozarabisch genannt wird (cf. Kap. 8). Diese Bezeichnung ist wie die der zugehörigen Bevölkerung (Mozaraber) missverständlich, denn es geht um das Romanische, das im Süden der Iberischen Halbinsel auf die frühe Romanisierung der ehemaligen Baetica zurückgeht. Durch das Umfeld in al-Andalus war die Varietät stärker vom Arabischen beeinflusst als z.B. das Kastilische, ohne jedoch selbst arabisch zu sein. Corriente (1995, 5; 2000–01) verwendet anstelle von Mozarabisch und in Anlehnung an *árabe andalusí* die Termini *romandalusí* und *romance andalusí*. Dies ist gerade im spanischen Sprachgebrauch sinnvoll, denn damit besteht die Möglichkeit einer klaren Differenzierung zwischen *andaluz* (→ Andalusien) und *andalusí* (→ al-Andalus).

Mozarabisch war eine gesprochene Sprache. Als Schriftsprache stand in früher Zeit im Prinzip nur das Lateinische zur Verfügung, jedoch zogen die Mozaraber das Arabische vor. Mozarabisch wurde im Rahmen der verbreiteten Zweisprachigkeit in al-Andalus auch von den Mauren verstanden und gesprochen, zumal viele von ihnen Mütter hatten, die der autochthonen Bevölkerung entstammten. So wird in der *Historia de los jueces de Córdoba* (cf. Ribera 1914, 118) von einer Begebenheit berichtet, nach der ᶜAbd ar-Raḥmān II. (792–852) die Absetzung eines Richters verfügte.

Grundlage dafür war die Einlassung eines angesehenen Zeugen, der den Richter mit einer negativ konnotierten romanischen Diminutivform charakterisierte. Der Emir verstand das Gesagte und nahm dies zum Anlass für dessen Absetzung.

Ein klarer Beleg für die romanisch-arabische Zweisprachigkeit sind die große Anzahl an artikeltragenden Entlehnungen im Romanischen (cf. 4.4), die zweisprachigen Jarchas (cf. Kap. 7) und die Tatsache, dass auch das Arabische von al-Andalus Interferenzen mit dem Romanischen aufwies. So sind Hybridbildungen (cf. 5.5) mit ungefähr zwanzig romanischen Suffixen bekannt (cf. Corriente 1992, 126–131).

Das Romanische von al-Andalus war keine homogene Varietät. In diatopischer Perspektive handelt es sich um ein Varietätenspektrum in einem Gebiet von beachtlicher Ausdehnung: Noch um 1072 umfasste es alle Regionen südlich einer Linie, die von Coimbra über Salamanca und von dort in einem steilen Bogen nach Norden über Soria, Huesca bis Barcelona führte (cf. Baldinger 1972, 50, mapa 7). Man geht davon aus, dass das Mozarabische im Süden Spaniens unter den Almoraviden (cf. 1.6) dem Arabischen wich und dort zur Zeit der Reconquista Andalusiens im 13. Jh. nicht mehr gesprochen wurde.

2.1.2 Die Herausbildung der romanischen Sprachlandschaften

2.1.2.1 Die Bedeutung der Reconquista

Entscheidend für die Herausbildung der heutigen Sprachlandschaften auf der Iberischen Halbinsel ist, dass dieser Prozess mit der Reconquista einherging und damit eine Verschiebung der nördlichen Varietäten nach Süden darstellt (cf. Baldinger 1972). Im Norden bestanden fünf historische romanische Dialekte:

- Im Nordwesten war das Galicisch-Portugiesische (sp. *gallegoportugués*) angesiedelt, das im Mittelalter in Spanien bis auf die katalanischsprachigen Gebiete auch die Sprache der Lyrik war. Daraus entwickelte sich südlich des Minho das Portugiesische. Nach der politischen Trennung Portugals von Galicien im 12. Jh. lässt sich ab dem 14. Jh. auch eine sprachliche Differenzierung feststellen.
- Als Varietäten des Spanischen schlossen sich im Osten Asturisch-Leonesisch (sp. *asturleonés*), Kastilisch und Navarro-Aragonesisch (sp. *navarroaragonés*) an. Das Navarresische (sp. *navarro*) starb im 16. Jh. aus.
- Katalanisch zählt wie Galicisch (sp. *gallego*) nicht zum spanischen Varietätenspektrum, sondern stellt eine eigene romanische Sprache dar.

Als die Reconquista im 13. Jh. nach Andalusien vorstieß, war das Mozarabische dort aufgrund des Exodus christlicher Bevölkerung sowie erfolgter Arabisierung nicht mehr präsent. In den Jahrhunderten zuvor waren viele Mozaraber in den christlichen Norden ausgewandert oder im Zuge der Rückeroberung von Gebieten reintegriert worden, so z.B. in Toledo (1085) und Zaragoza (1118).

2.1.2.2 Die Stellung des Andalusischen als Varietät des Spanischen

Ein zentraler Punkt für die Einordnung der heutigen spanischen Dialekte ist die Tatsache, dass das Andalusische keine Fortsetzung der alten Romanität des Südens darstellt oder in direkter Verbindung mit dem Mozarabischen stand. Das Andalusische ist vielmehr ein sekundärer Dialekt des Kastilischen. Da das zentral gelegene Kastilien im 13. Jh. die Stoßrichtung der Reconquista bestimmte, breitete sich seine Varietät in konischer Form nach Süden aus, indem es zunehmend nach Westen und Osten ausgriff. Dadurch entstanden an den Rändern, wo das Kastilische dem Verlauf entsprechend mit dem Leonesischen bzw. dem Aragonesischen interferierte, die Übergangsmundarten Extremeñisch (sp. *extremeño*) und Murcianisch (sp. *murciano*).

Ein charakteristischer kastilischer Zug dieser beiden Übergangsmundarten wie auch des Andalusischen, das direkt aus dem Kastilischen hervorging, ist die Entwicklung von lat. [f-] > [h-] (lat. *facere* > akast. *fazer* [ha'dzer]). Mit Ausnahme des Kastilischen haben die historischen romanischen Dialekte auf der Iberischen Halbinsel (z.B. Leonesisch, Aragonesisch) lat. [f-] im Anlaut bewahrt. Die Nord-Süd-Bewegung der Reconquista prägte somit nachhaltig die heutigen Sprachlandschaften auf der Iberischen Halbinsel.

2.1.3 Der Aufstieg des Kastilischen

Das Kastilische war ursprünglich nur einer der historischen Dialekte des Spanischen, der sich im Norden im Gebiet um Burgos herausgebildet hatte. Im Zuge der Reconquista und den Vorstößen nach Süden verlagerte sich das Zentrum der politischen Macht von León auf Kastilien. Beide Königreiche vereinigten sich 1230. In diese Epoche fällt der Siegeszug des Kastilischen.

Das Kastilische avancierte politisch zum führenden spanischen Dialekt und gewann im 13. Jh. als Schriftsprache auch das Primat über das Lateinische. Im Laufe der Regierungszeit Fernandos III. von Kastilien und León (1230–1252), der den größeren Teil Westandalusiens eroberte, löste das Kastilische das Lateinische als Kanzleisprache ab. Unter seinem Sohn Alfonso X. («el Sabio», 1252–1284) entwickelte sich das Kastilische dann auch in Verbindung mit den Übersetzungen aus dem Arabischen zur Prosa- und Wissenschaftssprache (cf. Kap. 9).

Damit hatte das Kastilische einen Status und eine Flexibilität in seiner Verwendbarkeit erreicht, die zuvor nur das Arabische in al-Andalus besaß. Der bevorzugte Gebrauch des Arabischen als Schriftsprache der Mozaraber setzte sich angesichts der Entwicklung des Kastilischen nicht über das 13. Jh. hinaus fort. Als etablierte Wissenschaftssprache lag das Kastilische in jener Zeit in seiner Entwicklung klar vor dem Französischen (cf. Kramer 2008).

Im 15. Jh. regierte die Krone Aragóns auch über Katalonien, Valencia, Mallorca, Sardinien sowie Neapel und Sizilien. Nach dem Tod Martíns I. (1396–1410) setzte sich die kastilische Dynastie der Trastámara nach dem sog. Kompromiss von Caspe (1412) gegen das Haus von Barcelona durch. Dieser Wechsel hatte auch Auswirkungen auf die Zukunft des Aragonesischen, das fortan immer stärker kastilisiert wurde.

Die politische Entwicklung hatte ferner Auswirkungen auf das Katalanische. Alfons der Großmütige («el Magnánimo», 1416–1458), dessen Muttersprache, wie die seiner Nachfolger, das Kastilische war, hatte zu Beginn seiner Herrschaft 1416 noch heftigen Protest ausgelöst, als er sich auf Kastilisch an die Corts de Catalunya wandte (cf. Ferrando Francés/Amorós 2011, 146). Fernando II. von Aragón (1479–1516) war der erste Monarch, der auf katalanischsprachigem Territorium offiziell das Kastilische verwenden konnte, ohne damit Widerspruch hervorzurufen. Fernando II. favorisierte das Kastilische, obwohl er auch Katalanisch sprach. Durch die Heirat mit Isabel I. von Kastilien (1469) verbanden sich Kastilien und Aragón (1479). Mit dem Abschluss der Reconquista 1492, der zeitlich mit Nebrijas *Gramática castellana*, der ersten ausgearbeiteten Grammatik einer romanischen Volkssprache, zusammenfällt, wurde das Kastilische schließlich zur Nationalsprache.

2.1.4 Das Spanische der Morisken

Nach dem Ende der Reconquista lebte in Spanien noch eine große Zahl an Muslimen (Mudéjares), die durch Zwangskonversion zum Katholizismus zu Morisken wurden (cf. 1.2.2.5). In den zuletzt eroberten südlichen Landesteilen sprachen sie in der Regel kaum oder kein Spanisch bzw. Katalanisch, was Bestrebungen zu ihrer Hispanisierung in Gang setzte. In Kastilien und Aragón waren sie bereits hispanisiert. In alter Verbundenheit mit dem Arabischen und ihrem angestammten Glauben pflegten sie eine auf Spanisch abgefasste Literatur, die sie in arabischer Schrift niederlegten (Aljamiadoliteratur). Diese mit ihrem kulturellen Umfeld in Verbindung stehenden Schriften weisen im Vokabular, semantisch und stilistisch deutliche Einflüsse des Arabischen auf (cf. Kap. 10).

2.2 Mittellatein

Latein war in Europa außerhalb des Einzugsbereiches des Griechischen im Osten die Schriftsprache der Gebildeten im Mittelalter. Lesen und Schreiben lernte man anhand des Lateinischen, Grammatik ist im Mittelalter ein Synonym für lateinische Grammatik. An den später neu gegründeten Universitäten (z.B. Palencia 1208, Salamanca 1218) diente es zumindest bis ins 15. Jh. auch der mündlichen Kommunikation.

Sammlungen wie die Reichenauer Glossen weisen darauf hin, dass im 8. Jh. selbst Mönche mit dem Latein der Vulgata (4. Jh.) allerdings nicht mehr ganz vertraut waren und Hilfestellung durch Worterklärungen in Anspruch nahmen. Dies betraf in noch stärkerem Maße die einfache Bevölkerung, die im 9. Jh. in Frankreich z.B. der lateinischen Predigt nicht mehr folgen konnte.

Schriftsprache des christlichen Spanien war das Lateinische, das man der Epoche nach als Mittellatein bezeichnet. Nach Ländern und Sprachgebieten unterliegt es einer gewissen Variation und weist auch manche volkssprachlichen Einflüsse auf, da es selbst in den genuin romanischsprachigen Gebieten nicht mehr als Muttersprache der Schreiber fungierte.

Was die Gebildeten in al-Andalus betrifft, so beklagte 854 Álvaro de Córdoba, ein Freund des Priesters Eulogius, um den sich zu jener Zeit eine Gruppe christlicher Märtyrer geschart hatte (cf. 1.3.1), die geringen Lateinkenntnisse der meisten seiner Glaubensbrüder:

> Heu pro dolor, legem sua*m* nesciunt Xp̄iani et linguam propria*m* non aduertunt Latini, ita ut omni Xp̄i collegio uix inueniatur unus in milleno hominum numero qui salutatorias f*ratr*i possit ratjonauiliter dirigere litteras, et repperitur absque numero multiplices turbas qui erudite Caldaicas uerbor*um* explicet pompas [...] (CSM, 314–315).
>
> ‘Es schmerzt, dass die Christen ihr Gesetz nicht kennen, und die Lateiner ihre Sprache nicht verwenden, so dass sich in der ganzen christlichen Gemeinde unter tausend kaum einer findet, der einem Bruder in vernünfiger Form einen brieflichen Gruß schicken könnte. Zugleich finden sich unzählige, die sich prunkvoll im Chaldäischen [Arabischen] ausdrücken [...]’.

Im Gegensatz dazu werden die ausgezeichneten Arabischkenntnisse der Christen hervorgehoben. Man kann davon ausgehen, dass die Christen von al-Andalus das Lateinische als Schriftsprache bis Mitte des 10. Jhs. aufgegeben hatten, denn danach ist kein einschlägig abgefasstes Werk mehr bekannt.

Im 13. Jh. drang das Kastilische definitiv in die schriftsprachlichen Domänen des Lateins ein. Urkunden und wissenschaftliche Literatur wurden – auch durch Übersetzertätigkeit – fortan auf Kastilisch verfasst. Das erste Buch, das im Rahmen einer Beschreibung des Pilgerweges ins Heilige Land Teilübersetzungen der Bibel ins Kastilische enthält, *La Fazienda de Ultramar*, fällt ebenfalls ins 13. Jh. (um 1220).

2.3 Arabisch

Das Arabische gelangte mit der Expansion des Islam im 7. Jh. nach Nordafrika und erreichte 711 auch die Iberische Halbinsel. Gleichwohl begann die wirkliche Arabisierung des Maghreb erst mit der Einwanderung weiterer Stämme im 11. Jh. (cf. 2.4). Die arabische Schriftsprache wurde maßgeblich durch die Niederlegung des Korans geprägt, die nicht zu Lebzeiten Mohammeds erfolgte, sondern erst unter dem dritten Kalifen ᶜUṯmān (574–656). Hier tritt das Charakteristikum einer Gesellschaft zutage, die bis heute in Teilen eine orale Kultur mit besonderer Vorliebe für Dichtung, Lieder und Erzählungen pflegt.

Die Struktur des klassischen Arabisch hat sich im Gegensatz zu europäischen Sprachen wie Englisch oder Französisch diachron als erstaunlich stabil erwiesen. Heute spricht man vom Hocharabischen, Schriftarabischen (cf. fr. *arabe littéral*) oder modernen Standardarabischen (MSA), das in geschriebener Form wie auch mündlich als Bindeglied zwischen den arabophonen Staaten fungiert. Daneben existieren zahlreiche Dialekte, von denen sich das Maghrebinische in Nordafrika (Marokko, Algerien, Tunesien) am weitesten von der Hochsprache entfernt hat. Wichtig ist, dass diese Dialekte außer zu didaktischen Zwecken des Fremdsprachenerwerbs nicht verschriftlicht werden. Das Arabische als Sprache des Islam gilt sozusagen als unteilbar. Der einzige offiziell verschriftete Dialekt ist das auf dem Maghrebinischen fußende Maltesische.

Arabisch stellt ein typisches Beispiel für diglossischen Sprachgebrauch dar und wurde vom Schöpfer dieses Terminus, Charles Ferguson, in dem Artikel "Diglossia" (1959) auch als Referenz herangezogen. In einer diglossischen Gesellschaft wird sprachlich zwischen der Verwendung einer sog. *high variety* (H) für den formellen, offiziellen Gebrauch in Verwaltung, Schule, Literatur und einer *low variety* (L) im informellen, z.B. familiären Bereich differenziert. Diese Unterscheidung zeichnet sich im Arabischen bereits früh ab.

Im andalusischen Arabisch (sp. *árabe andalusî*), auch Hispanoarabisch genannt, existieren Sammlungen, die einen volkssprachlichen Gebrauch anzeigen. Bezeichnung und Genre (ar. *laḥn al-ᶜāmma* 'Fehler des gemeinen Volkes') erinnern an kritisierte Formen des Vulgärlateins (*sermo vulgaris*), wie sie z.B. in der *Appendix Probi* (z.B. *auris* non *oricla* [< *auricula*] → sp. *oreja*) vorliegen. Die erste hispanoarabische Zusammenstellung dieser Art stammt aus dem 10. Jh. von dem sevillanischen Grammatiker az-Zubaydī (cf. Gallego 2003, 126). Eine wichtige Rolle spielt auch die diachrone Perspektive, die sich für al-Andalus vom 8. bis zum 17. Jh. erstreckt. So lassen sich die Informationen zum Hispanoarabischen von Pedro de Alcalá (1505, cf. 8.1.2.1) nicht einfach auf frühere Epochen übertragen.

Wie die flektierenden Sprachen im Allgemeinen tendiert auch das Arabische zum Abbau der Flexion. Diese Entwicklungsstufe des Arabischen bezeichnet man historisch gemeinhin als Mittelarabisch (cf. EALL, s.v. *Middle Arabic*). Dabei geht es allerdings nicht um eine intermediäre Epoche der Sprachgeschichte wie z.B. Mittelhochdeutsch oder Mittelfranzösisch, sondern um eine diglossisch wirksam gewordene Umstrukturierung auf dem Weg zu den modernen Dialekten.

Arabisch wurde zur Schriftsprache der Christen in al-Andalus. Die damit zum Ausdruck gebrachte Präferenz ist nicht erstaunlich in einer Gesellschaft, die sich zu einem guten Teil arabische Lebensart zum Vorbild gemacht hatte. Das Arabische besaß eine etablierte Schriftlichkeit und konnte somit in allen Bereichen der schriftlichen und mündlichen Kommunikation verwendet werden. Dies beeinflusste selbst den Umgang mit dem christlichen Schrifttum, denn Ende des 9. Jhs. sind in arabischer Übersetzung die Psalmen sowie aus dem Jahr 946 drei Evangelien überliefert (cf. Wasserstein 1991, 5–6). Daraus folgt, dass die Mozaraber zu jener Zeit Arabisch besser lesen konnten als Latein.

Corriente (2000–01, 99) geht davon aus, dass das Arabische mit Einrichtung des Kalifats im 10. Jh. gegenüber dem Mozarabischen in al-Andalus beständig an Boden gewann und diese Sprache bis zum Ende des 12. Jhs. verdrängt hatte. Ein markanter Einschnitt bedeutete die Herrschaft der Almoraviden, die ab 1086 auf der Iberischen Halbinsel präsent waren und in religiösem Eifer Christen wie Juden verfolgten (cf. 1.6).

Im christlichen Spanien hielten die Mozaraber noch 200 Jahre nach der Eroberung Toledos (1085) am Schriftarabischen fest, wie man der Sammlung *Los mozárabes de Toledo en los siglos XII y XIII* (González Palencia 1926–28, 1930) entnehmen kann. Diese Sammlung beinhaltet 1.051 arabisch verfasste Dokumente zu Rechtsverhältnissen, die bis ins Jahr 1282 reichen. Offensichtlich fiel den Mozarabern die Verwendung des Arabischen leichter als das in Kastilien für schriftliche Belange verwendete Lateinische. Davon zeugt auch das *Glossarium Latino-Arabicum* (cf. Koningsveld 1977) vom Ende des 12. Jhs., das Hilfestellung beim Lesen lateinischer Texte leisten sollte.

2.4 Berbersprachen

Berber waren bereits zu römischer Zeit in Nordafrika ansässig. Ihr Einzugsgebiet erstreckt sich vom Atlantik bis zur Oase Sīwa in Ägypten. Sprachlich besteht eine entfernte Verwandtschaft zum Arabischen, denn beide Gruppen gehören zu den sog. afroasiatischen Sprachen, früher semitisch-hamitisch genannt, wobei das Berberische zum Hamitischen gezählt wurde.

Man kann davon ausgehen, dass die Berber vor allem im Einzugsbereich Tunesiens zum Teil mit dem Lateinisch-Romanischen vertraut waren, denn diese Region war romanisiert und blieb es bis ins 12. Jh. (cf. Lewicki 1951–52). Davon zeugt eine Feststellung des arabischen Geographen al-Idrīsī, der am Hofe Rogers II. von Sizilien wirkte. Über die Stadt Gafsa im Süden Tunesiens berichtet er 1154, die meisten der Bewohner sprächen "bi-'l-lisāni 'l-laṭīnī 'l-ifrīqī" 'die lateinische Sprache Afrikas' (cf. Dozy/Goeje 1866, 104–105, ar. Zählung).

Mit dem Arabischen kamen die Berber im Zuge der Ausbreitung des Islams Ende des 7. Jhs. in Kontakt. Die wirkliche Arabisierung des Maghreb jedoch erfolgte erst ab dem 11. Jh., als die arabischen Stämme der Bānu Hilāl und der Bānu Sulaym in das Gebiet einwanderten. Insofern hatten die Berber zu Beginn der Eroberung der Iberischen Halbinsel, für die sie das weitaus größere Kontingent an Truppen stellten, zunächst ggf. eher Kenntnisse des Romanischen als Kenntnisse des Arabischen.

Die Islamisierung der Berber und das Bestreben, in al-Andalus Teil des Machtgefüges sowie der kulturellen Ausstrahlung der arabischen Zivilisation zu sein, führten zweifellos zur baldigen Arabisierung. Corriente (1998, 269–270) weist explizit darauf hin, dass die Araber von al-Andalus ihre südlichen Nachbarn nicht sonderlich schätzten, was Assimilationsbestrebungen unter den Berbern gefördert haben dürfte. Die Hinwendung zur arabischen Kultur erkennt man auch daran, dass Berber in ihren Namen gern arabische Genealogien übernahmen.

Es ist unklar, wie lange das Berberische in al-Andalus fortbestand. Obwohl die Belege gegen einen weiten Zeitrahmen sprechen, ist es durchaus möglich, dass sich die Sprache unter der Landbevölkerung hielt (cf. Glick 2005, 204). Bei den Almoraviden und Almohaden, die im 11. Jh. und 12. Jh. aus Nordwestafrika einwanderten und al-Andalus von da an beherrschten, handelte es sich um Berberdynastien. Im Maghreb wird Berberisch auch heute noch vor allem in den Gebirgsregionen gesprochen.

Eine andere Frage ist die des sprachlichen Einflusses des Berberischen in al-Andalus, der als unbedeutend gelten darf. Im andalusischen Arabisch identifizierte Corriente (1998) ca. 50 Entlehnungen aus dem Berberischen. Das spanische Akademiewörterbuch (DRAE) verzeichnet nur wenige Wörter, die wohl über das andalusische Arabisch entlehnt wurden. Sie beziehen sich auf das traditionelle Umfeld wie z.B. sp. *alfaneque* 'Berber-, Wüstenfalke', *argán*, *erguén* bot. 'Eisenholz', *tagarnina* bot. 'Goldwurzel; schlechte Zigarre', *tagarote* 'Berberfalke; Hungerleider', *tragacete* 'Wurfpfeil'.

2.5 Hebräisch

Das Hebräische ist die liturgische Sprache des Judentums, die bereits zu Zeiten Jesu nicht mehr aktiv verwendet wurde. Auf Hebräisch sind das Alte Testament und der Tanach (die hebräische Bibel) abgefasst. Juden lebten bereits im 1. Jh. n. Chr. auf der Iberischen Halbinsel. Nach der maurischen Eroberung tendierten die romanischsprachigen Juden zur Polyglossie.

Unter dem Einfluss des Arabischen, dem sich die Juden in al-Andalus intensiv zuwandten und das für viele zur Muttersprache wurde, kam es im 10. Jh. während des Kalifats vor allem in Córdoba zu einem Wiederaufleben des Hebräischen. Zwar schrieben die Juden von al-Andalus vorzugsweise auf Arabisch, ihre Dichtung jedoch verfassten sie nunmehr auf Hebräisch. Diese erstaunliche Entwicklung nahm ihren Ausgang in der Vorlage, die die arabische Grammatikographie namentlich in der Morphologie bot. Das arabische Vorbild ließ sich gut auf die Beschreibung des biblischen Hebräisch anwenden, da es sich ebenfalls um eine wurzelflektierende semitische (afroasiatische) Sprache handelt. Die aus dem Arabischen gewonnenen Erkenntnisse förderten den Aufbau einer eigenen Lexikographie. So wurde das biblische Hebräisch, das in den Psalmen, Sprüchen und dem Buch Hiob in Versform vorliegt, jenseits religiöser Texte zur Sprache einer neuen geistlichen und weltlichen Dichtung der Juden. Auch in dieser Hinsicht diente das Prestige der arabischen Poesie als Inspiration, die man nachahmte und an deren Versmaß man sich orientierte. Die Blütezeit setzte sich bis ins 12. Jh. fort.

Die ihrer kulturellen Tradition folgend in Judäo-Arabisch (auf Arabisch mit hebräischen Lettern) notierten Abhandlungen über das Hebräische von al-Andalus fanden unter den Juden in Europa Verbreitung und legten einen Grundstein dafür, dass das Hebräische in neuerer Zeit schließlich wieder zu einer gesprochenen Sprache werden konnte (cf. Martínez Delgado 2013).

2.6 Sprachkontakt und Zweisprachigkeit

Die Koexistenz der diversen Sprachen und Varietäten auf der Iberischen Halbinsel zeichnen ein komplexes Bild in Bezug auf den linguistischen Austausch. Selbst wenn man den Blick nur auf die Interaktion zwischen Arabisch und die Varietäten des Spanischen richtet, was in der Schriftlichkeit das Lateinische (Mittellatein) einschließt, ergibt sich ein weites Spektrum an wechselnden Kontaktsituationen. Deren Protagonisten brachten unterschiedliche sprachliche Prägungen ein, die über einen Zeitraum von acht bzw. neun Jahrhunderten beständigen Veränderungen im Raum unterworfen waren.

In einem interessanten soziolinguistischen Aufsatz versucht García González (2007) dieser Komplexität Herr zu werden, indem er hinsichtlich der Aufnahme von Arabismen im Spanischen die Überlegungen zu kontaktbedingtem Sprachwandel von Thomason/Kaufman (1988) und Thomason (2001) zugrunde legt. Dabei wird von unterschiedlichen Intensitätsgraden des Sprachkontakts ausgegangen, die von oberflächlich bis extensiv reichen, wenn Zweisprachigkeit überwiegt. Die Sprachbeherrschung variiert ihrerseits zwischen Lernersprache (L2) mit graduellen Interferenzen bis zur Perfektion, ggf. unter späterer Aufgabe der ursprünglichen Muttersprache.

Das Problem einer etablierten Modellgebung liegt allerdings darin, dass man geneigt sein könnte, eine vorgefundene Konstellation in das bestehende Model integrieren zu wollen, anstatt ein Funktionsmodell aus der spezifischen Konstellation abzuleiten. Dies gilt vor allem dann, wenn für das Objekt der Untersuchung im Einzelnen keine genaueren Informationen vorliegen. Die erwähnten Intensitätsgrade des Sprachkontakts waren auf der Iberischen Halbinsel vertreten wie auch die Variationsbreite in der Sprachbeherrschung. Welche Ausgangssituation wann und wo zu welcher Art von Transfer führte, lässt sich oft nicht eindeutig klären, zumal zwischen dem Transfer und seiner schriftlichen Dokumentation oft Jahrhunderte liegen. Hinzu kommt die Frage nach der jeweiligen Perspektive. Man kann das Spanische sachbezogen für sich betrachten, nichtsdestoweniger verhalten sich das Portugiesische und das Katalanische in einem durchaus vergleichbaren Umfeld immer wieder abweichend.

2.6.1 Flächenkontakt vs. punktuelles Kontaktmilieu

Kontzi unterscheidet in Bezug auf den Kontakt mit dem Arabischen Flächenkontakt, punktuellen Kontakt und individuellen Kontakt. Dabei fällt dem Flächenkontakt eine besondere Bedeutung zu, da “ganze Bevölkerungsgruppen auf einem ausgedehnten

Raum miteinander in Berührung" kommen (cf. Kontzi 1998, 329–330). Dies galt insbesondere für das Leben innerhalb der Grenzen von al-Andalus. Ein Spezifikum der arabischen Präsenz auf der Iberischen Halbinsel liegt gerade darin, dass in der Bevölkerung von al-Andalus über lange Zeit eine ausgedehnte Zweisprachigkeit zwischen Arabisch und Romanisch herrschte.

Von Bedeutung sind zudem die Kontaktsituationen in den christlichen Gebieten, die im Zuge der voranschreitenden Reconquista eine zweisprachige mozarabische Bevölkerung integrierten. Dies war in León bereits im 9. Jh. der Fall. Dort gab es Priester, die arabische Namen oder Beinamen trugen, ohne dass dies in Verbindung mit ihrem Amt etwa ein Hindernis darstellte (cf. Gómez-Moreno 1919, 106–116). Leonesische Codices des 10. Jhs. (in lateinischer Sprache) enthalten auch zahlreiche arabische Anmerkungen und Glossen (ibid., 132). Später fielen die mozarabischen Zentren von Toledo (1085) und Zaragoza (1118) in den christlichen Machtbereich. In Toledo verwendeten die Mozaraber das Arabische in ihren Dokumenten noch zwei Jahrhunderte nach der Rückeroberung der Stadt. Gefördert wurde der sprachliche Austausch weiterhin durch die Emigration von Mozarabern in christliche Gebiete, z.B. im 9. Jh. nach León und in der Zeit schwindender Toleranz unter den Almoraviden/Almohaden ab dem Ende des 11. Jhs. (cf. 1.6).

Die Aufnahme von Entlehnungen setzt in der Gesellschaft oder bei einzelnen Individuen eine Form von Zweisprachigkeit voraus. Extensive Zweisprachigkeit ist keine Bedingung, auch nicht im Hinblick auf eine besonders hohe Zahl an Übernahmen. So haben Persisch und Türkisch im Mittelalter im Vergleich zum Spanischen ungleich viel mehr Arabismen integriert, ohne dass das Arabische in der Bevölkerung dieser Länder verbreitet gewesen wäre (cf. 5.2). Allerdings können Unterschiede in der Art der Übertragung auftreten, die sich aus dem besonderen zweisprachigen Milieu einerseits und einem weniger intensiven Kontakt andererseits ergeben (cf. 4.5, 4.6).

Beim punktuellen Kontakt, der nach Kontzi (cf. Kontzi 1998, 329–330) z.B. am Ende von Handelsrouten auftritt, seien weniger Menschen involviert. Auch hier sind die besonderen Verhältnisse auf der Iberischen Halbinsel hervorzuheben, denn es gab einen permanenten grenz- und die Regionen überschreitenden Kontakt, der nicht die Intensität des Flächenkontakts erreichte, sich innerhalb des geographischen Raums der Halbinsel jedoch stärker abbildete als beispielsweise in Handelshäfen. Insofern lässt sich der Flächenkontakt mit einem traditionellen iberischen Kontaktmilieu kontrastieren. Den individuellen Kontakt sieht Kontzi als Kontakt zwischen Gelehrten. Hier kommt im Hinblick auf die Verbreitung sprachlicher Inhalte vor allem die Übersetzertätigkeit ins Spiel (cf. Kap. 9).

2.6.2 Prestige als bestimmender Faktor im Sprachkontakt

Ein zentraler Faktor, der den sprachlichen Austausch auf breiter Basis entscheidend begünstigt, ist das Prestige, das einer Sprache zugeschrieben wird. Es leitet sich aus dem Bestreben ab, den fortgeschrittenen Entwicklungsstand einer anderen Kultur oder Gesellschaft für sich nutzbar zu machen, weil sich daraus Vorteile praktischer, ideeller oder statusbezogener Natur eröffnen.

Während das Arabische seine Stellung im Orient maßgeblich über seine Bedeutung für den Islam ableitete, war es für die Iberische Halbinsel das Zusammenspiel von politischer Macht, des Einflusses von Wissenschaft und technischen Fertigkeiten sowie die verfeinerte Lebensart, die in Bereichen wie z.B. der Architektur sichtbar wurde und prägend wirkte. Hier ergibt sich gerade für die Iberische Halbinsel ein Kontrast zwischen dem germanischen Superstrat, das auf militärischer Überlegenheit fußte, und dem, was man allgemein als arabisches Kulturadstrat bezeichnet.

Literaturhinweise

Einen Überblick zu den Sprachen in al-Andalus bieten Wasserstein (1991) und López-Morillas (2000) sowie für die Iberische Halbinsel Gallego (2003). Zum Arabischen in al-Andalus liegen Vicente (2020) und die ausführliche Studie von Corriente (1992) vor, zum Berberischen Corriente (1998) und Corriente/Pereira/Vicente (2020). Dem Hebräischen widmet sich Martínez Delgado (2013). Zum Romanischen informieren Beiträge in der Sprachgeschichte von Cano (2004), zum Mozarabischen Galmés de Fuentes (1996), zur Zweisprachigkeit in al-Andalus Thompson (1969) und zum Spanischen der Morisken Cardillac (1990).

Aufgaben

1. Lesen Sie den Aufsatz “Religion, Philosophie und Sprachgeschichte: Iberische Halbinsel” von Bossong (2006).
2. Verschaffen Sie sich bei Zwartjes (1997, 5–22) einen Überblick über die Diskussion zur Zweisprachigkeit in al-Andalus.

3 Strukturelle Aspekte des hispanoarabischen Sprachkontakts I

Nach einer kurzen Typisierung des Arabischen werden nachfolgend sowie im komplementären Kap. 4, der dem arabischen Artikel gewidmet ist, strukturelle Auswirkungen des hispanoarabischen Sprachkontakts beschrieben. Dabei geht es um die Übertragung arabischer Formen, die im Spanischen durchscheinen. Im Hinblick auf das moderne Spanisch handelt es sich um morphologische Charakteristika, im Altspanischen zeigen sich in Übersetzungen auch syntaktisch-stilistische Besonderheiten, die in Kap. 9.4 behandelt werden.

Die Erklärungen zur arabischen Grammatik sollen die zugrunde liegenden Strukturen sichtbar machen und beschränken sich dabei auf das Wesentliche. Aus Gründen der Anschaulichkeit werden Entlehnungen, die den agglutinierten und zum Teil assimilierten arabischen Artikel tragen, im Etymon formbezogen mit dem Artikel angegeben (z.B. sp. *aceite* 'Öl' < ar. *az-zayt*), obwohl der Artikel natürlich nicht Teil des (indeterminierten) arabischen Wortes ist. In der Regel wird die Bedeutung der Beispiele angegeben, bei inhaltlicher Abweichung auch die des Etymons.

3.1 Zur Charakteristik des Arabischen

Das Arabische ist nach der traditionellen Klassifikation eine semitische Sprache der semitisch-hamitischen Familie, nach moderner Terminologie zählt es zu den afroasiatischen Sprachen. Typologisch gesehen ist das Arabische flektierend, aber im Gegensatz zu den romanischen Sprachen bezieht sich die Flexion nicht auf einen Wortstamm, das Arabische ist wurzelflektierend.

Eine Wurzel besteht in der Regel aus drei Konsonanten, die ein Konzept tragen, so z.B. *k - t - b* für das Schreiben und Bezeichnungen, die damit zusammenhängen. Da im Arabischen kein Infinitiv existiert, steht die perfektive Form *kataba* 'er hat geschrieben' für 'schreiben', *kātib* ist der Schreiber, *maktab* das Büro, *maktaba* die Bibliothek, *maktūb* das Geschriebene und der Brief. *Kattaba* bedeutet 'schreiben lassen', *aktaba* 'diktieren'. Hier kontrastieren Bildungen aus einer arabischen Wurzel mit mehreren Wortfamilien im Deutschen. Die Wurzelstruktur ist für Sprecher stammflektierender Sprachen gewöhnungsbedürftig, denn die Wandelbarkeit der Wurzel schränkt zum Teil die Transparenz ein, so z.B. bei ar. *aswāq*, das den Plural von *sūq* 'Markt' (Wurzel *s - w - q*) bildet (cf. sp. *zoco* 'ar. Marktplatz').

Um Wortbildungsmuster zu veranschaulichen, bedient man sich in der arabischen Grammatik zur Beispielgebung der Wurzel *f - ʕ - l* für *fa*^{c}*ala* 'machen'. Die Pluralbildung *aswāq* stellt sich damit als *af*^{c}*āl* dar. Man kann die Wurzelkonsonanten auch nummerieren, was in diesem Fall zu {a12ā3} führt.

https://doi.org/10.1515/9783110697766-003

3.1.1 Alphabet und Phonetik

Die linksläufige arabische Konsonantenschrift besteht aus 28 Buchstaben, die bis auf Alif auch Phoneme darstellen und eine fast perfekte Phonem-Graphem-Relation bilden. Jeder Buchstabe hat bis zu vier Varianten (initial, mittig, final und isoliert).

Tab. 1: Das arabische Alphabet

Ar.	Nr.	Transkr.	Transl.	
ا	1	ʔ	ʾ	Alif, Träger des Hamza ء (glottaler Plosiv, Stimmabsatz wie in dt. *be'enden*); steht unvokalisiert auch für [ʾa-], [ʾi-], [ʾu-], [ʾaː]
ب	2	b	b	sth. bilabialer Plosiv
ت	3	t	t	stl. dentaler Plosiv, behaucht wie im Dt.
ث	4	θ	ṯ, th	stl. interdentaler Frikativ (wie in eng. *thing*)
ج	5	(d)ʒ	ǧ, ŷ	sth. palatale Affrikate bzw. präpalataler Frikativ (wie in it. *giorno* bzw. fr. *garage*)
ح	6	ħ	ḥ	stl. pharyngaler Frikativ (geflüstertes [h]); in europäischen Sprachen nicht vorhanden
خ	7	x, χ	ḫ, kh	stl. (post)velarer Frikativ (cf. dt. *Bach*)
د	8	d	d	sth. dentaler Plosiv
ذ	9	ð	ḏ, dh	sth. interdentaler Frikativ (wie in eng. *this*)
ر	10	r	r	alveolarer Vibrant (wie in sp. *por*)
ز	11	z	z	sth. alveolarer Frikativ (wie in dt. *Sonne*)
س	12	s	s	stl. alveolarer Frikativ (wie in dt. *dass*)
ش	13	ʃ	š	stl. präpalataler Frikativ (wie dt. <sch>)
ص	14	ṣ	ṣ	emphatischer (velarisierter) stl. alveolarer Frikativ
ض	15	ḍ	ḍ	emphatischer (velarisierter) sth. alveolarer Plosiv
ط	16	ṭ	ṭ	emphatischer (velarisierter) stl. alveolarer Plosiv, unbehaucht
ظ	17	ḏ̣, ẓ	ḏ̣, ẓ	emphatischer (velarisierter) sth. interdentaler Frikativ; dialektal meist emphatischer alveolarer Frikativ (ẓ)

Ar.	Nr.	Transkr.	Transl.	
ع	18	ʕ	ᶜ	sth. pharyngaler Frikativ, z.B. in *ᶜarabī* 'arabisch'; in europäischen Sprachen nicht vorhanden
غ	19	ɣ, ʁ	ġ, gh	sth. (post)velarer Frikativ (cf. dt. dialektal in *Wagen* [vaɣə])
ف	20	f	f	stl. labiodentaler Frikativ
ق	21	q	q, ḳ	stl. uvularer Plosiv (ähnlich schweizerdt. *Kind*)
ك	22	k	k	velarer Plosiv, behaucht wie im Dt.
ل	23	l	l	alveolarer Lateral, einzig in Verbindungen mit *Allah* velarisiert [ɫ]
م	24	m	m	bilabialer Nasal
ن	25	n	n	alveolarer Nasal
ه	26	h	h	glottaler Frikativ, wie im Dt., jedoch in allen Positionen gesprochen
و	27	w	w	labiovelarer Approximant wie in eng. *way*; die Verbindung mit <u> ergibt <ū>
ي	28	j	y	sth. palataler Approximant; die Verbindung mit <i> ergibt <ī>; man beachte in der Transliteration, dass <y> für [j] steht

Außer im Koran und zu didaktischen Zwecken notiert die arabische Schrift in der Regel nur Konsonanten bzw. konsonantische Repräsentanten der (drei) Langvokale und Diphthonge, was der Wurzelstruktur der Sprache perfekt angepasst ist. Es entspricht dem Wesen der Schrift, nur ein Gerüst abzubilden und Diakritika vorwiegend zur Disambiguierung einzusetzen.

Alif ا (1) entspricht trotz seines Namens nicht dem griechischen Alpha, es handelt sich um den Träger des Stimmabsatzes (Knacklautes) Hamza ء [ʾ] → أ für z.B. [ʾa]. Dieser existiert auch im Deutschen, wird in der Schreibung jedoch nicht berücksichtigt (cf. b<u>ee</u>nden).

In vokalisierter Schrift markieren Diakritika die Kurzvokale /a/ ◌َ (*fatḥa*), /i/ ◌ِ (*kasra*) und /u/ ◌ُ (*ḍamma*) über- bzw. unterhalb der Zeile. Im Anlaut ist Alif ihr Träger. Die Langvokale /ī/ und /ū/ ergeben sich aus der Kombination von <i> + <y> (28) bzw. <u> + <w> (27). Für den Langvokal [ā] stehen im Anlaut Alif und ggf. ein Diakritikum → آ, in Mittelstellung wird Alif mit /a/ kombiniert → ◌َا.

In unvokalisierter Schrift ergeben sich Mehrdeutigkeiten. So steht Alif im Anlaut für [ʾa], [ʾi], [ʾu] und [ʾa:] oder aber für Vokallosigkeit, falls [a] durch einen vorangehenden vokalischen Auslaut elidiert wird (cf. 4.3.1.2). Das Graphem ي <y> (28) z.B. repräsentiert [j], [i:] oder auch die Diphthonge [ja] und [ai̯] ([ei̯]).

Da das Arabische nur über drei Vokale /i/, /ī/, /a/, /ā/, /u/, /ū/ verfügt (Länge und Kürze sind phonologisch relevant), wird klar, dass sich die Schrift nicht eignet, den romanischen Vokalismus oder im Speziellen altspanische Diphthonge wiederzugeben. Dies ist ein zentrales Problem bei der Interpretation der mozarabischen *jarchas* (cf. Kap. 7).

Im arabischen Konsonantismus fehlen /p/ und /g/, wobei [g] allerdings dialektal auftritt. Eine Besonderheit stellen die vier emphatischen Konsonanten /ṣ/, /ḍ/, /ṭ/, /ḏ̣/ dar (cf. 3.2.2.5), die mit größerer Spannung und angehobenem hinteren Zungenrücken artikuliert werden. Gemäß ihrer Natur üben sie auf die vokalische Umgebung einen velarisierenden Einfluss aus. Langkonsonanten ("Doppelkonsonanten") werden ggf. mit dem Verdopplungszeichen (ar. *šadda*) markiert (ر <r> → رّ <rr>).

In Bezug auf den Wortakzent kann man für das Hocharabische als grobe Richtlinie die Regel des Lateinischen ansetzen, d.h. die Paenultima (vorletzte Silbe) wird betont, wenn diese Silbe lang ist (langer Vokal oder Vokal + Konsonant), ansonsten die Antepaenultima (drittletzte Silbe). Natürlich bestehen Abweichungen, die mit der Realisierung von Flexionsvokalen in Verbindung stehen, oder bei Adjektiven auf *-ī́*.

3.1.2 Dialektale Besonderheiten des *árabe andalusí*

Das Arabische von al-Andalus (Hispanoarabisch, *árabe andalusí*) weist dialektale Besonderheiten auf, die es vom Hoch- bzw. Schriftarabischen unterscheiden (cf. Corriente 1977, 1992; EALL, s.v. *Andalusi Arabic*). Dies wirkte sich zum Teil auch auf die Form aus, in der sich Entlehnungen im Spanischen darstellen. So zeigt das Hispanoarabische im Vergleich eine gewisse Präferenz für den Vokal /a/ wie in *Guadalajara*, das sich von hispar. *wád al-ḥaǧára* '(das) Flussbett der Steine' ableitet, während die hocharabische Form *wādī 'l-ḥiǧāra* lautet (cf. 6.2.1). Typisch ist in diesem Beispiel zudem der stabile vokalische Anlaut des Artikels *al*, der im Arabischen ansonsten syntagmatisch elidiert wird (cf. 4.5.1). Eine regionale Variante des Hispanoarabischen zeigt sich in Form der *imala granadina*, einer abgestuften palatalen Schließung von ar. /ā/, /a/ (cf. 3.2.1).

Bezüglich der Wortbetonung ergeben sich bei Entlehnungen gelegentlich Diskrepanzen zwischen der Akzentuierung im Arabischen und im Spanischen. Die Fachliteratur tendiert dazu, solche Akzentverschiebungen als Charakteristikum des Hispanoarabischen zu sehen und nicht als Folge einer Anpassung an das Romanische (cf. 3.2.3).

Auch werden die im Arabischen phonematisch relevanten Langvokale bei hispanoarabischen Etyma durchweg kurz (und mit Akzent) transliteriert. Hier stellt sich die Frage, ob man diesen "Quantitätenkollaps" für al-Andalus verallgemeinern kann und damit auch für frühe Entlehnungen ansetzt, die man aufgrund der zum Teil erst Jahrhunderte später erfolgten Dokumentation zeitlich oft nicht genau einordnen kann. Nichtsdestoweniger übernehmen auch wir hier diese Praxis.

Die Frage dialektaler Variation des andalusischen Arabisch betrifft in erster Linie die Arabistik. Hispanoarabische Formen geben wir an, wenn sie zum Verständnis romanischer Formen beitragen.

3.2 Phonetische Adaptation der Arabismen

Auf phonologischer Ebene hat das Arabische das Spanische nicht beeinflusst. Der als *jota* bezeichnete velare Frikativ [x] hatte zwar auch ein Pendant im Arabischen, trat im Altspanischen jedoch definitiv noch nicht auf. Er entstand erst in der zweiten Hälfte des 16. Jhs. aus der Verschiebung des Präpalatals [ʃ] (asp. *dixo*, heute *dijo*). Dieser Entwicklung schloss sich das im 16. Jh. infolge der Desonorisierung von [ʒ] (asp. *mugier*) entstandene /ʃ/ an (cf. 3.2.2.2).

Die Phonetik des Arabischen, die stellenweise auch dialektale Züge tragen kann, spiegelt sich im Lehngut einerseits als Interpretation des Gehörten (Perzeption), andererseits als Adaptation an die Phonotaktik der romanischen Zielsprache. Bei Konsonanten, die nicht Teil des Zielsystems sind, bestand die Möglichkeit des Ausfalls oder der Substitution durch einen Konsonanten, der mit Lauten der Ausgangssprache idealerweise ein Merkmal teilt. Dies kann den Artikulationsort betreffen oder die Artikulationsart. Ferner muss man berücksichtigen, dass sich die Graphie im Mittelalter sehr variabel zeigt, so dass Inkonsistenzen auftreten. Es sollen nachfolgend nur die wichtigen lautlichen Entsprechungen zwischen dem Arabischen und dem Spanischen erwähnt werden, die sich als Ergebnis des Sprachkontakts einstellten.

3.2.1 Vokalismus und Imala

Da das Arabische qualitativ nur über drei Vokale verfügt, kommt es bei der Anpassung von Entlehnungen auch zur Öffnung von ar. /i/ und /u/ wie z.B. bei *arroz* 'Reis' < ar. *ʾaruzz* und *azófar* 'Messing' < ar. *aṣ-ṣufr*. Eine diesbezügliche Systematisierung unter Einbeziehung der unbetonten Vokale erweist sich als komplex. Die Langvokale (/ī/, /ū/) tendieren zum Erhalt ihrer Qualität wie sp. *alfil* 'Läufer (Schach)' < ar. *al-fīl* 'Elefant'. Darüber hinaus kommt die Phonotaktik des Spanischen ins Spiel, wie man am Beispiel *limón* < ar. *laymūn* sieht, denn die frequente Endung *-ón* setzte sich im Spanischen gegenüber *-ún* durch.

Die Vokale /ā/ und /a/ unterlagen im Arabischen zum Teil bereits im Mittelalter einem Lautwandel, der Imala (ar. *ʾimāla*) genannt wird. Dabei handelt es sich in der ersten Stufe der Entwicklung um die Schließung von /ā/, /a/ zu [ɛ: ɛ], in der zweiten Stufe um die Verschiebung nach [i: i].

Typische Elemente der arabischen Agrarkultur wie sp. *acequia* 'Bewässerungsgraben' < ar. *as-sāqiya* und *aceña* 'Schöpfrad' < ar. *as-sāniya* zeigen die Vokalschließung ersten Grades. Betroffen sind auch Verbindungen mit *Beni-* (< ar. *banū*, *banī*

‘Söhne des/von …’), die ursprünglich Stammesnamen darstellen und in Ortsnamen auftreten wie z.B. bei *Benicasim* (Castellón) < *banī Qāsim* und *Benifató* (Alicante) < *banī Fatḥūn* (cf. 6.1.2).

Eine Imala zweiten Grades liegt in sp. *albañil* ‘Maurer’ < ar. *al-bannāʾ* über hispar. *al-banní* vor. Diese zweite Stufe der Entwicklung mit völliger Schließung ist ein regionales Phänomen der späteren Zeit und als *imala granadina* bekannt. So ist *Bib-Rambla* (ar. *bāb* ‘Tür, Tor’ → [bi:b]) der Name eines Platzes in Granada, an dem ein Tor aus dem 11./12. Jh. stand. Auch in der Lautung des Ortsnamens Sevilla spiegelt sich der Einfluss der Imala. Dies wird im Vergleich der lateinischen Form *Hispālis* und ar. *Išbīliya* deutlich.

Vorzugsweise in Verbindung mit den emphatischen Konsonanten /ṭ, ḍ, ḏ̣, ṣ/ (cf. 3.2.2.5) oder uvularem /q/ unterbleibt die Imala. Aber auch Arabismen mit dem agglutinierten arabischen Artikel weisen keine Imala auf, denn sie lauten in der Regel auf *a-*, *al-* an. Dies steht im Gegensatz zur heutigen arabischen Aussprache (*al* [ɛl], [əl], il]). Die einzige Ausnahme ist im Mittelalter möglicherweise sp. *e̱lexir* (auch *elíxir*) < ar. *al-iksīr* (mit griechischer Filiation), die aufgrund der folgenden Palatalvokale metaphonisch beeinflusst sein kann.

Der fallende Diphthong <aw> des Arabischen wird monophthongiert, was einer manifesten Tendenz in den meisten romanischen Sprachen entspricht (*aljófar* ‘kleine Perle’ < ar. *al-ǧawhar* ‘Juwel’). Bei ar. <ay> bestehen unterschiedliche Entwicklungen: ar. *aḍ-ḍayʿa* ‘kleines Dorf’ > sp. *aldea* zeigt im Gegensatz zu pg. *aldeia* eine Monophthongierung, ar. *az-zayt* > sp. *aceite* bewahrt den Diphthong. Dies gilt auch für sp. *alcaide* ‘Burgvogt, Kerkermeister’, das auf ar. *al-qāʾid* ‘Anführer’ zurückgeht. Hier bildete sich der Diphthong allerdings sekundär durch Ausfall des Stimmabsatzes. Bei sp. *alcalde* ‘Bürgermeister’ < ar. *al-qāḍī* ‘Richter’ wurde das im Spanischen unübliche unbetontes finales /i/ durch Vokalöffnung vermieden.

Zum Teil erhielten arabische Formen im Spanischen einen finalen Stützvokal, wie das zitierte Beispiel *alcaide* zeigt. Da Maskulina im Arabischen überwiegend auf Konsonant enden, ist eine Anpassung in jedem Falle dort notwendig, wo der Auslaut gegen die Phonotaktik des Spanischen verstößt. Ein ausgeschlossenes finales /m/ wurde bei ar. *al-ḥaǧǧām* ‘Aderlasser’ > sp. *alfajeme* ‘Barbier’ durch paragogisches [-e] gestützt. Eine andere Möglichkeit zeigt sich bei ar. *ʿaqrab* ‘Skorpion’ > sp. *alacrán*. Hier liegt eine Suffigierung vor oder, im Falle finaler Betonung im Hispanoarabischen, die Substitution von /b/ durch den im Auslaut kompatiblen Konsonanten /n/.

3.2.2 Anpassungen im Konsonantismus

3.2.2.1 Gemination

Das Arabische verfügt wie z.B. das Italienische über Geminaten (Lang- bzw. Doppelkonsonanten), die das Westromanische ab dem 7./8. Jh. sukzessive aufgab. Der einzige genuine Langkonsonant mit Phonemstatus im Spanischen ist /r̄/.

Die arabischen Geminaten <ll> und <nn> zeigen bei früher Entlehnung die auch für den lateinischen Erbwortschatz typische Palatalisierung zu [ʎ] und [ɲ]. Beispiele sind sp. *alcaller* 'Töpfer' < hispar. *al-qullál* zu ar. *qulla* 'Krug', das seinerseits als *alcolla* 'große Glaskaraffe' entlehnt wurde, sowie *añil* 'Indigo' < hispar. *an-nil* zu ar. *nīlağ*. Der Reflex einer arabischen Langkonsonanz zeigt sich möglicherweise auch in der Sonderentwicklung [tt] > [st] bei ar. *ḥattà* > sp. *hasta*. Alternativ könnte der anlautende frikative Pharyngal Einfluss genommen haben. Weitere Erklärungen zu *hasta* gibt Morera (1999, 87–89). Pg. *até* (apg. *ata*) ist von diesem Wandel nicht betroffen.

3.2.2.2 Sibilanten

Das genuine spanische /s/ ist zusammen mit seinem im Mittelalter noch vorhandenen stimmhaften Pendant /z/ apikoalveolar (asp. *passar* [s̺], *casa* [z̺]). Die Engebildung erfolgt zwischen der Zungenspitze (Apex) und den Alveolen, was dem Laut eine zischende Note verleiht, die z.B. auch im Neugriechischen auftritt. Sie entsteht durch Rückverlagerung der Zunge in Richtung auf das Palatum und bewegt sich akustisch auf [ʃ] zu. Man beachte bei [s̺] die zur Kennzeichnung dieser Besonderheit verwendete Notation mit einem diakritischen Häkchen.

Tab. 2: Die Entwicklung der kastilischen Sibilanten

14. Jh.		15. Jh.		um 1530		Ende 16. Jh.
<s> z̺		z̺	→			
<ss> s̺		s̺	→	s̺		s̺
<z> dz	→	z̪		(z̪)	→	
<ç> ts	→	s̪		s̪	→	θ
<g, j> (d)ʒ		ʒ	→	ʃ	→	x
<x> ʃ		ʃ		ʃ	→	x

Die arabischen Sibilanten /s/ und /z/ hingegen sind prädorsal (prädorsodental) mit Engebildung zwischen dem vorderen Zungenrücken und dem dentoalveolaren Bereich. Dies entspricht z.B. dem /s/, das man heute überwiegend aus dem Andalusischen und dem amerikanischen Spanisch kennt.

Das Altspanische besaß noch keine prädorsalen Sibilanten. Diese bildeten sich erst im 15. Jh. aus den Affrikaten /ts/ und /dz/ (asp. *çielo* ['tsielo] > ['s̪ielo], asp. *fazer* [ha'dzer] > [ha'z̪er]). Aus diesem Grund wurden die prädorsalen Sibilanten des Arabischen im Altspanischen durch die dentalen Affrikaten wiedergegeben, deren frikativer Anteil in der Aussprache korrespondierte: ar. *as-sukkar* > asp. *açucar* [ts], ar. *az-zayt* > asp. *azeite* [dz].

Die beiden Affrikaten verloren im 15. Jh. ihr plosives Element, wurden zu Frikativen und fielen mit der Desonorisierung im 16. Jh. zusammen. Ab der zweiten Hälfte des 16. Jhs. verlagerte sich die Aussprache der ehemaligen Affrikaten im Kastilischen auf das interdentale [θ]. Dies ist der Grund dafür, dass Wörter mit den arabischen prädorsalen Sibilanten im Spanischen heute nicht mit <s>, sondern mit <c, z> geschrieben werden und im Kastilischen eine interdentale Aussprache aufweisen. Eine arabische Artikelverbindung <al+s> → [as-s-], die im Kastilischen anlautend zu [as-] geführt hätte, gibt es nicht.

Das genuine apikoalveolare /s/ [s̺] wurde von arabischer Seite als präpalatales [ʃ] aufgefasst und deswegen z.B. in der mit arabischen Lettern geschriebenen Aljamiadoliteratur mit <ش š> wiedergegeben (cf. Kap. 10). Der arabische Name Sevillas lautete dementsprechend *Išbīliya*.

Durch die Entsprechung von sp. [s̺] → ar. [ʃ] weisen manche Wörter im Spanischen eine vom Arabischen beeinflusste Aussprache auf. So ist der heutige velare Frikativ [x] bei nsp. *jabón* (< germ. *saipo*/vlt. *sapone*), *jibia* 'Tintenfisch' (< lat. *sēpia*), *jugo* (< lat. *sucus*) und *pájaro* (< vlt. *passar* < lat. *passer* 'Spatz') nur über die Zwischenstufe [ʃ] zu erklären (cf. pg. *sabão* vs. galic. *xiba* [ʃ]). Die Verschiebung von [ʃ] > [x] trat im Spanischen Ende des 16. Jhs. ein (cf. Tab. 2 und 3.2.2.6). Man beachte die Phonem-Graphem-Entsprechungen /ʃ/ <x> und /x/ <j, g>.

Arabismen, die den präpalatalen Frikativ [ʃ] beinhalten, verhalten sich analog, da das Altspanische das Phonem /ʃ/ besaß, das graphisch mit <x> wiedergegeben wurde (asp. *dixo* [ʃ] 'er sagte'). So gehen sp. *jarabe*, *jarope* 'Sirup' auf ar. *šarba*, *šurba* 'Getränk' zurück. Die heutige Graphie mit <j> wurde im 18. Jh. angepasst. Man erkennt diesen Wandel heute noch an der amerikanischen Graphie von *México*, die mit <x> aztekisches [ʃ] repräsentiert, während das europäische Spanisch mit *Méjico* der Verschiebung der Aussprache nach [x] Rechnung trägt. Auch die in der Mathematik gebräuchliche Variable <x> reflektiert [ʃ]. Sie basiert auf ar. *šayʾ* 'Ding, Sache' und repräsentiert mit <x> den Anlaut bzw. die Abkürzung dieses Wortes.

In Ausnahmefällen wurde ar. [ʃ] im Spanischen zu einer Affrikaten wie in *alcachofa* aus ar. *al-ḫaršūfa* 'Artischocke'.

3.2.2.3 Die Alternanz von *f* und *h*

Für die arabischen Frikative *h*, *ḥ* [ħ] und *ḫ* [x] besteht eine Alternanz mit *f*, die mit einer frühen Entwicklung des Altkastilischen interferiert. Im Lateinischen auf [f-] anlautende Wörter entwickelten sich in der Regel zu akast. [h-] (lat. *ferrum* > sp. *hierro*; cf. Menéndez Pidal 1980, §§ 41, 42). Die Nexus *fr-*, *fue-* waren davon nicht betroffen. In der Graphie wurde <f-> bis ins 14. Jh. beibehalten, obwohl der Konsonant als glottaler Hauchlaut gesprochen wurde. Der allgemeine Verlust von [h] in der gesprochenen Sprache fiel ins 16. Jh., in Südwestspanien und in der Karibik ist der Glottal vereinzelt heute noch zu hören. Die Assoziation von geschriebenem <f-> und der Aussprache [h-] führte in Verbindung mit Arabismen zu diversen Überschneidungen.

Ar. [h] entspricht akast. [h], das diesen Konsonanten im Anlaut als Allophon von /f/ kannte. Die anderen historischen romanischen Dialekte der Iberischen Halbinsel bewahrten lat. [f-]. In diesen Varietäten musste ar. [h] folglich substituiert werden, wofür wiederum [f], ein stimmloser Frikativ wie [h], zur Verfügung stand. Eine solche Ersetzung liegt in dem heute nicht mehr geläufigen sp. *alfadía* 'Bestechungsgeld' < ar. *al-hadīya* 'Geschenk' vor.

Die Verhältnisse gewannen dadurch an Komplexität, dass bis zum 13. Jh. ungeachtet der Aussprache im Spanischen <f> geschrieben wurde und zwei weitere arabische Frikative einbezogen waren (cf. Alarcos Llorach 1951). Der Pharyngal [ħ], der im Spanischen nicht existiert, wurde im Altkastilischen wie [h] behandelt. Entsprechend der bestehenden graphischen Konvention wurde ar. *ḥattà* (sp. *hasta*) als <fasta> notiert, aber kastilisch ['hasta] gesprochen. Für die Varietäten, die kein [h-] kannten, bot wiederum [f] eine Möglichkeit der Lautsubstitution. Man sieht es z.B. am Namen der *Alfama*, des historischen Viertels von Lissabon, der auf ar. *al-ḥamma* 'Thermalquelle' zurückgeht (cf. 6.2.6).

Der velare Frikativ *ḫ* [x], den das Altspanische noch nicht besaß, musste ebenfalls substituiert werden. Hier zeigt sich eine gewisse Variation: ar. *al-ḫayyāṭ* 'Schneider' wurde zu asp. *alfayate*, das inlautend auch mit [f] gesprochen wurde (cf. pg. *alfaiate*). Auch in ar. *al-ḫurǧ* > sp. *alforja* 'Satteltasche' wurde [f] gesetzt. Zudem gab es die Ersetzung durch [k] (ar. *al-ḫaršūfa* > sp. *alc̱achofa* 'Artischocke') oder [g] (ar. *al-ḫarrūba* > sp. *algarroba* 'Johannisbrot'). Die Gemeinsamkeit zwischen Ausgangslaut und Substitut liegt hier in der velaren Artikulation. Schließlich beobachtet man auch den Ausfall des velaren Frikativs: ar. *al-maḫzan*, Pl. *al-maḫāzin* 'Lager, Depot' > sp. *almacén* (pg. *armazém*, kat. *magatzem*, it. *magazzino*). Noch im 18. Jh. gab es im Spanischen die Form *almagazen*.

Ar. [f] wurde ins Altspanische übernommen, so z.B. wortintern (ar. *ṣifr* 'null' > sp. *cifra*) oder im Auslaut, wo es aufgrund der phonotaktischen Restriktion eine paragogische Stütze erhielt (ar. *ar-raṣīf* 'gepflasterter Weg' > sp. *arrecife* 'Riff').

3.2.2.4 Die Entwicklung ar. [wa-] > sp. [gwa-]

Arabismen, die mit labiovelarem [w] im Nexus [wa-] anlauten (die Aussprache entspricht dem [w] in eng. *window*), werden im Spanischen und anderen romanischen Sprachen durch ein vorgeschaltetes [g] gestützt (ar. [wa-] > sp. [gwa-]). Die Wahl des prothetischen Konsonanten erfolgt dabei in Abhängigkeit zum artikulatorischen Umfeld, denn [g] ist wie [w] ein Velar. Eine entsprechende Anpassung ist auch bei Entlehnungen aus dem Germanischen auf [w-] bekannt (cf. sp. *guarda*, *guardar* < germ. **wardōn*).

Die Anpassung des Nexus [wa-] bei Arabismen tritt vor allem bei Hydronymen (und Toponymen) zutage, die im Spanischen in Verbindungen mit *Guad-* stehen und auf hispar. *wád* 'Fluss(bett)' fußen, also z.B. *Guadalquivir* und *Gualalajara* (cf. 6.2).

3.2.2.5 Emphatische Konsonanten

Neben den typischen Pharyngalen besitzt das Arabische auch vier emphatische Konsonanten (ṭ, ḍ, ḏ̣ (ẓ), ṣ), deren Besonderheit in der Velarisierung liegt, die auch das vokalische Umfeld beeinflusst. Das emphatische [ḍ] wurde im Spanischen zum Nexus [ld] bzw. zu [l]: ar. *al-qāḍī* 'Richter' > sp. *alcalde* 'Bürgermeister'; ar. *aḍ-ḍayᶜa* 'kleines Dorf, Weiler' > sp. *aldea* 'Dorf'; ar. *ar-rabaḍ* 'Stadtrand' > sp. *arrabal* 'Vorstadt'.

Die Beziehung zwischen dem Lateral und [ḍ] findet eine interessante Parallele in der invertierten Entwicklung, die in Sizilien sowie Teilen Kalabriens und Apuliens von lat. *bellus* zu *bèḍḍu* führte. Den Arabern war dies nicht bewusst, denn sie betrachteten das emphatische [ḍ] als Laut, den nur ihre Sprache kannte, und nannten das Arabische deswegen auch die Sprache des ض *ḍāḍ*.

3.2.2.6 Weitere konsonantische Entsprechungen

Die arabische Affrikate *ǧ* [dʒ] hatte mit [dʒ] bzw. [ʒ] ein Pendant im Altspanischen (cf. asp. *mugier* [(d)ʒ]). So wurde der Laut bei Entlehnungen ins Spanische wie sp. *aljibe* 'Zisterne' < ar. *al-ǧubb* übernommen. In der ersten Hälfte des 16. Jhs. unterlag der Präpalatal einer Desonorisierung (> [ʃ]) und verschob sich Ende des 16. Jhs. zu [x].

Aus der Konsonantenübersicht geht hervor, dass das Arabische (außer in Dialekten) kein [g] besitzt. Dementsprechend ersetzte das Arabische diesen Laut und nannte z.B. den *Tajo* (< lat. *Tagus*) *Tāǧo* (cf. pg. *Tejo* [ʒ]). Der heutige velare Frikativ [x] im Spanischen ist nur auf der Basis der Substitution mit ar. [ʒ] zu erklären.

Auch [p] ist im Arabischen nicht vorhanden und wurde durch [b] ersetzt. Man sieht dies am arabischen Namen Sevillas (lat. *Hispālis* > ar. *Išbīliya*). Der Nexus [st] in ar. *mustaᶜrab* 'arabisiert; Mozaraber' erfuhr eine Umstellung zu dem im Altspanischen geläufigen <ç> [ts], woraus sich asp. *moçarabe* [ts] ergab (> sp. *mozárabe* [θ]).

Der stimmhafte pharyngale Frikativ [ʕ], der für das Arabische charakteristisch ist (cf. *al-ᶜarab* 'die Araber'), fiel im Spanischen aus (cf. ar. *aḍ-ḍayᶜa* 'kleines Dorf' > sp. *aldea*). Dies gilt auch für den Stimmabsatz, d.h. den stimmlosen Glottal (Laryngal) [ʔ] (cf. ar. *al-bannāʾ* 'Maurer' > hispar. *al-banní* > sp. *albañil*). Der stimmhafte (post)velare Frikativ [ɣ] (cf. Tab. 1), der als schwacher velarer Reibelaut seit dem 16. Jh. auch im Spanischen existiert und seitdem ein Allophon von sp. /g/ ist (*amigo* [-ɣ-]), wurde im Mittelalter durch plosives [g] ersetzt (cf. *Algarve* < ar. *al- ġarb* 'der Westen').

Gemäß den Regeln der spanischen Phonotaktik wurden Laute auch positionsbedingt angepasst, indem z.B. bei *Calatayud* < ar. *qalᶜat ʾAyyub* 'die Burg ʾAyyubs (Hiobs)' ein ausgeschlossenes finales /b/ durch [d] ersetzt wurde. Finales /m/ kommt im Spanischen ebenfalls nicht vor und wurde wie bei *alcotán* 'Baumfalke' < ar. *al-qaṭām* zu [-n].

Bei den alveolaren Sonanten erfolgte gelegentlich eine Substitution. So zeigt sp. *alguacil* 'Gerichtsbote' < ar. *al-wazīr* 'Wezir, Minister' außer der Anpassung von ar. [wa-] (cf. 3.2.2.4) einen finalen Lambdazismus (implosives /r/ > [l]). Sp. *nenúfar* 'Seerose' < ar. *nīlūfar* tauschte [l] mit [n].

3.2.3 Wortbetonung

Entlehnungen, die im Arabischen auf den Langvokalen (/ī/, /ā/, /ū/) betont wurden, tendieren dazu, diese Akzentuierung im Spanischen beizubehalten. Bei Kurzvokalen ist zu berücksichtigen, dass das Spanische in erbwörtlicher Entwicklung eine manifeste Tendenz aufweist, den Wortakzent von der Antepaenultima auf die Paenultima zu verschieben. Davon sind auch Arabismen betroffen: bei ar. *al-qaṣaba* 'Zitadelle' liegt der Akzent auf der Antepaenultima, was in pg. *alcáçova* eine Entsprechung findet. Sp. *alcazaba* hingegen hat die Betonung auf die Paenultima verschoben.

Trotzdem gibt es unter den Arabismen auch Proparoxytona wie sp. *almuédano* < ar. *al-muʾaḏḏin* 'Muezzin' (um 1300; DCECH, *s.v.*), was im vorliegenden Fall wohl an der morphologischen Anpassung (Suffigierung von *-o*) liegt. Im Spanischen geläufiger werden Proparoxytona bei den gelehrten Entlehnungen (sp. *cultismo*) der Renaissance (cf. sp. *cómodo* < lat. *commodus*).

Oxytona, die auf Vokal enden, kennt das Spanische bei Verbformen, die in der Entwicklung eine Silbe eingebüßt haben (z.B. sp. *pedí* < lat. *petīvī*). In anderen Fällen handelt es sich um Entlehnungen (z.B. aus amerindischen Sprachen). Auch das Arabische hat mit den adjektivischen Bildungen auf *-í* dazu beigetragen (cf. 3.3.3).

Diskrepanzen in der Wortbetonung zwischen dem Arabischen und entlehnten Formen im Spanischen werden oft auf dialektale Besonderheiten des Hispanoarabischen zurückgeführt (cf. 3.1.2). So steht ar. *al-qarya* 'Dorf' (mit Erstsilbenbetonung) sp. *alquería* 'Gehöft' gegenüber. Als vermittelnde Form des Hispanoarabischen wird "*alqaríyya*" angesetzt (cf. DRAE *s.v.*). Allerdings bietet die hohe Frequenz spanischer Bildungen auf *-ía* im Prinzip für sich allein eine einleuchtende Erklärung für die Akzentverschiebung.

Ein weiterer Fall ist ar. *rabaḍ* 'Stadtrand, Vorstadt', das wiederum auf der ersten Silbe betont wird (cf. 3.1.1). Assimilation des bestimmten Artikels (→ [ar-]) und konsonantische Anpassung (ar. [ḍ] → sp. [ld], [l], cf. 3.2.2.5) führten zu sp. *arrabal*. Auch hier geht das DRAE von einer oxytonen hispanoarabischen Form aus: "Del ár. hisp. *arrabáḍ*" (cf. DRAE, *s.v.*). Nichtsdestoweniger kann die Akzentverschiebung lediglich eine Anpassung an das Romanische darstellen, wenn die Aufnahme des Wortes in Analogie zu den Formen erfolgte, die in Varietäten des Spanischen auf [-l] in der Regel endbetont sind.

Eine ältere Bezeichnung für den Tierarzt ist sp. *albéitar* < ar. *al-bayṭār*. Wiederum geht das DRAE (*s.v.*) aufgrund des Tons auf der Paenultima von hispar. *al-báyṭar* aus. Im Portugiesischen lautet das Wort allerdings *alveitar* und ist wie im Arabischen endbetont, so dass die Form *albáyṭar* für das Hispanoarabische nicht verbindlich sein muss.

Grundsätzlich besteht kein Widerspruch darin, dass Entlehnungen im Romanischen gelegentlich anders betont werden als das jeweilige Etymon im Arabischen, denn es geht um unterschiedliche Systeme, bei denen im Zweifelsfall die Zielsprache darüber entscheidet, welche Anpassung vorgenommen wird.

Die Frage der Betonung berührt schließlich auch die spanische Wortbildung in Bezug auf den Namen *al-Andalus* und das Ethnonym *andaluz*. Die Form *Andalus* wird im Arabischen auf der ersten Silbe betont. Die Tatsache, dass sp. *andaluz* endbetont ist, bewog Corriente (cf. 1999, 12), von hispar. *Alandalús* auszugehen, das er konsequent in dieser Form angibt. Folglich wäre die hispanoarabische Variante des Toponyms die Basis für sp. *andaluz*.

Es kann allerdings auch sein, dass es sich um eine Rückbildung der hispanisierten Form *Andalucía* (→ *andaluz*) handelt. Dafür spricht die chronologische Abfolge der Belege, denn die Form "Andaluzia" ist im *Poema de Fernán González* um 1250 dokumentiert und "andaluses" im *Poema de Alfonso XI* um 1348 (cf. DEM*el*, s.v. *Andalucía* und *andaluz*).

3.3 Relikte arabischer Formen im Spanischen

3.3.1 Substantive

3.3.1.1 Genus und Flexion

Beim Genus der Substantive unterscheidet das Arabische grammatisch Maskulinum und Femininum. Das Femininum weist in den meisten Fällen die Endung *-a*^{tun} (indeterminiert) bzw. *-a*^{tu} (determiniert) auf: *muslima*^{tun} 'eine Muslima' bzw. *al-muslima*^{tu} 'die Muslima'. In pausaler Stellung wird *-a* [a] realisiert, in der Transliteration *-a* oder *-ah*. Dabei repräsentiert <h> in der Verbindung *-ah* lediglich das in der Grundform stumme [t], das in flektierten Formen wie der Pluralbildung und kasuellen Verbindungen gesprochen wird. In der arabischen Schrift wird hierfür das Sonderzeichen ة (genannt *tāˀ marbūṭa*) verwendet. Es stellt ein <-h> mit zwei hochgestellten diakritischen Punkten dar, die ansonsten für das ت <t> typisch sind.

In der Deklination bestehen Nominativ, Genitiv und Akkusativ. Der Dativ wird präpositional gebildet. Die Endungen bei determinierten Substantiven lauten im Mask. Sg. respektive *al-muslim*^{u}, $^{-i}$, $^{-a}$, im Fem. Sg. *al-muslima*^{tu}, *-a*^{ti}, *-a*^{ta}. Daneben gibt es diptotische Substantive, die nur zwischen Nominativ und einer obliquen Deklinationsform unterscheiden.

Im Hinblick auf das Spanische kommt determinierten arabischen Genitivverbindungen Bedeutung zu, die meist unter Verwendung des bestimmten Artikels *al* konstruiert werden (cf. Kap. 4.3). Sie treten vor allem in Orts- und Gewässernamen auf (cf. Kap. 6).

In Zusammenhang mit Nominalformen ist von Belang, dass das gesprochene Arabisch bereits im Mittelalter Flexionsendungen reduzierte bzw. modifizierte. Diese Sprachform, die ab dem 10. Jh. dokumentiert ist und eine Brücke zu den modernen Dialekten herstellt, bezeichnet man gemeinhin als Mittelarabisch (cf. Versteegh 2006-09, s.v. *Middle Arabic*).

Tab. 3: Beispiel für ein ar. Deklinationsparadigma

Kasus	indeterminiert (m.)	determiniert (m.)	indeterminiert (f.)	determiniert (f.)
Nominativ	*muslim*^{un}	*al-muslim*^{u}	*muslima*^{tun}	*al-muslima*^{tu}
Genitiv	*muslim*^{in}	*al-muslim*^{i}	*muslima*^{tin}	*al-muslima*^{ti}
Akkusativ	*muslim*^{an}	*al-muslim*^{a}	*muslima*^{tan}	*al-muslima*^{ta}

Der Terminus Mittelarabisch bezieht sich auf die Umstrukturierung und versteht sich wohlgemerkt nicht als intermediäre Epoche wie z.B. Mittelfranzösisch. Von Bedeutung sind auch pausale Formen. So heißt ‘die arabische Sprache’ schriftbezogen regelkonform zwar *al-luġat*^{u} *'l-*^{c}*arabīya*^{tu}, die gesprochene Hochsprache realisiert jedoch *al-luġa 'l-*^{c}*arabīya*.

3.3.1.2 Dual und Plural

Neben dem Plural verfügt das Arabische über einen Dual, der zweifach Vorhandenes bezeichnet und in den Sprachen der Welt wohl in den paarigen Körperteilen seinen Ursprung findet. Im Lateinischen kann man die Formen *duo* und *ambo* mit dem Dual in Verbindung bringen (cf. pg. *dois*, *duas*; sp./pg. *ambos*, *ambas*). Die arabischen Dualendungen sind *-ān*^{i} (Nom.) und *-āyn*^{i} (Gen./Akk.).

Beispiel für einen Dual ist das Toponym *Alcalatén* (Valencia), das auf ar. *al-qal*^{c}*a* ‘Burg, Festung’ (hispanoarabisch auch ‘befestigte Stadt’) zurückgeht und ‘die zwei Burgen’ bedeutet. Analog zur Entwicklung der Kasus vom Lateinischen zum Romanischen liegt allerdings nicht der Casus rectus (Nominativ) *al-qal*^{c}*tān* zugrunde, sondern es hat sich der Casus obliquus (Gen./Akk.) → *al-qal*^{c}*tayn* durchgesetzt. Man beachte darüber hinaus die Imala (cf. 3.2.1), denn ar. *-āyn*^{i} [ai̯] entwickelte sich über [ei̯] zu sp. [e] (*Alcalatén*). Dies findet phonetisch in der Futurbildung der 1. Pers. Sg. eine Parallele (cf. vlt. *-ai(o)* → pg. *-ei* → sp. *-é*; cf. pg. *cantarei*, sp. *cantaré*). Ein internationales Beispiel mit dem obliquen arabischen Dual ist der Name des Emirats Bahrain (sp. *Baréin*) → ‘zwei Meere’ zu ar. *baḥr* ‘Meer’.

Den regelmäßigen (gesunden) Plural bildet das arabische Substantiv durch Suffigierung mit *-ūn*^{a} im Nominativ Maskulinum und *-āt*^{un} im Femininum: *muslim*^{un} (m.) > *muslimūn*^{a} (Pl.); *muslima*^{tun} (f.) > *muslimāt*^{un} (Pl.). Genitiv und Akkusativ erhalten im Maskulinum das Suffix *-īn*^{a}, so dass zwei Formen kontrastieren. Die Durchsetzung der obliquen Formen betrifft wie bereits im Dual auch den regelmäßigen Plural der Maskulina, was erneut eine funktionale Parallele zwischen dem Romanischen und den arabischen Dialekten herstellt. Dialektal wird der Plural im Maskulinum auf *-īn* (> *muslimīn* ‘Moslems’) gebildet. Dies kann man auf der Iberischen Halbinsel an den auf Stammesbezeichnungen fußenden Ortsnamen auf *Beni-* ablesen (cf. 6.1.2). Ar. *ibn* ‘Sohn’ lautet im Nominativ Plural → *banū̱* (‘Söhne des’), im Obliquus *banī̱* (mit Imala [a] > [ɛ]). So heißt es *Benicasim* (kat. *Benicàssim*, Castelló) < (hisp)ar. *banī Qāsim*. Auf die grammatikalisch "korrekte" Form *banū* trifft man in Zusammenhang mit der Geschichte Nordafrikas bei den Banū Hilāl, die ab der Mitte des 11. Jhs. den Maghreb arabisierten und dabei das bis dahin vor allem im Raum Tunesien noch bestehende Romanische auslöschten.

Neben dem regelmäßigen (gesunden) Plural (Flexionsplural) existiert ein durch interne Umstellung gekennzeichneter gebrochener Plural, der für das Arabische typisch ist. So wird aus ar. *maḫzan* 'Lagerhaus' > Pl. *maḫāzin*. Dieser Plural ist die Ausgangsform für fr. *magasin* (sp. *almacén*). Gebrochene Plurale finden sich auch bei Ortsnamen wie *Alacuás* (Valencia) < ar. *al-ʾaqwās* zu ar. *qaws* 'Bogen, Wölbung)' und *Aladuer* (Zaragoza) < ar. *al-ʾadwār* '(die) Häuser', eine von mehreren Pluralformen zu ar. *dār*.

Ferner kennt das Arabische Gattungskollektive, die im Maskulinum Singular stehen, während das Femininum die Individualbezeichnung bildet. Dies ist z.B. bei ar. *zaytūn* 'Oliven' und *zaytūna* 'eine Olive' der Fall. Das Spanische orientierte sich hier an der zählbaren Einheit und entlehnte (mit ar. Artikel) *aceituna* (pg. *azeitona*). Bei sp. *añil* 'indigoblau; Indigopflanze' ist es umgekehrt. Hier stand das Konzept des Färbens im Vordergrund (ar. < *an-nīl* 'Indigo'), während die einzelne Pflanze *(an-)nīla* heißt.

3.3.1.3 Deverbale Substantive

Mit seinen Verbalstämmen (cf. 3.3.2) leitet das Arabische Substantive ab, so z.B. Nomina loci auf *ma-* wie ar. *maḫzan* 'Lagerhaus' (sp. *almacén*) zu *ḫazana* 'aufbewahren'. Sp. *Magreb* (< ar. *maġrib* 'Sonnenuntergang') basiert auf dem aktivischen Partizip, das mit den Präfixen *ma-* (bzw. *mu-*) gebildet wird (Muster *mafʿil*) und in diesem Fall auf das Verb *ġaraba* 'untergehen' zurückgeht. Direkt verwandt ist ar. *ġarb* 'Westen', das mit dem bestimmten Artikel den Namen der *Algarve* formte. Ein passivisches Partizip liegt in sp. *almocadén* (asp. *almocadán*) 'Truppenführer' vor. Das Etymon ist ar. *al-muqaddam* wrtl. "der Vorangestellte" zu ar. *qaddama* 'voranstellen' (Verbalstamm II, Muster *mufaʿʿal*).

3.3.1.4 Diminutive

Diminutive bildet das Arabische nach dem Muster *fuʿayl*, ggf. auch in Verbindung mit der Femininendung *-a*. So wird aus *baḥr* 'Meer' > *buḥayra* 'See, Meeresarm'. Unter Berücksichtigung des mittelalterlichen Konsonantenwechsels zwischen *f* und *h* (auch ar. *ḥ*; cf. 3.2.2.3) liegt diese Struktur im Spanischen der Bildung *albufera* 'Lagune' (cf. *Parque natural de la Albufera*, Valencia) sowie im Portugiesischen *albufeira* 'Lagune, Stauwasser' (auch *Albufeira* an der Algarve) zugrunde. In Spanien geht *Alcolea* (Almería) auf ar. *al-qulayʿa* 'die kleine Burg' (zu ar. *al-qalʿa*) zurück.

Weitere Beispiele sind sp. *azotea* '(Dach)Terrasse' (pg. *açoteia*) < hispar. *as-suṭayyaḥ* zu ar. *saṭḥ* '(Flach)Dach' und sp. *jofaina, aljofaina* 'Waschschüssel' (pg.

aljofaina 'kleines Waschbecken') < ar. *al- ǧufayna* zu ar. *ǧafna* 'Schüssel'. Hier beachte man auch die spätere Entwicklung vor ar. [ʒ] zu nsp. [x] (cf. 3.2.2.2).

3.3.1.5 Berufsbezeichnungen

Berufsbezeichnungen leitet das Arabische oft nach dem Muster *faᶜᶜāl* ab. Beispiele sind die im Altspanischen geläufigen Substantive *alfayate* 'Schneider' (< ar. *al-ḫayyāṭ*) und *alfageme* (nsp. *alfajeme*) 'Barbier' (< ar. *al-ḥaǧǧām* 'Aderlasser'), die hinsichtlich des Auslauts angepasst sind. Das mittelalterliche *alfabaceiro* (Eguílaz 1886, *s.v.*) leitet sich von ar. *al-ḫabbāz* 'Bäcker' < *ḫubz* 'Brot' ab. Es ist eine Hybridbildung (cf. 4.5.2, 5.5) mit dem Agenssuffix *-eiro* (< lat. *-ārius* > *-airo* > *-eiro* > *-ero*), das sich in vorliegender Form galicisch-portugiesisch zeigt (für die Alternanz von ar. *ḥ* und *ḫ* mit asp. *f* cf. 3.2.2.3). Sp. *alfarero* (*alfaharero*) ist ebenfalls ein Hybrid aus ar. *al-faḫḫār* 'Töpferware' und *-ero*.

Eine weitere Möglichkeit für die Ableitung von Berufsbezeichnungen stellt das Muster *faᶜīl* dar. Danach wurde sp./pg./kat. *alarife* 'Baumeister' < ar. *al-ᶜarīf* 'Experte' zu *ᶜarafa* 'wissen' gebildet (cf. 11.6). Der Bezug zur Architektur ist eine im Iberoromanischen entwickelte Bedeutung, die das Arabische selbst nicht mit dem Wort verbindet.

3.3.2 Arabische Verben, Verben des IV. Stamms

Aufgrund ihrer Wurzelstruktur weisen arabische Verben im Vergleich mit dem meist konstanten Stamm der spanischen Verben eine größere formale Variation auf. Hinzu kommt, dass der imperfektive Aspekt im Arabischen (→ Präsens) zur Bildung in Kombination Präfixe und Suffixe einsetzt und sich durch Vokalwechsel auszeichnet. Aus diesem Grund wohl wurden nur sehr wenige arabische Verben ins Spanische entlehnt (cf. 5.3.2).

Mit seinem Verbalsystem verfügt das Arabische über Derivationsmuster (in der Gegenwart: Verbalstämme II–X), die Inhalte ausdrücken wie z.B. Repetition, Intensität, Kausativität, Reflexivität. Die Verben des IV. Stamms weisen die Struktur *afᶜala* auf und haben faktitive Bedeutung (ar. *kataba* 'schreiben' → *aktaba* 'diktieren'). Aufgrund ihres Anlauts auf *a-* wurden ihnen eine modellhafte, formbildende Relevanz für spanische Verben auf *a-* zugeschrieben (Salomonski 1944). Dabei geht es um Verben wie z.B. *abrazar* oder *acertar*, die denominal oder deadjektivisch abgeleitet werden (cf. sp. *brazo*, *certeza*, *cierto*), weil kein entsprechendes Verb im Lateinischen vorliegt.

In diesen Fällen besteht allerdings immer auch die Möglichkeit einer Präfigierung mit lat. *ad-* (cf. sp. *avenir* < lat. *advenīre*). So wird sp. *sentar* von vlt. **sedentare* (< lat. *sedēre*) abgeleitet (DCECH, *s.v.*), sp. *asentar* ließe sich analog auf vlt. **adsedentare* zurückführen.

Das Altspanische kennt *aforrar* ‘freigeben’, das mit *ahorrar* ‘sparen’ eine moderne Variante aufweist. Entscheidend für die Herleitung ist, dass das zugehörige Verb im Arabischen nur im II. Stamm *ḥarrara* vorliegt, nicht aber im IV. Stamm auf anlautendes *a-*. Als Basis für die Ableitung steht mit sp. *horro* ‘freigelassen, befreit’ allerdings auch ein Adjektiv zur Verfügung, das auf ar. *ḥurr* ‘frei’ zurückgeht. In der katalanischen Form liegt die Lösung, denn das betreffende Verb heißt *alforrar*. Die offensichtliche Verbindung mit dem arabischen Artikel *al* zeigt, dass asp. *aforrar* das Ergebnis einer deadjektivischen Ableitung darstellt, die in ar. *al-ḥurr* ‘der freigelassene [Sklave]’ ihren Ursprung hat.

Tab. 4: Konjugationsbeispiel für ar. *kataba* ‘schreiben’

Person	**imperfektiv (Präsens)**	**perfektiv (Perfekt)**
1. P. Sg.	*aktub*^{u}	*katabt*^{u}
2. P. Sg. m.	*taktub*^{u}	*katabta*
2. P. Sg. f.	*taktubīn*^{a}	*katabti*
3. P. Sg. m.	*yaktub*^{u}	*kataba*
3. P. Sg. f.	*taktub*^{u}	*katabat*
1. P. Pl.	*naktub*^{u}	*katabnā*
2. P. Pl. m.	*taktubūn*^{a}	*katabtum*
2. P. Pl. f.	*taktubna*	*katabtunna*
3. P. Pl. m.	*yaktubūn*^{a}	*katabū*
3. P. Pl. f.	*yaktub*^{u}	*katabna*

Auch bei Verben mit arabischer Etymologie (ohne primäre Ableitung), von denen im Spanischen heute 30 vorhanden sind (cf. 5.3.2, 5.4), fehlt es an einer klaren Zuordnung zum IV. Stamm. *Agarbarse* ‘sich bücken’ z.B. beruht auf ar. *ġaraba* ‘(Gestirn) untergehen’. Es handelt sich um die Wurzel *ġ - r - b*, die auch den Bildungen Algarve (→ Westen, cf. 1.8, 6.1.3) und Maghreb (→ Sonnenuntergang, cf. 1.1) zugrunde liegt. Zwar ist im Arabischen ein IV. Stamm vorhanden, *aġraba* ‘sich seltsam aufführen’ korreliert jedoch semantisch nicht. Es wäre von einer Hybridbildung über das Mozarabische mit lat./rom. *a(d)-* auszugehen. Für sp. *adarvar* ‘bestürzen, verblüffen’ liegt mit ar. *aḍraba* ebenfalls ein IV. Stamm vor, der mit der Bedeutung ‘verlassen, vermeiden’ wiederum nicht passt. Die Basis bildet in diesem Fall eher die denominale Ableitung von ar. *ḍarb* ‘Schlag’ (bzw. *aḍ-ḍarb*, mit Artikel).

Bei sp. *achacar* ‘(jmd. etwas) zuschreiben’ liegt der V. Stamm *tašakkà* ‘sich beklagen’ zugrunde, der metathetisch umgebildet wurde. Gleiches gilt für ar. *taraqqà* ‘aufsteigen, vorankommen’, das durch Metathese zu sp. *atracar* ‘anlegen, festmachen, entern, überfallen’ wurde (*tar-* > *atr-*).

Gibt es überhaupt eine authentische Form des IV. Stamms, die ins Spanische entlehnt wurde? Nur die bis zum 16. Jh. gebräuchliche Variante *amatar* (sp. *matar* < lat. *mactāre* 'opfern') ließe sich eventuell mit ar. *amāta* 'töten' (< ar. *māta* 'sterben') in Verbindung bringen.

Winet (1995) weist darauf hin, dass die spanischen Verben *amanecer* 'dämmern' und *anochecer* 'dunkel werden' wie auch pg. *amanhecer*, *anoitecer* sowohl hinsichtlich der unpersönlichen Grundbedeutung als auch in Bezug auf die Personalisierung (→ *anochecimos en Toledo* 'wir waren bei Anbruch der Dunkelheit in Toledo') mit ihren arabischen Entsprechungen *aṣbaḥa* bzw. *amsà* übereinstimmen. Eine semantische Beeinflussung liegt hier zweifellos vor (cf. 5.1.2.2). Mit der Bildung der romanischen Formen hat dies jedoch wohl nichts zu tun, denn die formale Vorlage für die Verben bestand bereits in lat. *noctēscĕre* und ggf. auch **admanescĕre*.

Auch wenn im Spanischen einzelne morphologische Strukturen des Arabischen durchscheinen, ist der IV. Stamm des arabischen Verbs als morphologisches Modell für die Bildung spanischer Verben auf *a-* auszuschließen. Dazu fehlen im Lehngut authentische Formen, während mit lateinisch-romanischem *a(d)-* eine frequente alternative Vorlage besteht.

3.3.3 Adjektive

3.3.3.1 Relationsadjektive auf *-í*

Das Spanische kennt im Bereich der Adjektive (cf. 5.3.3) rund 30 Bildungen, die eine ungewöhnliche oxytone, in Bezug auf das Genus unveränderliche Form auf *-í* (Pl. *-íes*) aufweisen. Zugrunde liegt das arabische Relationsadjektiv, das Nisba (Nisbe) genannt wird. Bei arabischen Personennamen (Anthroponymen) bezeichnet das Nisba-Suffix Herkunft oder Stammeszugehörigkeit.

Die Endungen lauten im Arabischen *-ī* (m.) und *-īya* (f.) (auch als *-iyy* und *-iyya* notiert), z.B. *ᶜarabī*, *ᶜarabīya* 'arabisch', so auch asp. *la aravịa* 'die arabische Sprache'. Im Spanischen stehen diese Adjektive für einen inhaltlichen Bezug zur arabisch-islamischen Welt: *ceutí* 'aus Ceuta', *marroquí*, *pakistaní*, auch *alfonsí* (alfonsinische Epoche im 13. Jh., cf. 9.1). *Granadí* wird selten für *granadino* (→ Granada) gebraucht. *Baladí* zu ar. *balad* 'Ort (der Herkunft), Dorf, Stadt, Land' bedeutete im Altspanischen noch 'ländlich' (cf. 11.10). Keine unmittelbare Beziehung zum arabischen Umfeld hat *vacarí* 'rindsledern '< ar. *baqarī* zu *baqara* 'Kuh'. Im Andalusischen ist *azucarí* eine Form für *azucarado*.

Gelegentlich haben sich auch Substantivierungen auf *-í* ergeben: *jabalí* 'Wildschwein' < ar. *ǧabalī* zu *ǧabal* 'Berg', *maravedí*, eine historische Münze, aus ar. *murābiṭī* 'die Almoraviden betreffend', *mazarí* < ar. *miṣrī* 'ägyptisch', eine Fliese, die für Fußböden verwendet wird. Die Bildungen auf *-í* sind im Spanischen heute nicht mehr produktiv.

3.3.3.2 Formen der Farbadjektive

Einige Adjektive, die Farben oder auch körperliche Eigenschaften benennen, haben im Arabischen besondere Formen, die im Maskulinum nach dem Muster *afʿal*, im Femininum nach *faʿlāʾ* gebildet werden (cf. 5.3.3). Der Name der *Alhambra* z.B. stellt eine elliptische Bildung dar und bedeutet 'die rote (Burg)'. Zugrunde liegt ar. *ḥamrāʾ* (f.) zu *ʾaḥmar* 'rot'. Vorangestellt ist der arabische Artikel *al-* (cf. Kap. 4), der heterosyllabische Nexus *-m.r-* wurde durch ein epenthetisches /b/ ergänzt (→ *-m.br-*). In der Provinz Málaga liegt ein Ort namens *Canilla de Albaida. Albaida* ist wiederum eine feminine Form, ar. *bayḍāʾ* zu *abyaḍ* 'weiß', die auch im arabischen Namen Casablancas auftritt (→ ar. *ad-dār al-bayḍāʾ*). In gleicher Weise soll sp. *loco* (pg. *louco*) abgeleitet worden sein. Das Etymon wäre hispar. *lawqa* (f.) zu ar. *lawqāʾ* (f.) 'dumm' und ar. *lawaq* 'Dummheit, Verrücktheit'.

Literaturhinweise

Zu strukturellen Einflüssen des Arabischen im Spanischen der Gegenwart findet man im Rahmen von Überblicksartikeln Informationen bei Kontzi (1998), Corriente (1999, 17–65; 2004), Montero Muñoz (2006). Die Phonetik behandeln Steiger (1932), Alonso (1946) und Grossmann (1968), Relationsadjektive auf *-í* Walsh (1971), Verbalformen des IV. Stamms Salomonski (1944). Der Wortschatz wurde zuletzt im *Dictionnaire des emprunts ibéro-romans* (Corriente/Pereira/Vicente 2019) kommentiert. Als Referenzwerk für die arabische Grammatik empfiehlt sich Fischer (2004), für den Wortschatz das *Arabische Wörterbuch* von Wehr/Kropfitsch (^{6}2020), das vermittels durchgehender Transliteration den Zugang erleichtert.

Bibliographische Hinweise zu hispanoarabischen Sprachkontakten

Hinweise zu Themen, die sich auf hispanoarabische Sprachkontakte beziehen, geben für die Zeit bis 1980 die bibliographischen Artikel von Samsó (1970) und Fórneas Besteiro (1981). Mit *Aljamía. Anuario de información bibliográfica* (Oviedo) stand von 1989 bis 2007 ein wertvolles Instrument für die Literatursuche zur Verfügung. Spezialisierte Beiträge enthält die Zeitschrift *Al-Andalus. Revista de las Escuelas de Estudios Arabes de Madrid y Granada* (1933–1978).

Eine allgemeine Grundlage für die Literaturrecherche bilden laufende Bibliographien, die über Universitätsnetze auch online zugänglich sind. Neben der *Romanischen Bibliographie* ist aufgrund der zeitnahen Aufnahme jeweils neuester Literatur die MLA zu empfehlen.

- *Romanische Bibliographie* [RB, 1961–]. Berlin - Boston 2009ss. Tübingen 1965–2009. Zuvor: Supplement zur ZRPh [1875–]. Halle 1878–1940; Tübingen 1957–1964. [online ab 1965: www.degruyter.com/database/rom/html]

- *MLA International Bibliography of Books and Articles of the Modern Languages and Literatures*. New York 1969ss. [Zuvor: PMLA] [online: über EBSCO]
- *Bibliographie linguistischer Literatur* [BLL, 1971–]. Frankfurt/M. 1976ss. [online ab 1971; BLLDB: www.blldb-online.de]
- *Linguistic Bibliography* [LB, 1939–]. Utrecht - Bruxelles 1949; Utrecht - Antwerpen 1949ss. [https://bibliographies.brillonline.com/browse/linguistic-bibliography]

Aufgaben

1. Überprüfen Sie Bildungen auf *-í* im *Diccionario del español medieval electrónico* (DEM*el*) und CORDE hinsichtlich ihres ersten Auftretens (*baladí*, *marroquí*, *romí*).
2. Verfolgen Sie sp. *adivinar* diachron über den DCECH, die *Enciclopedia del idioma* (EncId) und CORDE. Kontrastieren Sie das Ergebnis mit den Überlegungen zu einer arabisch beeinflussten Bildung (Verben des IV. Stamms, cf. 3.3.2).

4 Strukturelle Aspekte II: der agglutinierte Artikel *al*

4.1 Zum Artikel *al* in der Forschung

Die Agglutination des bestimmten Artikels *al* im Bereich der Substantive ist das auffälligste Merkmal, das aus dem Kontakt des Arabischen mit den iberoromanischen Sprachen hervorgegangen ist. Im *Diálogo de la lengua* von 1535 weist Juan de Valdés seine italienischen Gesprächspartner darauf hin, dass es im Spanischen eine Reihe arabischer Lehnwörter gebe, die man an anlautendem *al-* oder *az-* erkenne ("un *al-* que los moros tienen por artículo, el qual ellos ponen al principio de los más nombres que tienen") (cf. *Diálogo*, 139, 148). Als das Traktat verfasst wurde, war der Einfluss maurischer Präsenz in Spanien noch allgegenwärtig. Cervantes nennt die Araber wiederholt *alárabes*, und Don Quijote erklärt ähnlich wie Valdés "[...] este nombre *albogues* es morisco, como lo son todos aquellos que en nuestra lengua castellana comienzan en *al*" (*Don Quijote*, II, Kap. 67, 514).

Ende des 19. Jhs. machte der italienische Sprachwissenschaftler Gioeni darauf aufmerksam, dass der arabische Artikel bei Entlehnungen im Sizilianischen fast immer fehle, während er im Spanischen und Portugiesischen präsent sei, wie z.B. bei siz. *rábbatu* (it. *sobborgo*) gegenüber sp. *arrabal* 'Vorstadt' und pg. *arrabalde* (1885, 9). Battisti/Furlani kontrastierten ar. *al-quṭn* 'Baumwolle' mit sp. *algodón*, pg. *algodão*, kat. *cotó*, fr. *coton* und it. *cotone* (1927, 35–36). Weitere Beispiele, die von Wartburg (1931, 227) einbrachte, zeigten, dass der Artikel im Katalanischen einerseits bei z.B. akat. *almatrach* < ar. *maṭraḥ* 'Sitzgelegenheit, Kissen' auftritt, in den späteren Varianten *matalaf* und *matalàs* andererseits nicht.

Dass vor allem Spanisch und Portugiesisch agglutinierte Artikelformen aufweisen, das Italienische in der Regel jedoch nicht, gibt mitunter einen Hinweis auf den Entlehnungsweg von Arabismen in weiteren europäischen Sprachen. Angesichts der spanischen Form *azúcar* (<ar. *as-sukkar*) kann fr. *sucre* ohne das anlautende *a-* nicht über Spanien aufgenommen worden sein. Das Wort wurde vielmehr über it. *zucchero* entlehnt, als die Araber Teile Süditaliens und Sizilien (cf. 1.1) beherrschten. Fr. *alcôve* wie auch it. *alcova* hingegen gehen auf sp. *alcoba* 'Schlafzimmer' (< ar. *al-qubba* 'Kuppel') zurück.

In den Jahrzehnten, die auf den von Wartburg'schen Artikel folgten, bemühten sich Linguisten zu ergründen, warum sich Entlehnungen in den iberoromanischen Sprachen und dem Italienischen unterschiedlich verhalten. Dabei versuchte man sowohl eine Erklärung für die Agglutination als auch für deren Ausbleiben zu finden (cf. Forschungsbericht bei Noll 1996). Nachfolgend sollen nur einige Positionen referiert werden: Melander (1932–33, 102) glaubte, dass der Artikel in Süditalien aufgrund der Vertrautheit der Sprecher mit dem Griechischen und dessen Artikel das Erkennen und somit das Auslassen des arabischen Artikels bedingt habe. Steigers (1948–49, 12) diamesischer Ansatz ging davon aus, dass agglutinierte Formen über

https://doi.org/10.1515/9783110697766-004

die Schriftsprache und freie Formen mündlich übertragen worden seien. Kuens soziolinguistische Perspektive hob auf den situationellen Unterschied des Sprachkontaktes ab. Danach konnten maurische Händler in Spanien mit den Romanen auf Arabisch kommunizieren (Kuens Beispiel: → *al-quṭn ṭayyib* 'die Baumwolle ist gut'), während sie in Süditalien Italienisch sprechen mussten, um verstanden zu werden, und dabei Arabismen ohne den Artikel verwendeten (cf. Kuen 1950, 120–121, n. 1).

Lüdtke (1968) schließlich erkannte, dass die Thematik nicht auf das westliche Mittelmeer beschränkt ist. Er führte aus, dass Sprachen wie Suaheli, Amharisch, Türkisch, Persisch, Urdu und Malaiisch-Indonesisch, die eine zum Teil beträchtliche Anzahl an Arabismen aufgenommen haben, in der Regel keine agglutinierten Formen aufweisen. Dies steht im Gegensatz zur Situation in Nordwestafrika und den artikeltragenden Entlehnungen in den Berbersprachen, worauf Steiger (1967) bereits aufmerksam gemacht hatte.

Angesichts dieser Verhältnisse muss jede Erklärung zunächst die offensichtliche Besonderheit im Iberoromanischen und in den Berbersprachen in den Blick nehmen. Weniger zielführend ist es, das Auslassen des Artikels in jeder der anderen Sprachen einzeln begründen zu wollen, wie Sgroi (1985, 1986, 1992) dies für Varietäten des Italienischen vornahm. Auf die Rolle der Berber hatte bereits Elcock (1960, 280) mit der Feststellung verwiesen, dass es in Berbersprachen keinen bestimmten Artikel gebe und die arabischen Entlehnungen im Berberischen heute fast ausnahmslos mit Artikel erscheinen. Diese Problematik wurde von späteren Beiträgen aufgenommen (cf. 4.2).

2006 veröffentlichte Winet ihre Dissertation *El artículo árabe en las lenguas iberorrománicas*. Die Arbeit enthält eine Reihe sehr nützlicher Informationen zu den arabischen Entlehnungen. Was die Agglutination des Artikels betrifft, konnte Winet am Ende ihrer Arbeit jedoch nur feststellen, dass die Arabismen "como los muros de la *Alhambra*" (cf. Winet 2006, 338) nicht alle ihre Geheimnisse preisgeben. Dazu gehöre auch das Rätsel um den Artikel.

Ein erster Beitrag von Noll (1996) zur Klärung des Artikelproblems, von Winet (2006) inhaltlich nicht rezipiert, wurde von Montero Muñoz (2006) in der *Romanischen Sprachgeschichte* aufgegriffen. Zwei weitere Beiträge folgten (Noll 2006, 2019). Auf diese Artikel stützt sich der Lösungsansatz, der in diesem Kapitel nachfolgend ausgeführt wird.

Seit 2006 haben sich für die Artikelproblematik in der Literatur keine grundlegenden neuen Erkenntnisse ergeben. Thomas/Sayahi (2012) untersuchten das Auftreten von Substantiven in Jarchas, den Endstrophen arabischer Muwaššaḥ-Gedichte, die romanische Elemente enthalten (cf. Kap. 7). Sie folgerten, dass Code-switching Entlehnungen mit Artikel besonders in präpositionalen Wendungen fördere. Ruhstaller/Gordón Piral (2018) verweisen ihrerseits auf Corriente (2008) und die Berberthese (cf. 4.2).

4.2 Im Fokus der Diskussion: die Berberthese

Die Berberthese, die im Rahmen der Artikelproblematik bis heute große Beachtung findet, hatte Elcock (1960, 280) entwickelt. Sie legt zugrunde, dass die Mauren, die die Iberische Halbinsel ab 711 einnahmen, mehrheitlich aus Berbern bestanden, die erst kurze Zeit zuvor mit den Arabern in Kontakt getreten waren. Da die Berbersprachen selbst keinen bestimmten Artikel besitzen, nahm Elcock an, dass eine berberisierte Form des Arabischen für die Übernahme agglutinierter Formen im Spanischen verantwortlich sei. Arabismen ohne Artikel stammten "more directly from the genuinely Arab overlords" (Elcock 1960, 293). In diesem Sinne positionierte sich auch Corriente im Vorwort seines *Diccionario de arabismos*: "[...] cuando [los bereberes] pasaron a Alandalús, difundirían entre los nativos un tipo de ár. criollizado o pidginizado, con uso abusivo del artículo [...]" (1999, 61). Diesen Standpunkt wiederholte er im *Dictionary of Arabic and Allied Loanwords* (Corriente 2008, LXVI–LXXI).

Elcock zog eine Parallele zwischen dem Auftreten agglutinierter Formen im Berberischen und im Spanischen. Corriente hob auf eine übermäßige Verwendung ("uso abusivo") des arabischen Artikels durch die Berber ab. Eine vergleichsweise hohe Frequenz des Artikels ist durchaus gegeben, wenn man z.B. das marokkanische Arabisch betrachtet, das auch den unbestimmten Artikel als Kombination aus dem Zahlwort *wāḥəd* 'eins' und dem bestimmten Artikel konstruiert (*waḥəd əl-bənt* 'ein Mädchen').

Der Verweis auf das Arabische der Berber klammert jedoch die entscheidende Fragestellung aus: Wieso waren sowohl die Berber als auch die iberoromanische Bevölkerung im Gegensatz zu den Sprechern so vieler anderer Sprachen in der Lage, den Artikel – unabhängig von seiner Frequenz – zusammen mit dem Nomen zu isolieren, obwohl der arabische Artikel syntaktisch eine erstaunliche Polymorphie aufweist? Auch wenn die Berber (zunächst) eine "pidginisierte" Form des Arabischen verwendeten (Corriente 2008, LXIX), liegt der zentrale Punkt doch darin zu erklären, was den spezifischen linguistischen Input ausmacht, der der romanischen Bevölkerung die Agglutination ermöglichte.

Die unbehandelte Frage zum Mechanismus der Agglutination stellt nicht das einzige Problem dar. Sollte die Rolle der genuinen Araber in al-Andalus darauf beschränkt gewesen sein, artikellose Entlehnungen zu liefern, wie Elcock annahm, und die artikeltragenden Formen selbst Jahrhunderte später noch auf ein pidginisiertes Arabisch der Berber zurückgehen? Als Folge der Invasion der Banū Hilāl und der Banū Sulaym wurde der Maghreb ab der Mitte des 11. Jhs. in einem langsamen Prozess intensiver arabisiert. Auf der Iberischen Halbinsel jedoch war die mozarabische (romanische) Bevölkerung vor allem in den Städten zu jener Zeit bereits zweisprachig (cf. 2.3 und Pérès 1950).

Es dürfte klar sein, dass die Verhältnisse im frühen 8. Jh. nicht mit denen unter dem Kalifat im 10. Jh. und danach vergleichbar sind. Winet (2006, 336) behauptet, dass artikellose Entlehnungen bis zum 10. Jh. vorherrschten, was der Berberthese gerade in der Frühzeit entgegenstehen würde. Trotzdem müssen Aussagen zur Datierung behutsam vorgenommen werden, wenn die Quellenlage die sprachlichen Verhältnisse und Existenz von Formen möglicherweise verschleiert.

Über das Berberische in al-Andalus ist nicht viel bekannt. Allerdings sollte man das Prestige des Arabischen als Sprache der dominierenden Klasse nicht unterschätzen. Das Problem der Berberthese ist, dass sie sich auf einen Formenvergleich stützt, ohne dass ihre Vertreter notwendige Details zu Raum, Zeit und Funktion konkretisieren.

4.3 Der bestimmte Artikel *al* im Arabischen

4.3.1 Polymorphie des Artikels

4.3.1.1 Regressive Assimilation

Im Gegensatz zu den romanischen Sprachen trägt der arabische Artikel keine Informationen bezüglich Genus und Numerus. Allerdings unterliegt er der regressiven Assimilation, wenn ein sog. Sonnenbuchstabe folgt. Diese Bezeichnung nimmt Bezug auf ar. <al-šams> [aš-šams] 'die Sonne', die in der arabischen Grammatik als Beispiel für die Assimilation steht. Von den 28 Buchstaben des arabischen Alphabets gehören 14 zu den Sonnenbuchstaben. Es handelt sich um die Interdentale (ṯ, ḏ, ḏ̣), Dento-Alveolare (t, d, ṭ, ḍ, n), Alveolare (r, l, s, z, ṣ) sowie den Präpalatal (š). Die 14 nicht assimilierenden Mondbuchstaben (cf. ar. *al-qamar* 'der Mond') sind labial, (prä)palatal und postpalatal (b, m, w, f, ğ, j, k, ḫ [x], ġ [ɣ], q, ḥ, ʕ, ʔ, h).

4.3.1.2 Elision

Dass unbetonte Elemente wie Artikel in ihrer Form maßgeblich von der syntagmatischen Einbindung bestimmt werden, zeigt der Artikel im Romanischen (cf. lat. *ille* → fr. *le*, *la*, *l'*; sp. *el* etc.). So unterliegt der arabische Artikel *al* neben der regressiven Assimilation des [l] auch im Anlaut Veränderungen. Dieser weist ein verbindendes Alif ohne Stimmabsatz aus (*alif al-waṣl*) und wird im Kontakt mit einem vorausgehenden Vokal elidiert. Dabei geht es um die Vokale /u/ und /i/ (aber auch /a/) der Nominalflexion (Nominativ, Genitiv, Akkusativ, Dual, Plural; cf. 3.3.1.1), um Verbalendungen (ar. *fataḥtu 'l-bāb* 'ich öffnete die Tür') oder Präpositionen (ar. *fī 's-sūq* 'auf dem Markt'). Als Resultat des Zusammenwirkens von Elision und Assimilation zeigt sich der Artikel im letzten Beispiel auf einfaches [s-] reduziert.

4.3.1.3 Allomorphie und Segmentierung

Aus 14 assimilierenden Sonnenbuchstaben und dem Erhalt von [l] vor den Mondbuchstaben ergeben sich für den Artikel 15 Allomorphe. Da der Hörer jedoch nicht nach Morphemgrenzen segmentiert, sondern nach Silben, erfährt die Variation noch eine Steigerung: Lässt man die Vokallänge außer Acht, folgen aus dem Kontakt von *al* mit den assimilierenden Konsonanten 42 Kombinationen (3 Vokale x 14 Sonnenbuchstaben). Die Varianten sind z.B. *-a 'ṭ-*, *-i 'š-*, *-u 'n-* etc. Drei weitere ergeben sich aus der Kombination mit den nicht assimilierenden Mondbuchstaben (3 Vokale + [(*a*)*l*]). Damit bestehen für den Artikel satzphonetisch 45 Kombinationen, von denen lediglich eine de facto *al* lautet.

Natürlich ist die Frequenz der Formen zu berücksichtigen, denn die nicht assimilierenden Mondbuchstaben stellen die Hälfte des arabischen Konsonanteninventars. Nichtsdestoweniger tritt die erstaunliche Polymorphie des arabischen Artikels zutage. Diese Wandelbarkeit hatte offensichtlich zur Folge, dass arabische Lehnwörter in den meisten Sprachen ohne agglutinierten Artikel auftreten.

4.3.2 Der Status constructus

Genitivverbindungen konstruiert das Arabische zum einen in Beistellung wie ar. *ǧabal Ṭāriq* 'der Berg Tariks' > sp. *Gibraltar*, indem das Nomen (hier: der artikellose Eigenname) als Determinativum folgt.

Zum anderen existiert eine spezielle Form der Annexion, die man Status constructus nennt (ar. *iḍāfa* 'Hinzufügung'). Darin verbinden sich zwei Nomina, von denen nur das zweite markiert ist und den bestimmten Artikel trägt, obwohl in diesem Fall (im Gegensatz zum Deutschen) beide determiniert sind: *bābu 'l-bayt* 'die Tür des Hauses'. Im Iberoromanischen findet man diese Konstruktion namentlich bei Toponymen und Hydronymen wie z.B. *Guadalajara* < hispar. *wád al-ḥaǧára* 'das Flussbett der Steine' (cf. Kap. 6).

4.3.3 Der arabische Artikel in der Schrift

Obwohl der arabische Artikel in gesprochener Sprache syntagmatisch der Elision und der Assimilation unterliegt, behält er in der Schreibung grundsätzlich die Form ال <al> bei und wird zudem mit seinem Bezugswort zusammengeschrieben. Damit ergibt sich im Schriftbild eine optische Einheit: السكر <al-sukkar> *as-sukkar* 'der Zucker'.

Dies ist der Grund dafür, dass Übernahmen aus der Schriftsprache in mittelalterlichen Übersetzungen den Artikel in der Regel mit übertrugen. Ein anschauliches Beispiel hierfür ist *Aldebaran* (sp. *Aldebarán*), der Hauptstern im Stier. Im Arabischen lautet der Name *ad-dabarān*. Das Fehlen der Assimilation (*al-d* anstatt *ad-d*) weist darauf hin, dass der Name الدبران als Einheit transliteriert wurde. Hinsichtlich der Assimilation gibt es auch Dubletten: *Altair/Atair* (Sternbild Adler) < ar. *aṭ-ṭāʾir* 'der Vogel'. *Aldebaran* und *Altair* stehen für nicht assimilierte und somit im Prinzip fehlerhafte Formen, die sich aus der Schriftlichkeit ergeben.

4.4 Statistik der Agglutination im Iberoromanischen

Winets Studie von 2006 liefert aufschlussreiche Angaben zur Anzahl agglutinierter Formen im Iberoromanischen: Die Relation von artikeltragenden und artikellosen Arabismen beläuft sich in diachroner Sicht für Spanisch auf 855 : 840, für Portugiesisch auf 517 : 518 und für Katalanisch auf 309 : 434 (Winet 2006, 298–299). Somit halten sich die Formen im Spanischen und Portugiesischen bei jeweils ungefähr 50% die Waage, das Katalanische liegt bei 42% Agglutination. In der Vergangenheit wurden, bei differierender Gesamtzahl und synchron, im Spanischen 60%, im Portugiesischen 64% und im Katalanischen 32% agglutinierte Formen angesetzt (cf. Solá-Solé 1968, 276 und n. 7). In dem von Neuvonen (1941) für das 13. Jh. bearbeiteten Material erreichte das Spanische 74% (Garulo Muñoz 1983, 16). Vom 14. bis zum 16. Jh. nahmen die Formen auf *a-*, *al-* stetig ab (Maíllo Salgado 1998, 429).

Darüber hinaus wird ersichtlich, wie viele Substantive in diachroner Perspektive als Dubletten, d.h. sowohl mit als auch ohne Artikel auftreten. Es sind 258 im Spanischen, 134 im Portugiesischen und 96 im Katalanischen (Winet 2006, 319). Ein Beispiel ist sp. *albarda* 'Packsattel' < ar. *al-barḏʿa*, das im 13. Jh. auch als *barda* bzw. in der Verbindung *siella* [*silla*] *de barda* (CORDE, s.v. *barda*) belegt ist.

4.5 Das Funktionsprinzip der Agglutination

4.5.1 Silbenstruktur und Morphemgrenze

Eine wesentliche Voraussetzung für die Agglutination des arabischen Artikels im Iberoromanischen liegt in einer Besonderheit des andalusischen Arabisch. Dabei geht es um das Ausbleiben der syntagmatisch bedingten Elision (cf. 4.3.1.2), was zu einem konstanten Anlaut des Artikels auf [ʾa-] führte:

> Unlike the case in OA [Old Arabic], the SpAr [Spanish Arabic] article had a constant shape /#ˀal/, with disregard of vowels eventually abutting upon this juncture. (Corriente 1977, 85)

Obwohl nicht alle von Corriente (1977, 85) dokumentierten Formen strikt dem Modell /#ʾal/ folgen (cf. Alcalá 1883, 9), sind seine Beispiele aus verschiedenen Quellen sehr überzeugend. Der konstante Anlaut lässt sich an den spanischen Flussnamen *Guadalquivir* und *Guadalimar* ablesen. Anstelle von ar. *al-wādī 'l-kabīr* und *al-wādī 'l-aḥmar* müssen die Verbindungen im andalusischen Arabisch *al-wād al-kibīr* und *al-wād al-aḥmar* gelautet haben.

Durch den konstanten Anlaut reduziert sich im andalusischen Arabisch die regelkonform hohe Zahl der Allomorphe des Artikels (→ Elision nach links, Assimilation an die Sonnenbuchstaben rechts) erheblich. In Verbindung mit den 14 Mondbuchstaben entspricht der Artikel grundsätzlich der Form [ʾal], bei den Sonnenbuchstaben weist er durchweg die Form [ʾa-] auf.

Eine weitere Konsequenz aus dem konstanten Anlaut auf [ʾa-] (anstatt der Elision) ist die Addition einer Silbe (Vokale sind Silbenträger). Dies hat entscheidende Auswirkungen auf die Segmentierung und die silbische Zuordnung von <al>. Bei einer Elision – der Normalfall im Arabischen – steht der Artikel zu dem vorangehenden Satzteil enklitisch und wird dadurch silbisch von seinem Bezugswort getrennt: ar. *ʿaṭī ˈl-*| *xubz* ‘ich gebe (das) Brot’. Dazu kommt die hohe Variation der Artikelallomorphe (*-a ˈṭ-*, *-i ˈš-*, *-u ˈn-* etc.). Im andalusischen Arabisch hingegen bildet der Artikel durch den konstanten vokalischen Anlaut eine stabile Silbe. Der Artikel ist mit seinem Bezugswort nunmehr rhythmisch verbunden (→ hispar. *nʿaṭi*| *al-xobz* ‘ich gebe (das) Brot’).[1]

Linguisten arbeiten mit Morphemgrenzen, Hörer hingegen segmentieren nach Silben. Dies wird auch in den französisch basierten Kreolsprachen des Indischen Ozeans deutlich. Dort beobachtet man in Hunderten von Fällen die Agglutination des bestimmten französischen Artikels (cf. Baker 1984). So wird fr. *oiseau* ‘Vogel’, das syntaktisch vor allem in den Verbindungen *les‿oiseaux*, *des‿oiseaux* auftritt, im Kreolischen zu *zwazo*, weil das <s> des Artikels in der Liaison silbisch dem vokalischen Anlaut der Folgesilbe zugeordnet wird (→ [le|zwazo], →[de|zwazo]). Ein weiteres Beispiel ist *dlo* < ‘Wasser’ < fr. (*il y a ~*; *je bois*) *de l’eau* [d(ə)lo], das die frequente Kombination mit dem Teilungsartikel in Sprechform als Einheit darstellt.

Im andalusischen Arabisch fielen durch den stabilen vokalischen Anlaut des Artikels Morphem- und Silbengrenze zusammen, was die silbische Zuordnung des Artikels ermöglichte und dessen Agglutination bewirkte. Die konstant auf [ʾa-], [ʾal-] anlautenden Formen fungierten zudem als eine Art nominale Signalpartikel.

Ob das stabile initiale [ʾa-] des bestimmten Artikels zunächst typisch für das Arabische der Berber war und dann ein Charakteristikum des andalusischen Arabisch wurde, bleibt offen. Es würde zumindest den allgemein vagen Bezug zu “berberisiertem” Arabisch etwas konkretisieren, auch für eine Zeit, in der man eigentlich nicht mehr von eingeschränkten Sprachkenntnissen der Berber ausgehen kann.

In den Berbersprachen tragen maskuline Substantive das Präfix {a-}. Dies betrifft auch adaptierte arabische Lehnwörter. Corriente (2008, LXVIII) weist darauf hin, dass arabisches [ʾa-] mit {a-} im Berberischen als Marker von Nominalklassen interferiert. Man muss allerdings hinzufügen, dass außer {a-} auch {i-} sowie {u-} auftreten und im Femininum das Zirkumfix {ta-X-t} besteht. Im Maskulinum Plural wiederum kann es {i-} sein, im sog. Status annexus {wə} oder {yə-}. Dies geht mit den Verhältnissen im andalusischen Arabisch ([ʾa-], [ʾal]) nicht konform und ist um einiges von der Erklärung des Mechanismus entfernt, der die Agglutination im Iberoromanischen steuerte.

---

1 Das Beispiel (“naåtĭ al ḳobz”) stammt von Pedro de Alcalá, *Arte para ligeramente saber la lengua arauiga*, die 1505 in Granada gedruckt wurde (Alcalá 1883, 9).

4.5.2 Hybridbildungen

Die romanische Bevölkerung der Iberischen Halbinsel war sich bewusst, dass die Form *a(l)-* arabischer Herkunft war (cf. 4.1). Vor diesem Hintergrund entstanden im Spanischen diverse Hybridbildungen. Dabei handelt es sich um die Verquickung von Elementen fremd- und innersprachlicher Herkunft. Dies können Ableitungen mit Lehnaffixen sein (cf. 5.1.1), aber auch Verbindungen, die auf intentionaler Basis zustande kamen. Einem Wort den Anstrich arabischer Herkunft zu verleihen, kann spielerisch erfolgt sein oder sogar aus Prestigegründen, um damit Teilhabe an arabischer Lebensart Ausdruck zu verleihen.

Müller (2004) stellt in einem Artikel 24 Hybridbildungen mit *a(l)-* vor, bei denen es sich zum Teil auch um Entlehnungen aus dem Französischen handelt. Er weist darauf hin, dass die Sachgebiete, zu denen die Wörter gehören, solche sind, in denen Arabismen ohnehin vermehrt auftreten, was die Formenbildung unterstützt haben dürfte. Es fällt auf, dass die sich die 24 Beispiele überwiegend an die Gesetzmäßigkeit der Sonnen- und Mondbuchstaben bezüglich der Assimilation von *al* halten (cf. 4.3.1.1). Es heißt also asp. *alcoral* 'Schmuckstück aus Koralle', aber asp. *adragea* (und nicht **aldragea*) 'kleine Süßigkeit' (< afr. *dragie*, cf. fr. *dragée*). Man mag dies zu einem Teil den Mozarabern zuschreiben.

Weiter Beispiele zu den Hybridbildungen sind sp. *almena* 'Zinne' < ar. *al* + lat. *minae* und *almatriche* 'Bewässerungsgraben' < ar. *al* + lat. *matrix*. Auch Ortsnamen wie *Alpuente* (Valencia) < ar. *al* + sp. *puente* gehören dazu (cf. 6.1). Zu sp. *azufre* 'Schwefel' < lat. *sulphur* existierte bis zum 17. Jh. parallel die Grundform *zufre* wie auch der eigentliche Arabismus gleicher Bedeutung (sp. *alcrebite* < ar. *al-kibrīt*) (cf. CORDE, *s.v.*).

4.6 Artikeltragende und artikellose Formen im Iberoromanischen

Im Gegensatz zu den Berbersprachen, die den arabischen Artikel in der Regel agglutinieren, weisen die iberoromanischen Sprachen artikeltragende und artikellose Formen auf. Arabische Lehnwörter in weiteren Sprachen beinhalten den Artikel normalerweise nicht. Die abgestufte Aufnahme artikeltragender Entlehnungen auf der Iberischen Halbinsel legt nahe, dass die agglutinierten Formen aus dem extensiv zweisprachigen Milieu der Mozaraber stammen, artikellose Formen aus traditionellen Kontaktsituationen, die man in Spanien wie auch in Sizilien oder dem Orient vorfand. Die Rolle der Zweisprachigkeit wurde in diesem Zusammenhang zuerst von Rohlfs (1933, 155) hervorgehoben. Wie Maíllo Salgado (1998, 429) feststellte (cf. 4.4), nahmen Arabismen auf *a-*, *al-* nach 1300 merklich ab. Dies ist die Epoche, in der die Zeit der Zweisprachigkeit und Eingliederung der mozarabischen Bevölkerung in rückeroberten Gebieten vorüber war.

Obwohl sich das Arabische als Sprache des Islam nach Afrika, Persien und den indischen Subkontinent bis nach Südostasien verbreitete, entstand eine zweisprachige Gesellschaft in der Folge nur in Nordafrika (mit dem Berberischen) und auf der Iberischen Halbinsel im Kontakt mit der mozarabischen Bevölkerung. Berber waren auch an der Besetzung Siziliens (827–1091) beteiligt, ohne dass dies bei Entlehnungen zur Agglutination des arabischen Artikel führte. Allerdings stellte sich die Situation in Sizilien anders dar als auf der Iberischen Halbinsel. Der Zeitraum arabischer Präsenz war kürzer und differierte in den Auswirkungen auf kleinem Territorium auch regional (cf. Ahmad 1975).

Man kann davon ausgehen, dass die Polymorphie des arabischen Artikels die Agglutination in Varietäten des Italienischen genauso verhinderte wie in anderen Gebieten, in denen der Artikel im Gegensatz zum andalusischen Arabisch nicht konstant auf [ʾa-] anlautete und die zudem keine im Volk etablierte Form der Zweisprachigkeit mit dem Arabischen kannten. Auf der Iberischen Halbinsel existierte sowohl ein extensives zweisprachiges Milieu, als auch ein traditionelles Kontaktmilieu. Dies erklärt die mehr oder weniger ausgeglichene Zahl von artikeltragenden und artikellosen Formen im Spanischen und Portugiesischen.

4.7 Spanisch und Portugiesisch vs. Katalanisch

Wie die Statistik der Agglutination im Iberoromanischen zeigt, besteht im Iberoromanischen eine Abstufung in der Frequenz der artikeltragenden Formen. Im Katalanischen liegt sie diachron bei 42%, in der Gegenwart bei 32% (cf. 4.4). Die verminderte Gesamtzahl an Arabismen und die Mehrheit artikelloser Formen reflektieren ein eingeschränktes zweisprachiges Milieu sowie einen weniger intensiven Kontakt mit dem Arabischen. Dies entspricht der Tatsache, dass Barcelona bereits 801 zurückerobert wurde, während die Reconquista erst im 12. Jh. den Ebro erreichte. Im Zentrum des sprachlichen Austausches stand Kastilien, das eine große Zahl an zweisprachiger mozarabischer Bevölkerung integrierte, so in Toledo (1085) und Zaragoza (1118).

4.8 Die Agglutination in der Zusammenfassung

Der konstante Anlaut auf [ʾa-]/[ʾal] verlieh dem bestimmten Artikel im Arabischen von al-Andalus konstant den Status einer Silbe, was

- die Polymorphie des Artikels erheblich reduzierte,
- die Enklise des Artikels zum vorausgehenden Satzglied aufhob,
- den Artikel satzphonetisch seinem Bezugswort zuordnete,
- den Artikel als nominale Signalpartikel favorisierte.

Aus der Verknüpfung dieser Voraussetzungen ergibt sich der linguistische Mechanismus, der die Agglutination des arabischen Artikel ermöglichte. Daneben existieren artikeltragende Formen als Ergebnis transliterierter Übernahmen aus Übersetzungen sowie in Hybridbildungen.

Während die Präsenz der agglutinierten Formen dem extensiv zweisprachigen Milieu, das auf der Iberischen Halbinsel und in Nordwestafrika existierte, zugeordnet werden kann, entspringt die Übernahme der artikellosen Formen traditionellen Kontaktsituationen, wie sie auch in Spanien und allen weiteren Gebieten bestanden, in denen das Arabische als Sprache des Islam fungierte, nicht aber manifester Teil einer zweisprachigen Gesellschaft war. Der im Vergleich mit dem Spanischen und Portugiesischen kürzere und weniger intensive Kontakt mit dem Arabischen entspricht die reduzierte Anzahl an artikeltragenden Formen im des Katalanischen.

Die hier entwickelte Sicht der Dinge mag das Problem des arabischen Artikels nicht vollständig erfasst haben. Nichtsdestoweniger erklärt sie die Funktionsweise der Agglutination im Iberoromanischen, den Grund für artikeltragende und artikellose Formen sowohl im Iberoromanischen als auch im Italienischen und anderen Sprachen, in die das Arabische entlehnte, sowie die Abstufung der agglutinierten Formen zwischen Spanisch/Portugiesisch und Katalanisch.

Literaturhinweise

Einen Forschungsbericht mit Diskussion der im 20. Jh. entwickelten Thesen zur Artikelproblematik gibt Noll (1996). Einen Vergleich mit der Agglutination des bestimmten Artikels in den französisch basierten Kreolsprachen gestattet Baker (1984). Die Dissertation Winets (2006) liefert wertvolle Hinweise zur Statistik artikeltragender und artikelloser Formen im Iberoromanischen.

Aufgaben

1. Lesen Sie den Artikel "Die Arabisierung romanischer Wörter im Spanischen des Mittelalters" von Müller (2004).
2. Welche Bedeutung könnte der präsentative Charakter des arabischen Artikels haben, den Solá-Solé (1968) in "El artículo *al-* en los arabismos del iberorrománico" beschreibt? Welche Erklärung hat Solá-Solé für die Form der Entlehnungen im Katalanischen?

5 Lexik

In diesem Kapitel sollen die Einflüsse des Arabischen auf die Lexik des Spanischen, summarisch beschrieben werden. Das Arabische hat nach dem lateinischen Fundus den größten Anteil am spanischen Wortschatz. Angesichts der Materialfülle (cf. 5.2), kann es nur um eine beispielorientierte Darstellung gehen.

Die Übernahme von Lehnwörtern stellt die unmittelbarste Konsequenz aus dem Kontakt zweier Sprachen dar. Betroffen sein können auch Phonetik, Morphologie und Syntax, in historischer Perspektive (Substrat/Superstrat) bleibt dies jedoch oft Gegenstand von Spekulationen und ist im Einzelnen nicht leicht nachzuweisen. Einflüsse des Arabischen auf die Phonetik des Spanischen können ausgeschlossen werden, in der Morphologie bestehen periphere Relikte (cf. Kap. 3). Im Mittelalter lässt sich in der Syntax eine punktuelle Übernahme von Strukturen feststellen, die sich im Rahmen von Übersetzungen zeigen (cf. 9.4.).

In Bezug auf seine historische Stellung wäre das Arabische auf der Iberischen Halbinsel im Kontakt mit dem Spanischen im Prinzip als Superstrat zu definieren, wie dies vergleichsweise auch beim Gotischen der Fall ist. De facto bezeichnet man das Arabische in seiner Funktion jedoch als Kulturadstrat. Dies unterstreicht einerseits die im Gegensatz zu einem traditionellen Superstrat höherstehende Kultur sowie die Bedeutung der Sprache. Andererseits wurde der Kontakt mit dem Arabischen durch externe Faktoren beendet, da die zu Beginn des 17. Jhs. verbliebene Sprachgemeinschaft vertrieben wurde (cf. 10.1). Auch dies steht im Widerspruch zu einem Substrat, das nach einer Zeit der Zweisprachigkeit durch natürliche Entwicklung aufgegeben wird.

5.1 Klassifikation des Lehnguts

Fast alle Sprachen weisen externe Einflüsse auf. In diesem Zusammenhang unterscheidet man zwischen äußerem und inneren Lehngut. Ein Schema zur strukturellen Untergliederung speziell des arabischen Lehnguts findet man bei Kiesler (1994, 58).

5.1.1 Äußeres Lehngut

Im äußeren Lehngut differenziert man vornehmlich im Deutschen, abhängig vom Grad der Anpassung an die Zielsprache, in Fremd- und Lehnwörter (*préstamos* vs. *extranjerismos*). Ein Beispiel wäre sp. *whisky* vs. sp. *güisqui*. Daneben kommt es zur Aufnahme von Lehnnamen, unter denen man onomastische Bezeichnungen (z.B. Toponyme) versteht. Gelehrte lateinisch-griechische Übernahmen aus der Renaissance wie *cómodo* nennt man im Spanischen *cultismos*.

https://doi.org/10.1515/9783110697766-005

Auch Lehnaffixe werden dem äußeren Lehngut zugerechnet. Sie bilden eine Grundlage für Hybridbildungen (*híbridos*, *préstamos híbridos*) in der Zielsprache. Um ein Hybrid handelt es sich, wenn z.B. sp. *dis-* als formatives Element der Negation nach lateinischer oder griechischer Vorlage (*dis-*, *dys-*) in der Ausgangssprache (L 1) nicht mit der Basis verbunden ist, die in der Zielsprache (L 2) vorliegt. So unterscheidet man bei den Relationsadjektiven auf *-í* (cf. 3.3.3.1) zwischen sp. *jabalí* 'Wildschwein' (< ar. *ǧabalī* 'bergig, zum Berg gehörig') als Wortentlehnung und *alfonsí*, das eine spanische Basis (germanischer Herkunft) mit einem arabischen Lehnsuffix verbindet. Auch sp. *marroquí* ist eine Hybridbildung, denn das genuine arabische Pendant lautet *maġrebī*. Der arabische Artikel erwies sich ebenfalls als hybridbildend. Als grammatisch funktionsloses Affix (*al-*) wurde er mit Substantiven (sp. *almena* 'Zinne' < ar. *al* + lat. *minae*) und Ortsnamen nicht arabischer Basis verbunden (z.B. *Alpuente*, cf. 4.5.2).

5.1.2 Inneres Lehngut

Das innere Lehngut (cf. Betz 1974, 137; Kiesler 1993, 509) besteht aus Lehnbildungen (sp. *calcos*) und Lehnbedeutungen (*préstamos semánticos*).

Abb. 1: Inneres Lehngut

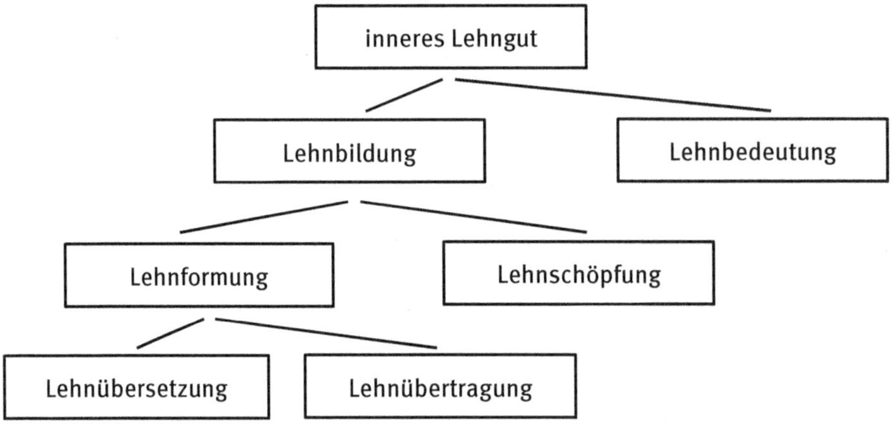

Lehnbildungen basieren auf einer Vorlage der Ausgangssprache, die mit Mitteln der Zielsprache nachgebildet wird. Die Lehnbildung untergliedert sich in Lehnformung (*creación traducida*) und Lehnschöpfung (*creación prestada*). Im Gegensatz zur (partiellen) Übersetzung der Lehnformung bedeutet Lehnschöpfung eine völlige Neubildung wie z.B. sp. *vaqueros* für eng. *jeans*.

5.1.2.1 Lehnformung

Bei der Lehnformung unterscheidet man, abgestuft nach der inhaltlichen Nähe zum Modell der Ausgangssprache, Lehnübersetzung (sp. *traducción literal*) und Lehnübertragung (*traducción libre*). Dies kann Einzelwörter betreffen, aber auch Zusammensetzungen, sei es syntagmatische Kompositionen (in der spanischen Wortbildung z.B. Verbindungen mit *de*) oder Phraseologismen.

Zu eng. *skyscraper* ist sp. *rascacielos* aufgrund der direkten Entsprechung eine Lehnübersetzung, dt. *Wolkenkratzer* durch die inhaltliche Abweichung hingegen eine Lehnübertragung. Eine Lehnübersetzung aus dem Arabischen ist *adelantado*, der "Vorangestellte" in der Bedeutung 'Statthalter'. Die Form bildet ar. *muqaddam*, das passivische Partizip zu ar. *qaddama* 'voranstellen' nach. Parallel dazu existiert im äußeren Lehngut sp. *almocadén* (asp. *almocadán*) 'Truppenführer'.

Eine syntagmatische Komposition aus der Aljamiadoliteratur ist *konpañero ḏe la fi(y)ebre* 'fieberkrank'. Sie beruht darauf, dass ar. *ṣāḥib*, wie sp. *compañero* 'Gefährte' bedeutet, darüber hinaus aber auch 'Besitzer' bzw. in diesem Falle 'Träger' einer Eigenschaft (cf. 10.1.4).

Ein besonderer Fall ist sp. *hidalgo* 'Edelmann; 'edel, großmütig', Kurzform für asp. *fijo dalgo* (< *de algo*), wobei asp. *algo* (< lat. *aliquod* 'etwas') unter anderem 'Vermögen' bedeutet. Ein *fijo dalgo* ist ursprünglich jemand aus dem niederen Adel, dem gute Eigenschaften und Wohlstand zugeschrieben werden. Im Portugiesischen bedeutet *homem de algo* heute noch 'reicher Mann'. Dies lässt sich mit der Etymologie von lat. *aliquod* nicht in Einklang bringen, so dass Castro (1948, 71–78) von einer Lehnübersetzung aus dem Arabischen ausging. In der Tat gibt es Bildungen im Status constructus (cf. 4.3.2) mit ar. *ṣāḥib* → 'Gefährte von' oder *ibn* → 'Sohn von', die die bezeichnete Person als Träger einer Sache/Eigenschaft charakterisieren (cf. 10.4.1). Allein der Bezug bereitet Probleme. Nach Castro wäre es "una palabra árabe que significase a la vez 'algo, riqueza, bondades'" (ibid., 74). Eine passende Lösung fand Castro nicht, verweist aber auf ar. *al-ḫums*, das 'Fünftel' des Gewinns, das bei Eroberungen und Beutezügen dem Islam vorbehalten war. So wurden Ländereien zu günstigen Konditionen vergeben und über Generationen bewirtschaftet. Diejenigen, die sie verwalteten, wurden *aḫmās* (Pl.) bzw. *bāni 'l-aḫmās* 'Söhne der Fünftel' genannt. Somit sei *algo* mit seiner Sonderbedeutung aus ar. *al-ḫums* über **algóm(e)s* übernommen worden und schließlich in die Bildung *hidalgo* eingegangen (ibid., 72).

5.1.2.2 Lehnbedeutung

Während es bei Lehnübersetzung, Lehnübertragung und Lehnschöpfung um aktive Prozesse der Bildung geht, können Lehnbedeutungen die Folge von Interferenzen bei Zweisprachigen sein. Ein solcher Fall liegt z.B. vor, wenn Hispanics in den USA unter sp. *aplicación* nach englischem Vorbild (*application*) auch eine 'Bewerbung' verstehen. Eine Lehnbedeutung aus dem Arabischen zeigt sich in *ojo*, das nicht nur das 'Auge', sondern wie die arabische Vorlage ^{c}*ayn* auch eine 'Quelle' bezeichnen kann.

In dem Beispiel *konpañero ḏe la fi(y)ebre* 'fieberkrank' (cf. 5.1.2.1) aus der Aljamiadoliteratur handelt es sich, wenn man nur Bezug auf *konpañero* nimmt, ebenfalls um eine Lehnbedeutung. Ein weiterer Fall ist asp. *en poridad* 'im Geheimen' (*fablar en poridad* 'vertraulich sprechen'). Kontzi (1998, 337) weist die Entstehung dieser Wendung dem Umstand zu, dass ar. *ḫalaṣa* 'rein sein' (→ *puridad*) und ar. *ḫalasa* "heimlich wegnehmen", wie er angibt (ibid.), phonetisch zusammengefallen seien, da sie sich nur in der Realisierung des Sibilanten unterscheiden. Daraus habe sich auch eine semantische Überschneidung ergeben. Die arabische Filiation ist verlockend, denn auch das ältere Portugiesisch kennt *puridade* 'Geheimnis' und *à puridade* 'im Vertrauen'. Allerdings heißt 'Geheimnis' auf Arabisch *sirr* (→ ar. *sirran* 'heimlich'), und die Grundbedeutung von ar. *ḫalasa* lautet 'stehlen'. Möglicherweise liegt das auslösende Element für die Interferenz in der Ableitung *ḫulsatan*, die de facto 'heimlich' bedeutet.

Lehnbedeutungen liegen bei den Verben sp. *amanecer* '(morgens) dämmern' und *anochecer* 'dunkel werden' (pg. *amanhecer, anoitecer*) vor, denn sie werden nicht nur unpersönlich verwendet (*está amaneciendo* 'es dämmert' vs. *apunta* bzw. *cae el día*), sondern können wie ihre arabischen Entsprechungen *aṣbaḥa* und *amsà* auch persönlich konstruiert werden (→ *anochecimos en Toledo* 'wir waren bei Anbruch der Dunkelheit in Toledo'). Eine strukturelle Beeinflussung durch den IV. Stamm der arabischen Verben auf *a-* liegt allerdings nicht vor (cf. 3.3.2).

5.1.2.3 Lehnsyntax

Auf Fälle von Lehnsyntax (sp. *préstamo sintáctico*) trifft man in Übersetzungen aus dem Arabischen ins Altspanische (cf. Kap. 9). Dabei geht es um die Nachbildung externer syntaktischer Strukturen, die von bloßen Phraseologismen zu unterscheiden sind. Arabische Lehnsyntax bleibt auf den Bereich der Übersetzung beschränkt und betrifft die Sprache der Gegenwart nicht.

5.1.3 *Etymologia proxima* vs. *etymologia remota*

Hinsichtlich der Wortherkunft differenziert man zwischen (lat.) *etymologia proxima* und *etymologia remota*. Die *etymologia proxima* ordnet eine Entlehnung der letzten Gebersprache zu, ohne den gesamten Entlehnungsweg des Wortes bis zu seinem Ursprung zu verfolgen. Die *etymologia remota* führt ein Wort auf seinen eigentlichen Ursprung zurück. Umfangreiche etymologische Wörterbücher wie der DCECH entwickeln die Wortgeschichte unter beiden Aspekten. Welcher Sprache eine Entlehnung eher zugeordnet wird, lässt sich nicht generell festlegen, sondern ergibt sich aus dem jeweiligen Fall.

Sp. *alcázar* wird als Arabismus gesehen (ar. *al-qaṣr* ‘Burg, Schloss, Palast’), obwohl lat. *castra* (Pl.) ‘(Heer)Lager’ zugrunde liegt. Es handelt sich um einen sog. Rückwanderer, der im Orient Eingang ins Arabische fand und auf der Iberischen Halbinsel dem Romanischen modifiziert zurückgegeben wurde. Sp. *azúcar* gilt ebenfalls als Arabismus (< ar. *as-sukkar*), obgleich das Wort aus dem Griechischen stammt und sich über das Mittelpersische bis ins Sanskrit zurückverfolgen lässt. Für beide Fälle ist charakteristisch, dass eine formale Beeinflussung durch den arabischen Artikel (→ *a-*) vorliegt. Bei *alcázar* kommt noch die Bedeutungsveränderung hinzu, die das Wort semantisch vom Lateinischen entfernt hat. In beiden Fällen findet die *etymologia proxima* ihre Berechtigung, da die Entlehnungen durch die letzte Vermittlersprache geprägt wurden.

Wie man sieht, erweisen sich Entlehnungswege manchmal als weitläufig, tragen dabei jedoch zum besseren Verständnis der Semantik bei. So bedeutet sp. *mandil* ‘Schürze’, aber auch ‘Satteldecke’ und ‘Fischernetz’. Das Wort wurde über ar. *mandīl* ‘Tuch, Gesichtstuch, Turban’ entlehnt. Im Griechischen ist μανδήλη (mandḗlē) ein ‘Handtuch’, was dem Wortursprung entspricht, der wiederum im Lateinischen liegt (lat. *mantēle, mantīle, mantēlium* < *manus* + *tergĕre* → ‘Hände trocknen’). Die weitere semantische Differenzierung stammt somit aus dem Spanischen (cf. pg. *mandil* u.a. ‘Reinigungstuch’.

Sp. *beduino* gilt als Arabismus, obwohl das Wort über it. *beduino* oder fr. *bédouin* entlehnt wurde, was man an der Suffigierung im Vergleich zu ar. *badawī* erkennt. Trotzdem würde man in diesem Fall nicht von einem italienischen oder französischen Element im spanischen Wortschatz sprechen. Hinzu kommt der Aspekt der Mehrfachentlehnung (cf. 5.1.6). Während der Erstbeleg für sp. *beduino* auf 1786 datiert wird (DCECH, *s.v.*), existierten Formen des Wortes bereits im Mittelalter, z.B. <bedoin> in der *Gran conquista de Ultramar* (um 1295; cf. DEM*el*, s.v. *beduino*). Zu jener Zeit liegt eine Aufnahme über das Altfranzösische nahe, da es inhaltlich um die Eroberung Jerusalems im 1. Kreuzzug geht.

5.1.4 Bedürfnislehnwörter vs. Luxuslehnwörter

Bei der Aufnahme von Lehngut unterscheidet man zwischen sog. Bedürfnislehnwörtern (sp. *préstamos por necesidad*) und Luxuslehnwörtern (sp. *préstamos por prestigio*). Bedürfnislehnwörter sind diejenigen, für die in der Zielsprache kein Konzept besteht, also Bezeichnungen für z.B. fremde Pflanzen und Tiere (bei der Erkundung der Neuen Welt) oder insoweit unbekannte Techniken in Anwendung oder Herstellung (z.B. Techniken zur Bewässerung).

Luxuslehnwörter sind Übernahmen, die im Prinzip nicht gebraucht würden, weil bereits eine autochthone Bezeichnung existiert. In diesem Fall basiert die Aufnahme auf Präferenzen, die modisch bedingt sein können, oder die das subjektiv empfundene Prestige der Ausgangssprache mit der Bezeichnung auf die Zielsprache übertragen sollen. Die beiden Kategorien lassen sich nicht immer klar trennen. 'Burg', 'Festung' und 'Palast' heißen im Spanischen *castillo*. Als Entlehnung mit den gleichen Grundbedeutungen existiert *alcázar*. Insofern bestand a priori keine Notwendigkeit zur Übernahme des Arabismus. Ein Spezifikum liegt natürlich im historischen Bezug zu einem maurischen Stadtschloss. Die Bedeutung "Casa real o habitación del príncipe, esté o no fortificada" (DRAE, *s.v.*) bezieht sich ihrerseits auf einen unbefestigten Bau oder die Zitadelle, die das Kernstück einer Festung bildet. Welche Aspekte bei der Entlehnung im Vordergrund standen, kann möglicherweise eine detaillierte historische Wortstudie zeigen.

5.1.5 Aufnahme und Adaptation von Lehngut

Entlehnungen werden an das System der Zielsprache angepasst. Im Gegensatz zum Deutschen duldet die spanische Phonetik keine Imitation fremdsprachlicher Lautung (cf. 3.2). Die Adaptation betrifft auch die Morphologie im Bereich der Pluralbildung der Substantive und Adjektive (*-s*, *-es*) sowie die Konjugation (Integration in das Schema der Verben auf *-ar*).

Ob sich ein Terminus durchsetzt, entscheidet die Akzeptanz durch die Sprachgemeinschaft oder – im Falle von Fachbezeichnungen – einer Sprechergruppe. Übernahmen gelangen zunächst in das sog. temporäre Lexikon und finden bei Akzeptanz dann Eingang in das permanente Lexikon, bis sie ggf. irgendwann obsolet werden (cf. Kap. 11).

Informationen, wie lange ein Terminus in welcher Bedeutung gebraucht wurde, findet man in etymologischen und historischen Wörterbüchern, also im *Diccionario crítico etimológico castellano e hispánico* (DCECH) und in der *Enciclopedia del Idioma* (EncId), die trotz gewisser Schwächen als einziges vollständiges historisches Wörterbuch des Spanischen ein wertvolles Nachschlagewerk darstellt. Für Chronologie und Belege stehen ergänzend das *Corpus Diacrónico del Español* (CORDE) und der *Diccionario del español medieval electrónico* (DEMel) zur Verfügung.

5.1.6 Mehrfachentlehnung und semantische Entwicklung

Bei polysemen Lehnwörtern ergibt sich die Frage, ob Einzelbedeutungen auf getrennten und ggf. konsekutiven Entlehnungsvorgängen basieren. So bleibt offen, ob bei *alcázar* (cf. 5.1.4) die drei Bedeutungsinhalte 'Burg', 'Festung' und 'Palast' gleichzeitig übernommen wurden.

Eine Eigenentwicklung ist möglicherweise sp. *alcázar* in der Bedeutung 'Achterdeck', der (erhöhte) Teil zwischen Hauptmast und Heck eines Schiffes. Das Spanische setzt dafür auch *castillo de popa*. Handelt es sich um eine Entlehnung oder um eine synonyme Verwendung von *alcázar* auf der Basis von *castillo*? Das Portugiesische spricht ebenfalls von *castelo de popa*, verfügt mit *alcáçova* < ar. *al-qaṣaba* 'Zitadelle' seinerseits jedoch ebenfalls über einen Arabismus. Selbst im Englischen gibt es den inhaltlich verwandten Terminus *aftercastle*. Das Italienische schließlich verwendet *cassero* < ar. *qaṣr* ausschließlich für 'Achterdeck', denn die parallele Bedeutung 'Festung' (→ it. *castello*) besteht für it. *cassero* nicht.

Die Herleitung lässt sich in diesem Fall gewiss genauer eruieren, wenn man tiefer in die Geschichte des Schiffbaus einsteigt. Das Beispiel dient in erster Linie der Verdeutlichung des Problems interner und externer Abgrenzung (hier von Arabismen). Ein geflügeltes Wort als Grundsatz etymologischer Forschung, das dem schweizerischen Dialektologen Jules Gilliéron (1854–1926) und dem Romanisten Hugo Schuchardt (1842–1927) zugeschrieben wurde, ursprünglich wohl aber von Jacob Grimm stammt, lautet: "[...] jedes Wort hat seine Geschichte und lebt sein eigenes Leben [...]" (Grimm 1819, XIV).

Sp. *alhóndiga* 'Kornmarkt' (*alfóndega*, 1033; DCECH, s.v. *alhóndiga*) < hispar. *alfundaq* 'Warenlager'< ar. *al-funduq* 'Herberge' existiert im Spanischen und Katalanischen heute noch in der Variante *fonda* 'Pension, Herberge', die – ohne agglutinierten Artikel – ebenfalls auf ar. *funduq* zurückgeht. Der spanische Erstbeleg von 1770–94 (DCECH, *s.v.*) sagt nichts über den Entlehnungsweg aus. Im marokkanischen Arabisch ist *fenḍeq* sowohl als 'Unterstand für Pferde mit Übernachtungsmöglichkeit' als auch 'Warenlager' belegt (cf. Harrell 2004, *s.v.*), was *fonda* und *alhóndiga* verbindet.

Ein Beispiel für Mehrfachentlehnung und semantische Differenzierung ist sp. *azogue* 'Marktplatz', asp. *azogue*, *azoche* 'Markt' < ar. *as-sūq* 'Markt', das im 13. Jh. belegt ist (DEM*el*, *s.v.*). Bei pg. *açougue* trat eine Bedeutungsverengung ein, die das Wort auf Fleisch festlegte und unter anderem zu 'Schlachthaus', im brasilianischen Portugiesisch zu 'Metzgerei' entwickelte. Sp. *zoco* mit gleichem Etymon (ohne ar. Artikel) wird wie fr. *souk* ab dem 19. Jh. mit lokalen Märkten in Marokko in Verbindung gebracht. Allerdings gibt es im alten Toledo einen historischen Platz mit Namen *Zocodover* < ar. *sūq ad-dawābb* 'Pferdemarkt' bzw. 'Markt für Lasttiere', der *zoco* als Teil eines Status constructus (cf. 4.3.2) beinhaltet. Der im mexikanischen Spanisch in der Bedeutung 'plaza mayor' bekannte *zócalo* steht etymologisch nicht mit dem Arabischen in Verbindung, sondern hat wie dt. *Sockel* einen lateinisch-romanischen Ursprung.

Grundsätzlich ist davon auszugehen, dass Entlehnungen das Bedeutungsspektrum, das sie in der Ausgangssprache besaßen, nicht völlig identisch in der Zielsprache abbilden. In seiner weiteren Entwicklung unterliegt das äußere Lehngut den internen Gesetzmäßigkeiten der Zielsprache. So kann es zu semantischen Erweiterungen oder Verschiebungen kommen, die mit der Ausgangssprache nichts oder nur noch entfernt zu tun haben.

Alcántara < ar. *al-qanṭara* 'Bogen; Bogenbrücke' bezeichnete im Spanischen vormals eine Steinbrücke (cf. 6.1.5). In der Weberei wurde das Wort zum Terminus technicus für einen Holzkasten, der bei bestimmten Webstühlen den gefertigten Stoff aufnimmt (EncId, *s.v.*). Ein weiteres Beispiel ist kat. *llaüt* aus ar. *(al)-ʿūd* 'Laute', womit im Mittelalter ein Boot der Küstenschifffahrt bezeichnet wurde. Die Motiviertheit der Bootsbezeichnung bestand darin, dass die Laute sechs Saiten besitzt und das Boot mit sechs Mann Besatzung fuhr.

5.1.7 Chronologie der Entlehnungen

Als das Arabische im 8. Jh. mit dem Romanischen auf der Iberischen Halbinsel in Kontakt trat, war das Romanische noch nicht schriftlich belegt. Die ersten Zeugnisse für das Spanische, die *Glosas silenses* und die *Glosas emilianenses,* stammen aus dem 10./11. Jh., die erste Jarcha aus der Mitte des 11. Jhs. (cf. Kap. 7).

Die frühesten Belege für Arabismen findet man in lateinischen Dokumenten. Die Städte Léon und Zamora fielen bereits im 9. Jh. wieder unter christliche Herrschaft, und León wurde 914 Hauptstadt eines Königreichs, das auch Asturien und Galicien umfasste (cf. 1.3.2). In seiner Abhandlung *Iglesias mozárabes* listet Gómez-Moreno im Kapitel zu León (ibid., 122–129) aus lateinischen Texten des 10. und 11. Jhs. 170 Arabismen mit der Bedeutung, die ihnen, soweit bekannt, zugeschrieben wird. Einige heute noch bekannte Wörter zitiert Kontzi (1982, 410). Darunter befindet sich z.B. *adovera* (nsp. *adobera*), eine Form zur Herstellung von Luftziegeln zu sp. *adobe* 'Luftziegel'< ar. *aṭ-ṭūb*.

Da das Material aus lateinischen Quellen stammt, kann nicht grundsätzlich bestimmt werden, ob die Wörter in der Volkssprache geläufig waren oder ggf. als arabische Termini angeführt wurden. Ein solcher Fall ist *alfarace* 'caballo' (datiert 982) < ar. *al-faras* 'Pferd', das mit dieser Bedeutung zitiert wird (ibid., 122). Weiteren Belegen nach bezeichnet das Wort ein arabisches Schlachtross und erscheint immer mit einer Erklärung bzw. in Kombination wie in *caballos alfaraces* (cf. DEM*el*, DCECH und DHLE, s.v. *alfaraz*).

Ordnet man die arabischen Entlehnungen im Spanischen numerisch nach Jahrhunderten, so stellt den Höhepunkt der Entwicklung das 13. Jh. dar (cf. Barceló/Labarta 2001, 36, n. 4), als der Zenith der maurischen Herrschaft bereits überschritten war. Die zahlreichen ersten Zeugnisse von Arabismen im 13. Jh. sind Folge der in jener Zeit zugunsten des Spanischen gesteigerten Textproduktion unter Reduzierung des lateinischen Anteils. Deshalb darf die chronologische Einordnung und Sachgruppierung von Erstbelegen, die z.B. García González (2007, 541–544) für die Epoche vornimmt, nicht zu falschen Schlüssen führen. Zwischen der ersten Dokumentation eines Arabismus und dem tatsächlichen Zeitpunkt der Entlehnung können unter Umständen Jahrhunderte liegen. Nach dem DCECH (*s.v.*) enthält die alfonsinische Übersetzung des *Lapidario* (um 1250; cf. 9.2) der Erstbeleg für sp. *algodón* (< ar. *al-quṭn* / hispar. *al-quṭún*). In einem lateinischen Text von 950 aus León erscheint die Form *algoton* (DCECH und DEM*el*, s.v.). Ohne den lateinischen Beleg ergäbe sich eine Diskrepanz von drei Jahrhunderten.

Manche Arabismen weisen durch ihre phonetische Entwicklung auf eine frühe Entlehnung hin, wenn man sie mit der erbwörtlichen Entwicklung des Vokabulars lateinischer Herkunft in Bezug setzt und damit eine relative Chronologie herstellt. Bei *algodón* könnte man versucht sein, die Lenisierung der Fortisplosive in stimmhafter Umgebung anzusetzen ([q] > [g]; [t] > [d]). Dies relativiert sich allerdings angesichts des Belegs <algoton> von 950 (ibid.) mit [-t-] und der katalanischen Form *cotó*.

Anders verhält es sich bei folgenden Beispielen mit Langkonsonanten: So zeigt sich bei sp. *albañil* < ar. *al-bannāʾ* (hispar. *al-banní*, mit Imala zweiten Grades, cf. 3.2.1) die Palatalisierung von [nn] > [ɲ] wie bei erbwörtlichem lat. *annus* → sp. *año*. Ein Beispiel für die Palatalisierung von [ll] > [ʎ] ist sp. *alcolla* 'große Glaskaraffe' < ar. *qulla* 'Krug' (cf. keltisch/lat. *caballus* → sp. *caballo*).

5.2 Quantitative Aspekte

Eine Auswertung der 23. Auflage des *Diccionario de la lengua española* (DRAE 2014) vermittelt ein ungefähres Bild der quantitativen Verhältnisse bezüglich der arabischen Entlehnungen im Spanischen. Das Wörterbuch enthält 1.274 Arabismen, von denen 92 als unsicher und 191 als ungebräuchlich (*desusado*) ausgewiesen sind (cf. 11.4). Solá-Solé (1968, 276) war von ca. 850 Wörtern ausgegangen.

In diachroner Perspektive ermittelte Winet (2006, 299) für das Spanische 1.437 Arabismen, 901 im Portugiesischen und 647 im Katalanischen. Ein Maximum von über 4.000 Arabismen im Spanischen (van Wijk 1949, 14) ist unter Einschluss der Onomastik zu verstehen (cf. Kap. 6).

In der Fachliteratur variieren die Zahlen für das Portugiesische zwischen 400–1000 und für das Katalanische zwischen 200–520 (cf. Noll 1996, 300, n. 5 und 6). Im *Dicionário etimológico da língua portuguesa* erfasste Nascentes (1955, XXI) 609 Arabismen. Eine Auswertung des *Gran diccionari de la llengua catalana* (2013; GDLC) ergibt 532 Zuweisungen, was relativ nah an der Zahl von 520 liegt, die bereits Solá-Solé (ibid.) anführte. Diese Angaben beziehen sich auf die Sprache der Gegenwart und schließen Arabismen mit ein, die in den letzten Jahrhunderten hinzukamen wie auch solche, die untergingen, aber weiterhin lexikalisch erfasst sind.

Obwohl das Arabische nach dem Lateinischen die bedeutendste Spendersprache für das Spanische darstellt, ist der Anteil der Arabismen am Gesamtwortschatz vergleichsweise gering. So wäre das das Englische dem Wortschatz nach fast eine romanische Sprache. Das Persische zählt 8.000 Arabismen, die in allgemeinen Gebrauchstexten bis zu 40% des Vokabulars ausmachen (EALL, III, 575). Auch das Türkische verfügt heute immer noch über ein bedeutendes Kontingent an Arabismen. Zieht man das aktuelle spanische Akademiewörterbuch (DRAE) mit knapp über 93.000 Einträgen heran, so ergibt sich für das Arabische ein Anteil von weniger als 1,4%. Ergebnisse hängen natürlich auch vom Umfang des jeweils einbezogenen Vokabulars und der Wortfrequenz ab. Patterson (1975, 16) führt aus, dass das Spanische in einem Basiswortschatz (“*basic vocabulary*”) von 5.000 Einheiten 36 Arabismen enthalte.

Kiesler (1994, 70) berechnet das Kontingent an Arabismen im Grundwortschatz für Portugiesisch mit 1,13%, für Spanisch mit 0,92% und für Katalanisch mit 0,75% (von respektive 2217, 2074 und 1601 Wörtern). Hier liegt das Portugiesische vor dem Spanischen. Zum Grundwortschatz des Portugiesischen gehören z.B. auch *alfaiate* (→ asp. *alfayate* ‘Schneider’ < ar. *al-ḫayyāṭ*), *alfinete* (→ sp. *alfiler* ‘Stecknadel’ < ar. *al-ḫilāl*) und *alfândega* ‘Zoll’ (cf. Corriente/Pereira/Vicente 2019, *s.v.*). Pg. *alfândega* ist bezüglich der Herkunft nicht zu verwechseln mit sp. *alhóndiga* ‘Kornmarkt’ (< hispar. *al-fundaq* ‘Warenlager’ < ar. *al-funduq* ‘Herberge’, heute: ‘Hotel’). Da die 19 frequenten Arabismen, die Teil des spanischen Grundwortschatzes sind, bei Kiesler nicht gelistet werden, führen wir sie mit ihrer Etymologie hier an:

Tab. 5: Arabismen im sp. Grundwortschatz

Lemma, Etymologie, (abweichende) Bedeutung
aceite < ar. *az-zayt*
aduana < ar. *ad-dīwān* ‘Amt, Kanzlei’ (pers. Herkunft)
ahorrar (deadjektivisch) < ar. *ḥurr* ‘frei’ (cf. 3.3.2)
alcalde < ar. *al-qāḍī* ‘Richter’ (cf. 3.2.2.5)
aldea < ar. *aḍ-ḍayʿa* (cf. 3.2.2.5)
alfombra < hispar. *al-ḥanbal* ‘Wollteppich’
algodón < hispar. al-qutún / ar. *al-quṭn*
almohada < hispar. *al-muḫadda* / ar. *al-miḫadda*
alquilar (denominal) < ar. *al-kirāʾ* ‘Miete’
arroz < ar. *aruzz*
azúcar < ar. *as-sukkar*
azul < ar. *lāzaward* ‘Lapislazuli’ (pers. Herkunft)
barrio < ar. *barrī* ‘ländlich’
hasta < ar. *ḥattà*
limón < ar. *al-laymūn*
loco < hispar. *lawqa* / ar. lawqāʾ (Adj., f.)
naranja < ar. *nāranǧ* (pers. Herkunft)
rincón < ar. *rukn*
tarea < hispar. *ṭaríḥa* ‘werfen’ (cf. Corriente 1999, *s.v.*)

Bei der Verteilung von Entlehnungen auf Wortklassen ergeben sich für einzelne Spendersprachen bisweilen sehr unterschiedliche Ergebnisse. Allgemeine Mittelwerte lassen sich deshalb nur ansatzweise nennen. An der Spitze liegen immer Substantive (ca. 70–80%), in der Regel gefolgt von Verben (ca. 10–20%), Adjektiven/Adverbien (ca. 5–15%). Strukturwörter werden selten entlehnt.

Von den 1.274 Arabismen (DRAE) sind 1.148 als Substantive (90,1%) und 130 als Adjektive klassifiziert (10,2%). Dabei kommt es auf der Basis von Einzelbedeutungen zwischen beiden Gruppen in der Zuordnung zu Überschneidengen. Von den 130 Adjektiven treten 51 auch als Substantive auf. Weiterhin befinden sich unter den Entlehnungen 30 Verben (2,35%) und eine Präposition.

5.3 Wortklassen

5.3.1 Substantive

Die Arabismen des Spanischen zählen überwiegend zu den Substantiven (90,1%), wobei auch Überschneidungen mit der Klasse der Adjektive auftreten (cf. 5.3.3). Die im Verhältnis große Anzahl an Nomina ist gewiss darauf zurückzuführen, dass nur wenige Verben aus dem Arabischen entlehnt wurden (cf. 5.3.2).

Die Substantive lassen sich verschiedenen Sachgruppen zuordnen. In *Kleines vergleichendes Wörterbuch der Arabismen* hat Kiesler je 100 Arabismen des Portugiesischen, Spanischen, Katalanischen und Italienischen in etymologischen Artikeln untersucht und die Entlehnungen ferner in einer Übersicht nach dem Begriffssystem von Hallig/Wartburg (1963) gruppiert (1994, 117–135). An diesem differenzierten System orientieren sich Publikationen, die den sog. Aufbauwortschatz einer Sprache aufbereiten.

Kieslers Übersicht zeigt einerseits, dass Arabismen in allen Bereichen des Wortschatzes präsent sind. Andererseits bestehen sachgruppenbezogene Schwerpunkte. So stechen die Bezeichnungen aus der Flora hervor. Traditionelle Sachgebiete für Arabismen sind Landwirtschaft und Bewässerung, Pflanzen und Nahrung, Siedlung und Wohnkultur, Wirtschaftsleben und Berufe, Militär und Verwaltung sowie die Wissenschaft. Bezieht man die Bereiche ein, in denen Arabismen seit dem ausgehenden Mittelalter geschwunden sind (Walsh 1967, 311–346, cf. 11.7), kommen Bezeichnungen für Steuern und Abgaben, Münzen, Maße, mineralische Heilmittel, Textilien und Bekleidung, Schmuck und Verzierungen, arabische Titel sowie Religion (Islam) hinzu.

Aufgrund der Fülle des Materials, das im *Dictionnaire des emprunts ibéro-romans* (Corriente/Pereira/Vicente 2019) inventarisiert ist, wollen wir uns an dieser Stelle auf die allgemeinen Verhältnisse beschränken und einige Beispiele zusammenfassen, die in diesem Arbeitsheft zum Teil an anderer Stelle behandelt werden. Eine kleine Auswahl an Appellativen präsentieren Kontzi (1998, 336) und Montero Muñoz (2006, 1659). Zu Urbanismus und Wohnkultur existiert eine Monographie von Kiegel-Keicher (2005).

5.3.1.1 Landwirtschaft und Bewässerung

sp. *aceña* 'Schöpfrad' < ar. *as-sāniya*, sp. *acequia* 'Bewässerungsgraben' < ar. *as-sāqiya*, sp. *aljibe* 'Zisterne' < ar. *al-ǧubb* (Pl. *ǧibāb*), sp. *azud* 'Stauschleuse' < ar. *as-sadd*, sp. *noria* 'Schöpfrad' < ar. *nāʿūra*

5.3.1.2 Pflanzen und Nahrung

sp. *algodón* < hispar. *al-quṭún* / ar. *al-quṭn*, sp. *azucena* 'weiße Lilie' < ar. *sūsan*, sp. *adelfa* 'Orleander' < ar. *ad-diflà* (cf. auch 5.7.1.und 5.7.2); sp. *aceite* 'Öl' < ar. *az-zayt*, sp. *alubia* < ar. *lūbiyāʾ*, sp. *arroz* 'Reis' < hispar. *arrauz* / ar. *ʾaruzz*, sp. *azúcar* < ar. *as-sukkar*, *berenjena* 'Aubergine' < ar. *bāḏinǧān*

5.3.1.3 Siedlung und Wohnkultur

sp. *aldea* 'Dorf' < ar. *aḍ-ḍayʿa*, sp. *barrio* 'Stadtteil' < ar. *barrī* 'ländlich'; sp. *aldaba* 'Türklopfer, Türriegel' < ar. *aḍ-ḍabba* 'Türriegel', sp. *alfombra* < hispar. *al-ḥanbal* 'Wollteppich', sp. *almohada* < hispar. *al-muḫadda* / ar. *al-miḫadda*, sp. *zaguán* 'Hausflur, Vorhalle' < ar. *ʾusṭuwāna* 'Säulenhalle'

5.3.1.4 Wirtschaftsleben und Berufe

sp. *aduana* < ar. *ad-dīwān* 'Amt, Kanzlei', sp. *alhóndiga* 'Kornmarkt' < hispar. *alfundaq* 'Warenlager' / ar. *al-funduq* 'Herberge', sp. *almacén* 'Geschäft' < ar. *al-maḫzan* 'Lager, Depot'; sp. *alarife* 'Baumeister' < ar. *al-ʿarīf* 'Experte', sp. *albañil* 'Maurer' < hispar. *al-banní* / ar. *al-bannāʾ*, sp. *alfajeme* 'Barbier' < ar. *al-ḥaǧǧām* 'Aderlasser'

5.3.1.5 Militär und Verwaltung

sp. *alférez* 'Leutnant zur See' < ar. *al-fāris* 'Reiter', sp. *almirante* 'Admiral' < ar. *amīr* 'Kommandant', sp. *atalaya* 'Wachturm' < ar. *aṭ-ṭalāʾiʿ* (Pl. von *aṭ-ṭalīʿa* 'Vorhut'); sp. *alcaide* 'Burgvogt, Kerkermeister' < ar. *al-qāʾid* 'Anführer', sp. *alcalde* 'Bürgermeister' < *ar. al-qāḍī* 'Richter', sp. *alguacil* 'Gerichtsbote' < ar. *al-wazīr* 'Wezir, Minister'

5.3.1.6 Wissenschaft

sp. *alambique* 'Destillierkolben' < ar. *al-anbīq* / *al-inbīq* 'Gefäß mit Schnabel', sp. *álgebra* < ar. (*ʿilm*) *al-ǧabr* '(Wissenschaft der) Algebra', sp. *alquimia* 'Alchemie' < ar. *al-kīmiyāʾ*, sp. *natrón* 'Natron' < ar. *naṭrūn*, sp. *cero* 'null' < ar. *ṣifr* 'leer'

Nachfolgend sollen noch einige Beispiele für Arabismen genannt werden, die im Spanischen ihren festen Platz haben: sp. *fulano*, *-a* 'Herr, Frau Soundso' beruht auf ar. *fulān* in gleicher Bedeutung. Wie im Deutschen 'Hinz und Kunz' tritt es auch in den Verbindungen *fulano y mengano* oder *fulano y zutano* auf. Dabei ist *mengano* ebenfalls arabischer Herkunft (< ar. *man kāna* 'wer auch immer').

Über die Schola Medica Salernitana (cf. 9.1) fand ar. *nuḫā*^{c} 'Rückenmark' im 11. Jh. Eingang ins Mittellatein (mlt. *nucha*, *nuca*) und wurde zu sp. *nuca* 'Nacken, Genick'. Die semantische Entwicklung von 'Rückenmark' zu 'Nacken' entstand durch Interferenz mit ar. *nuqra* 'Vertiefung, Loch', mit der hier die bogenförmige Linie in Verlängerung des Hinterkopfes gemeint ist.

Sp. *cifra* 'Ziffer' und *cero* gehen auf das gleiche Etymon zurück, nämlich ar. *ṣifr* 'leer'. Die für das Rechnen unabdingbare Null, die als Konzept aus Indien stammt, nahm in europäischen Sprachen den Weg über die latinisierte Form *zephirum* (cf. eng. *zero*).

Eine ungewöhnliche Etymologie, die Flora und Glücksspiel verbindet, hat sp. *azar* 'Zufall, Missgeschick'. Das Etymon ist ar. *az-zahr*, ein Kollektivum für 'Blumen' (cf. 3.3.1.2). Als *azahar* 'Orangenblüte' gelangte das Wort ins Spanische und bezeichnet heute in *Costa del Azahar* eine Küstenregion bei Valencia. Es sind Orangenblüten, die auf den Würfeln abgebildet waren, die über den Zufall (→ *azar*) das Glück im Spiel entschieden. Das Wort wanderte vom Spanischen ins Französische (fr. *le hasard*) und von dort ins Englische (eng. *hazard*).

Internationale Verbreitung über die Seefahrt hat auch das Etymon von sp. *avería* 'Panne, Schaden, Havarie' (Abl. *averiar*, *averiado*) gefunden. Ar. ^{c}*awār* 'Fehler, Makel, Riss, Unzulänglichkeit' dürfte über den Handel (→ fehlerhafte Waren; cf. sp. *fruta averiada*) ins Romanische gelangt sein. Italienisch, Katalanisch und Portugiesisch weisen die Form *avaria* auf. Möglicherweise lief die Entlehnung damit über das Italienische. Die heutige Bedeutung (des Substantivs) bezieht sich vorwiegend auf Schäden an Schiffen (cf. fr. *avarie*) – auch bei eng. *average* 'Havarie'. Aus dem finanziellen Ausgleich solcher Unfälle ergab sich dann der Inhalt 'Durchschnitt'.

Ein weiterer Internationalismus ist sp. *alcohol* < ar. *al-kuḥl* der mit agglutiniertem Artikel definitiv über das Spanische verbreitet wurde. Ar. *kuḥl* bezeichnet Antimon, das in Pulverform zum Schwärzen der Wimpern verwendet wurde und im Arabischen auch heute Wimperntusche bezeichnet. Über das Verfahren der Destillation und die Sprache der Alchemisten kam Alkohol zu seiner gegenwärtigen Bedeutung. Im marokkanischen Arabisch heißt 'Wein' *šṛab*. Zugrunde liegt ar. *šarāb* 'Getränk' (zu ar. *šariba* 'trinken'). Dies ist auch das Etymon von sp. *jarabe* 'Sirup, Hustensaft' und *jarope* 'Sirup'.

Sp. *asesino* 'Mörder' (Abl. *asesinar*, *asesinato*), das auch im Mittellatein vertreten ist (mlt. *assassinus*), hat weite Verbreitung in den europäischen Sprachen gefunden. Es geht auf ar. *ḥaššāšīn* zurück, den volkssprachlichen Plural (auf *-īn*; cf. 3.3.1.2) zu *ḥaššāš* 'Haschischkonsument'. Der inhaltliche Bezug wird über eine ismailitische Sekte hergestellt, die im 12. Jh. unter dem Einfluss von Haschisch politische Morde beging. Im *Diálogo de la lengua* (*Diálogo*, 197) bezeichnet Valdés *assassinar* 1535 als ein Wort, das er gern dem Italienischen entlehnen würde. Es gibt allerdings auch die frühen Belege *assesino* in den *Siete Partidas* (1265) (cf. 9.2) sowie *anxixín* aus der *Gran conquista de Ultramar* Ende des 13. Jhs. (cf. DCHEH, s.v. *asesino*), das mit <x> [ʃ] dem Etymon näherkommt.

Die Bildung von sp. *almirante* ‘Admiral’ und verwandten Formen in weiteren Sprachen ist nicht eindeutig geklärt. Als gesichert kann der Bestandteil ar. *amīr* ‘Prinz, Befehlshaber’ gelten. Im Hinblick auf die altspanische Variante *almiral* und fr. *amiral* stand eine Verkürzung (Ellipse) von ar. *amīr al-baḥr*, im Arabischen heute ‘(Vize)Admiral’, zu ar. *baḥr* ‘Meer’ im Raum. Die Bedeutung von *almirante* ist im Mittelalter allerdings nicht auf die Flotte festgelegt, manchmal erfolgt der Zusatz *de la mar*. Der Einschub von /l/ im Spanischen stellt eine Kontamination mit dem Artikel *al-* dar. It. *ammiraglio* zeigt die formale Übereinstimmung mit einem geläufigen Suffix (it. *-aglio* < lat. *-āculum*). Dies trifft gleichermaßen auf afr. *amirail* und kat. *amirall* zu. Somit darf man vielleicht auch im Spanischen eine Suffigierung mit *-ante* ansetzen.

Die Volksbezeichnung des Berberstamms der Zanāta, der im Maghreb und al-Andalus präsent war (ar. *zanāta*), liegt der Bildung von sp. *jinete* ‘(guter) Reiter; Reitpferd, Vollblut’ zugrunde. *Jinetear* bedeutet im amerikanischen Spanisch ‘(ein Pferd) zureiten’. Aus dem Bereich der arabischen Pferdezucht sind ansonsten nur noch Farbbezeichnungen bekannt (cf. 5.3.3.1).

Aus der Sprache des Militärs stammt sp. *zaga* < ar. *sāqa* ‘Nachhut’. Ursprünglich war dies auch die Bedeutung im Spanischen (heute: *retaguardia*). Heute bezieht sich das Wort auf den hinteren Teil einer Formation (→ sp. *quedarse a la zaga* ‘zurückbleiben’). In der jüngeren Vergangenheit entstand, wie bei sp. *azafata* (cf. 11.10), ein neuer Bezug: im Sport ist *zaga* die ‘Verteidigung’ und *zaguero* im Fußball der ‘Verteidiger’.

5.3.2 Verben

Der verhältnismäßig geringe Prozentsatz an entlehnten Verben (2,35% im DRAE, cf. 5.2) hat mit der Wurzelstruktur des Arabischen zu tun. Die Veränderlichkeit der Wurzel, die im Präsens mit Präfixen, Suffixen und Vokalwechsel operiert, erschwert die Identifikation einer verbalen Bezugsform für diejenigen, die in stammflektierenden, isolierenden oder agglutinierenden Sprachen mit einer vergleichsweise konstanten Basis vertraut sind (cf. 3.3.2).

Die Mehrzahl der 30 Verben arabischen Ursprungs im Spanischen (DRAE) besteht aus denominalen Ableitungen. Eine solche ist z.B. sp. *alicatar* ‘kacheln’ < ar. *al-qaṭ*^{c} ‘(das) Schneiden’, was sich wortgeschichtlich auf das Zuschneiden der Kacheln bezieht. Im Hinblick auf die Statistik ist anzumerken, dass sp. *ahorrar* auf der Grundlage von sp. *horro* (< ar. *ḫurr* ‘frei’) gebildet wurde und deshalb nicht primär als Arabismus geführt wird (cf. 5.4).

Direkte Ableitungen aus dem Arabischen liegen bei den 14 Verben vor, die auf *a-* anlauten (z.B. *adarvar, achacar, atracar*) und deshalb nicht mit dem IV. Verbalstamm in Verbindung gebracht werden können (cf. 3.3.2). Genuine Formen des IV. Stamms sind im Lehngut nicht vorhanden. Deshalb kann auch eine allgemeine morphologische Beeinflussung spanischer Verbformen auf *a-* ausgeschlossen werden.

5.3.3 Adjektive

Das Spanische hat aus dem Arabischen 130 Adjektive entlehnt (DRAE), von denen 30 zu den Relationsadjektiven auf *-í* gehören, die sich inhaltlich überwiegend auf die Herkunft aus der arabisch-islamischen Welt beziehen (cf. 3.3.3.1). Bei knapp 40% der Adjektive überschneidet sich die wortklassenbezogene Einordnung in Einzelbedeutungen mit der der Substantive. So bedeutet z.B. sp. *albaricoque* < hispar. *al-ba̱rqúq* < ar. *al-bu̱rqūq* sowohl 'Aprikose' als auch 'aprikosenfarben' (cf. 5.5.1). Das Adjektiv mit der Farbsemantik wurde in diesem Fall im Spanischen durch Konversion abgeleitet.

5.3.3.1 Farbbezeichnungen

Bei zwei Farbbezeichnungen (cf. 3.3.3.2) ergibt sich eine Parallele zu Pferdefarben, die das Französische und zum Teil auch das Iberoromanische aus dem Germanischen übernommen hat. So bedeutet sp. *zaino* < ar. *saḥmāʾ* (f.) zu *asḥam* (m.) 'schwarz' auf Pferde bezogen 'dunkelbraun' und bei Stieren wiederum 'schwarz'. Sp. *alazán* 'zimtfarben, rotbraun' < ar. *al+aṣhab* (m.) bezeichnet auch das Pferd, das man 'Fuchs' nennt (cf. dt. *fuchsrot*).

Es existieren auch verschiedene Schattierungen von blau, was möglicherweise daran liegt, dass lat. *caeruleus* 'wasserblau' und *ceasius* 'graublau' nicht fortlebten. Genuin arabischer Herkunft ist sp. *zarco*, *-a* '(Augen) hellblau' < ar. *zarqāʾ* (f.) zu *azraq* (m.) 'blau'. Sp. *azul* < ar. *lāzaward* 'Lasurstein, Lapislazuli' dürfte aufgrund der Deglutination von /l/ über mlt. *azur(ium)* übernommen worden sein (cf. pg. *azul*, fr. *azur* 'himmelblau'; cf. 5.5.2). Sp. *añil* 'indigoblau' leitet sich aus der Pflanze ab (ar. *an-nīl*), aus der man den gleichnamigen Farbstoff gewann. Auf das Färben von Kleidung bezieht sich auch sp. *carmesí* 'purpurrot' < hispar. *qarmazí* < ar. *qirmizī*, das als Relationsadjektiv ar. *qirmiz* zur Grundlage hat. Dabei handelt es sich um die Kermesschildlaus.

Ungewöhnlich ist die semantische Verbindung, die sp. *aceituní* als Adjektiv in der Bedeutung 'olivfarben' mit 'orientalischem Seidenstoff' als Substantiv verknüpft. Die Bildung leitet aus ar. *az-zaytūn* 'Oliven' in Kombination mit dem Nisba-Suffix *-í* ab (cf. 3.3.3.1). Das genuin arabische Adjektiv heißt hingegen *zaytūnī*. Der Bezug zu dem im Mittelalter beliebten Seidenstoff ergab sich über die chinesische Hafenstadt Guangzhou, die man wegen ihrer Holzölbäume (Tungölbäume) im Arabischen *Zaytūn* nannte. Von dort wurde Seide nach Arabien verschifft.

5.3.3.2 Negativ besetzte Adjektive

Unter den Adjektiven arabischer Herkunft befinden sich einige Vertreter, die negative Eigenschaften ausdrücken. Beispiele für Trägheit sind sp. *harón* < ar. *ḥarūn* 'widerwillig', sp. *gandul* < hispar. *ġandúl* < ar. *ġundur* 'plump' und *haragán*, das möglicherweise aus der (hisp)ar. Interjektion *ḫarā kān* '¡qué mierda!' gebildet wurde. Auch sp. *holgazán* 'faul' wird in der Regel als Arabismus geführt. In erster Linie besteht jedoch eine Beziehung zu sp. *holgar* 'ruhen', wobei es bezüglich der Endung *-án* eine Überschneidung mit ar. *kaslān* 'faul' gegeben haben könnte. Sp. *zahareño* 'barsch, störrisch' leitet sich von ar. *ṣaḫrī* 'felsig' zu < *ṣaḫr* 'Felsen' ab.

Manchmal führte erst die Entwicklung im 16. Jh. zur Bedeutungsverschlechterung wie bei sp. *mezquino* 'geizig' < ar. *miskīn* 'arm' (cf. 11.10). Dies betrifft auch das heute nicht mehr geläufige sp. *hacino* < ar. *ḥazīn* 'traurig', das im Spanischen die Nebenbedeutung 'geizig' herausbildete.

5.3.4 Strukturwörter und Interjektionen

Struktur- bzw. Funktionswörter (Artikel, Pronomina, Präpositionen, Konjunktionen, Hilfs- und Modalverben) werden nur selten entlehnt. Die einzige Übernahme aus dem Arabischen in diesem Bereich ist sp. *hasta* (pg. *até*) < ar. *ḥattà* (cf. 3.2.2.1). Dabei wurden beide Bedeutungsinhalte übernommen, die der Präposition 'bis' und adverbiales 'selbst' (*hasta yo* 'selbst ich') (cf. Morera 1999).

Das Adverb *he* < ar. *hā* (mit Imala, cf. 3.2.1) dient im Spanischen als präsentative Partikel und tritt in Verbindungen auf wie *he (hete) aquí* 'hier ist' oder y *he aquí que (encontré la llave)* 'und siehe da, (ich habe den Schlüssel gefunden)'. Im *Cantar de Mio Cid* kommt es in Variationen vor, z.B. als *afevos...* (Z 262) 'da seht ihr...', mit prothetischem *a-* und der Alternanz von *f* und *h* (cf. 3.2.2.3). Ein weiteres Adverb ist sp. *marras* < ar. *marra* 'Mal' (*marra wāḥida* 'einmal'), das sich auf (hinlänglich) Bekanntes bezieht (*lo de marras* 'das alte Thema', *la persona de marras* 'die besagte Person'). Die Bedeutung 'ehemals' ist außer Gebrauch.

Die Interjektion *ojalá* (*ojalá estuvieras aquí* 'wenn du nur hier wärst'), bis zum 18. Jh. mit dem Konjunktiv Futur konstruiert (*ojalá estuvieres aquí*), geht auf das arabische Syntagma وشاء الله *wa šāʾa 'l-Lah* 'so möge (es) Gott (geben)...' zurück (pg. *oxalá*). Der Nexus [wa] wurde wie [au̯] monophthongiert, [x] ergibt sich aus asp. [ʃ] (cf. 3.2.2.2). Im Arabischen frequenter ist die bekannte Formel *in šāʾa 'l-Lah* 'wenn Gott will', die allen Aussagen zu künftigen Ereignissen folgt (cf. sp. *si Dios quiere*).

Im Altspanischen tritt darüber hinaus die mit dem Adverb *ya* homonyme Partikel *ya* < ar. *yā* auf (cf. Álvarez Blanco 2019), die als Vokativ mit der Anrede verbunden wird: ar. *yā sayyidī* 'mein Herr'. Auch hier gibt es Beispiele im *Cantar de Mio Cid*: "¡Ya mugier ondrada, [...]" (Z 1647) 'verehrte Frau, [...]'. Der Titel dieses Epos weist die dialektale Form von ar. *sayyid* > hispar. *sid* → asp. *Cid* aus. *Mio Cid* ist eine hybride Form von ar. *sayyidī* (mit *-ī* als Possessivsuffix der 1. Pers. Sg.).

5.3.5 Phraseologie

Die Übernahme von Phraseologismen (Phrasemen), also feststehenden Wortverbindungen, ist nicht immer leicht nachzuweisen, denn die Sprachen der Welt entwickeln auch unabhängig voneinander parallele Formen des Ausdrucks. Ist z.B. sp. *tomar en consideración* ein Abbild von fr. *prendre en considération*, zumal eine direkte lateinische Vorlage dazu fehlt?

Granja (1976) hat überzeugend dokumentiert, dass sp. *llenar/henchir el ojo (a alguien)* '(sehr) gefallen, in den Bann ziehen' auf die synonyme arabische Wendung *malaʾa 'l-ayn*^{a}, wrtl. "das Auge (er)füllen", zurückgeht. Neben der semantischen Entsprechung der beiden Konstituenten sowie der Konstruktion mit dem Objekt im Singular kann Granja Belege anführen, die die Wendung im Arabischen bis ins Mittelalter und im Spanischen bis ins 16. Jh. zurückverfolgen.

Das Phrasem ist zudem im Katalanischen bedeutungsgleich (*omplir l'ull*) sowie, leicht verändert, im Portugiesischen vorhanden (*ser de encher os olhos* 'eine Augenweide sein'). Aber auch im Lateinischen findet man bei Sallust *implēre oculos* 'seine Augen weiden an' (cf. Georges, s.v. *oculus*), wobei *implēre* das Etymon zu sp. *henchir* und pg. *encher* darstellt. Dieser Fall verdeutlicht die Probleme der Rückführung von Phraseologismen, zumal Wendungen einem diachronen Bedeutungswandel unterliegen können. An der spanisch-arabischen Filiation sollte jedoch kaum Zweifel bestehen. Im Katalanischen kann es sich um einen Arabismus handeln oder aber um einen Einfluss des Spanischen.

5.4 Ableitungen

Arabismen haben im Spanischen auch Ableitungen gebildet, die etymologisch gesehen ebenfalls mit dem Arabischen in Verbindung stehen. In der Lexikographie werden sie allerdings unterschiedlich bewertet. Als Arabismen gelten sie, wenn sich im Spanischen keine weitere Entlehnung mit gleichem Etymon etabliert hat, von der die Ableitung ausgehen konnte. Ein Beispiel ist sp. *alicatar* 'kacheln', das mit seiner nominalen Basis im Arabischen angegeben wird (cf. 5.3.2). Sp. *ahorrar* 'sparen' (asp. *aforrar*) hingegen stellt eine Ableitung von sp. *horro* 'frei(gelassen)' zu ar. *ḥurr* 'frei' dar (cf. 3.3.2). Entsprechend erfolgt ein Verweis auf das Lemma *horro* (cf. DCECH, DRAE, *s.v.*). Nominell handelt es sich nicht um einen Arabismus. Das Verfahren ist nicht unlogisch, aber in beiden Fällen liegt eine Ableitung vor, die im Spanischen gebildet wurde.

Inhaltlich entfernen sich Ableitungen mehr oder weniger vom Grundkonzept des Etymons. Eine relative Nähe besteht z.B. bei sp. *azúcar* mit *azucarar* 'zuckern', *central azucarera* 'Zuckermühle, *remolacha azucarera* 'Zuckerrübe', *azucarero* 'Zuckerdose'. Ar. *qanṭara* bedeutet 'Bogen' und 'Bogenbrücke', was in romanischen Ortsnamen Niederschlag gefunden hat (*Alcántara*, cf. 6.1.5). Neben der fachsprachlichen Bedeutung (sp. *alcántara* → Teil eines Webstuhls, cf. 5.1.6) wurde das Diminutiv *alcantarilla* 'kleine, schmale Brücke; Steg' gebildet. Semantisch besteht ein Bezug zur Grundbedeutung, gleichzeitig bezeichnet das Wort aber auch einen Abwasserkanal oder eine Abzugsrinne. Die verbale Ableitung *alcantarillar* (*alcantarillear*) bedeutet 'entwässern', das Partizip Perfekt *alcantarillado* 'Kanalisation', *alcantarillero* mit dem Agenssuffix *-ero* ist der 'Kanalarbeiter'.

5.5 Hybridbildungen

Als Hybridbildungen werden Zusammensetzungen bezeichnet, die im Gegensatz zu Kompositionen Wortkreuzungen repräsentieren. Im Sprachkontakt handelt es sich um die Fusion von Elementen aus der Ausgangs- und der Zielsprache.

Dazu gehören Relationsadjektive mit dem arabischen Suffix *-í* (cf. 3.3.3.1), die nicht in genuinen Arabismen auftreten, sondern analoge Nachbildungen darstellen (→ sp. *alfonsí*, *marroquí*, cf. 5.1.1). Auch die funktionslose Agglutination des arabischen Artikels *al-* an Basen romanischer Herkunft (→ *almena* 'Zinne', cf. 4.5.2) sowie bei Ortsnamen (→ *Al+puente*, cf. 6.1) fallen unter die Hybridbildungen. Weitere Verbindungen bestehen in Orts- und Gewässernamen wie *Aldea+nueva* (cf. 6.1) und *Guadiana* (cf. 6.2.2).

Ferner lassen sich Arabismen auch mit romanischen Affixen kombinieren. Diese Hybridbildungen stellen einerseits Ableitungen zu einer im Spanischen bereits vorhandenen Basis dar (*Guadarrama* → *Guadarramilla*, cf. 6.2.2). Andererseits zeigt sp. *zahareño* 'barsch, störrisch' (cf. 5.3.3.2), dass auch Wörter aus dem Arabischen herangezogen werden (→ ar. *ṣaḫrī* 'felsig' zu < *ṣaḫr* 'Felsen' + sp. *-eño* < lat. *-ineus*), ohne dass die Basis selbst eine Entlehnung darstellt.

5.6 Irrtümlich zugeordnete Arabismen

Die Bearbeitung von Arabismen und anderen "Exotismen" erweist sich in Veröffentlichungen, auch etymologischen Werken, in Bezug auf Lautung, dialektale Formen und sonstige Angaben nicht immer als adäquat. Mit seinen Publikationen hat der herausragende Arabist Federico Corriente einen entscheidenden Beitrag zur Kenntnis der Arabismen auf der Iberischen Halbinsel und zur Korrektur von Fehlern, z.B. im DRAE, geleistet.

Im *Dictionary of Arabic and Allied Loanwords* präsentiert Corriente eine Liste mit Einträgen, die irrtümlich für Arabismen gehalten wurden (Corriente 2008, 581–592). Dazu gehören Wörter, die eine grundsätzlich umstrittene Etymologie besitzen wie sp. *valija* 'Handkoffer' (cf. it *valigia*, fr. *valise*). Ar. *walīḫa* 'Sack' wäre als Etymon schon aufgrund der erwartbaren Entwicklung von ar. *wa-* zu rom. *gua-* auszuschließen (cf. 3.2.2.4).

Sp. *cursi* 'affektiert' deutet mit dem ungewöhnlichen Auslaut *-i* auf eine Entlehnung hin, kann aufgrund der Semantik aber wohl kaum von ar. *kursī* 'Stuhl' stammen. Das Beispiel ist erhellend, denn es werden in der Linguistik immer wieder

Strukturen aufeinander bezogen, allein weil sie formal gleich oder ähnlich erscheinen. Bei sp. *grisgrís* 'especie de amuleto o nómina supersticiosa de los moriscos' liegt es offensichtlich an der Bedeutung, dass auch die 23. Auflage des DRAE den Ursprung in ar. *ḥirz* 'Amulett' sieht (*s.v.*). Anlautendes ar. *ḥ-* zu rom. *g-* und eine Metathese werden dafür vorausgesetzt. Das Portugiesische und das Französische kennen *grigri* ebenfalls. Es wird auf das subsaharische Afrika zurückgeführt.

5.7 Das Arabische als Vermittlersprache

Wie in Kap. 5.1.3 ausgeführt, lassen sich Entlehnungen, die verschiedene Sprachen durchwandert haben, zum einen direkt der unmittelbaren Gebersprache zuordnen (lat. *etymologia proxima*). Dies liegt nahe, wenn die Gebersprache einen prägenden (phonetischen, morphologischen, semantischen) Einfluss ausgeübt hat. Zum anderen besteht die Option, auf den eigentlichen Ursprung der Wanderung abzuheben (lat. *etymologia remota*).

Einen formalen Anhaltspunkt dafür, dass es sich bei einem Arabismus um die Übernahme aus einer Drittsprache handelt, bietet die Wurzelstruktur. Arabische Wurzeln bestehen in der Regel aus zwei oder drei Konsonanten. Bei vier Konsonanten könnte es eine Entlehnung sein. Dies ist z.B. der Fall bei sp. *alhóndiga* 'Kornmarkt' < hispar. *al-fundaq* 'Warenlager' < ar. *al-funduq* (Wurzel *f - n - d - q*) 'Herberge'. Zugrunde liegt gr. πανδοκεῖον (pandokéion) 'Herberge, Gasthaus'.

Durch die Verbindungen im Orient, die sich mit der Expansion des Islam schon bald bis nach Indien erstreckten, fungierte das Arabische im Mittelalter auf der Iberischen Halbinsel als Vermittlersprache für Entlehnungen aus dem Osten. Neben Wörtern aus dem Berberischen (cf. 2.4), den semitischen Sprachen (Aramäisch, Hebräisch), mit denen das Arabische genealogisch in Beziehung steht, haben im Lehngut des Spanischen vor allem das Griechische und das Persische eine gewisse Bedeutung. Corriente/Pereira/Vicente (2019, 561–625) listen im Anhang des *Dictionnaire des emprunts ibéro-romans* Wörter aus diversen Sprachen, die mit dem Iberoromanischen lexikalisch in Verbindung traten.

5.7.1 Arabismen griechischen Ursprungs

Gräzismen, die dem Spanischen über das Arabische vermittelt wurden, gelangten im Orient zum Teil über das Altsyrische/Aramäische ins Arabische. Entlehnungen wurden auch durch Übersetzungstätigkeit übertragen, denn an den wissenschaftlichen und philosophischen Schriften des antiken Griechenlands waren die Araber sehr interessiert (cf. 9.1).

Darüber hinaus bestand eine geographische Nachbarschaft zum Griechischen, die sich über die Byzantiner bis zur Eroberung Konstantinopels 1453 fortsetzte. Griechische Etyma zu Arabismen listen Corriente/Pereira/Vicente (2019, 600–602). Diese Einträge können auch Zwischenstationen auf dem Entlehnungsweg repräsentieren. Griechische Beispiele behandelt, mit nicht immer korrekter Zuordnung, Bergua Cavero (2004, 100–107).

Eine Reihe von Arabismen griechischer Herkunft weist den arabischen Artikel auf. Folgende Beispiele gehören der Flora an: sp. *acelga* 'Mangold' < ar. *as-silq* < gr. σικελή (sikelḗ) (f.) 'sizilianisch' (der Osten und Süden Siziliens haben eine lange gr. Tradition), sp. *adelfa* 'Rosenlorbeer, Oleander' < ar. *ad-diflà* < gr. δάφνη (dáphnē) 'Lorbeer', sp. *albaricoque* 'Aprikose' < hispar. *al-barqúq* < ar. *al-burqūq* < gr. βερικόκκιον (berikókkion). Der arabische Artikel sowie lautliche Anpassungen – wie z.B. bei gr. βερικόκκιον oder gr. σηπία (sepía) 'Tintenfisch' > lat. *sēpia* > hispar. *šíbiya* > asp. *xibia* > nsp. *jibia* – entfremden diese Wörter von ihrem griechischen Ursprung.

Aus dem Bereich der Wissenschaft stammen: sp. *alambique* 'Destillierkolben' < ar. *al-anbīq, al-inbīq* < gr. ἄμβιξ (ámbiks) 'Gefäß mit Schnabel', sp. *alquimia* 'Alchemie' < ar. *al-kīmiyāʾ* < gr. χυμεία (chyméia) 'Kunst der Metallverwandlung/Legierung', sp. *natrón* 'Natron' < ar. *naṭrūn* < gr. νίτρον (nítron).

5.7.2 Arabismen persischen Ursprungs

Das Persische ist eine indogermanische Sprache, die innerhalb dieser Sprachfamilie eine nähere Verwandtschaft mit dem Indischen aufweist. Man unterscheidet zur Zeit der Ausbreitung des Islam, die im 7. Jh. nach Persien (Iran) parallel zu der in Nordafrika erfolgte, Mittelpersisch und ab dem 9. Jh. Neupersisch.

Die arabische Schrift wurde in Persien übernommen, nicht aber die arabische Sprache. Man mag das Fortleben des Persischen mit dem Erhalt des Griechischen im Osten des Römischen Reiches vergleichen. Auch Persien war ein hochentwickelter Kulturraum, der seinerseits als Vermittler von Texten, Kenntnissen und Vokabular aus Indien fungierte. Diese Beziehungen spiegeln sich auch in Werken wie *Calila e Dimna* (cf. 9.2) und den Geschichten aus *Tausendundeine Nacht*. So weist z.B. das Schachspiel eine Filiation auf, die von sp. *ajedrez* über ar. *aš-šaṭranǧ*, mpers. *čatrang* zu sanskr. *čaturaṅga* führt. Sp. *jaque mate* 'schachmatt' setzt sich aus pers. *šāh* 'König' und ar. *māta* → 'der König ist tot' zusammen.

Sp. *taza* geht über ar. *ṭašt* 'Napf, Becken' auf mpers. *tašt* 'Schale, Becken' zurück. Im Hispanoarabischen wird die Form *ṭassa* angesetzt. Interessant ist die semantische Entwicklung zu 'Trinkgefäß mit Henkel' in europäischen Sprachen (cf. it. *tazza*, fr. *tasse*). Da das Arabische selbst das Wort *finǧān* verwendet, kann dies nur durch Konvention (→ kleine Gefäße) erfolgt sein, die bereits im Altspanischen bestand (asp. *taça*).

Von den Farbbezeichnungen (cf. 5.3.3.1) kamen über arabische Vermittlung aus dem Persischen sp. *añil* 'indigoblau' (ar. *an-nīl* < pers. *nīl*), sp. *azul* (ar. *lāzaward* 'Lasurstein, Lapislazuli' < pers. *lāǧaward*) und sp. *carmesí* 'purpurrot' (hispar. *qarmazí* < ar. *qirmizī* / ar. *qirmiz* 'Schildlaus' < pers. *kerm-e azi*, cf. Corriente/Pereira/Vicente (2019, *s.v.*). *Añil* lässt sich ins Sanskrit zurückverfolgen.

Der Jasmin, sp. *jazmín* < ar. *yāsamīn*, war zunächst in Asien verbreitet und findet seinen namentlichen Ursprung in mpers. *yāsaman*. Der Name der weißen Lilie, sp. *azucena* < ar. *sūsan* (cf. kat. *assutzena* vs. pg. *lírio branco*), geht auf pers. *susan* zurück. Lilien waren in Europa im Altertum bekannt. So ist die Übernahme der Bezeichnung im Spanischen (und Katalanischen) gewiss der orientalischen Gartenkultur auf der Iberischen Halbinsel zuzuschreiben.

Anders verhält es sich bei sp. *berenjena* 'Aubergine'. Dieses Gemüse wurde in Europa durch den Anbau in al-Andalus bekannt. Über ar. *bāḏinǧān* (Kollektivum, *bāḏinǧāna* 'eine Aubergine'; cf. 3.3.1.2) lässt es sich auf pers. *bādemǧān* zurückführen. Das deutsche Wort hat die gleiche Etymologie, nur ist der Ausgangspunkt der Entlehnung (über französische Vermittlung) die katalanische Variante *albergínia*. Diese trägt den agglutinierten arabischen Artikel (< ar. *al+bāḏinǧān*) und ging wohl aus einer synkopierten Form (hispar. **al-berǧina*) hervor.

Die Orange stammt, wie *Apfelsine* und der holländische Name *sinaasappel* zum Ausdruck bringen, aus China. Sp. *naranja* geht auf die persische Form *nāranǧ* 'Bitterorange' (Pomeranze) zurück, die im Arabischen identisch lautete. Bei it. *arancia* fehlt der konsonantische Anlaut. Dies ist auch bei fr. *orange*, beeinflusst von (*pomme d'*) *or* → 'Gold', der Fall. Im Portugiesischen wurde die genuine Abfolge *n – n* zu *l – n* dissimiliert (→ *laranja*). Im Arabischen bedeutet *nāranǧ* weiterhin 'Bitterorange', die Apfelsine jedoch wurde wiederum nach einem Land benannt und erhielt den Namen *burtuqāl* (Portugal), wie im Übrigen auch im Griechischen πορτοκάλι (portokáli).

Während sich dt. *Moslem* bzw. *Muslim* direkt auf ar. *muslim* bezieht (aktivisches Partizip zu ar. *aslama* 'sich dem Willen Gottes unterwerfen', cf. 3.3.1.3), erklärt sich sp. *musulmán, -a* nur über die persische Bildung *mosalmān*. Dies gilt auch für älteres dt. *Muselman(en)*.

Literaturhinweise

Im *Dictionnaire des emprunts ibéro-romans* (Corriente/Pereira/Vicente 2019) finden sich vergleichende Informationen zu den Arabismen mit diatopischen Varianten und weiterführenden Angaben. Es ist die aktuellste Version vorangegangener Publikationen, des *Diccionario de arabismos y voces afines en iberorromance* (Corriente 1999) und des *Dictionary of Arabic and Allied Loanwords* (Corriente 2008). Eine kleine Aufstellung, die nach arabischen Etyma (mit diversen Indices) angelegt wurde, bietet Kiesler (1994). Darüber hinaus steht der *Diccionario crítico etimológico castellano e hispánico* (DCECH) zur Verfügung. Bei Fragen, die die epochenbezogene Verwendung von Wortgut betreffen, liefert die als historisches Wörterbuch konzipierte *Enciclopedia del idioma* (EncId) von 1958 immer noch gute Dienste, auch wenn z.B. manche Datierungen überholt sind. Belege (mit Kontext) lassen sich über die diachron konzipierte Datenbank CORDE sowie den ebenfalls online-basierten *Diccionario del español medieval electrónico* (DEMel) zeitlich eingrenzen.

Aufgaben

1. Untersuchen Sie im *Dictionnaire des emprunts ibéro-romans* anhand der Liste der Latinismen (Corriente/Pereira/Vicente 2019, 605–608) Beziehungen zwischen dem Lateinischen und dem Arabischen wie z.B. bei lat. *cornus* und sp. *alcornoque*.
2. Verfolgen Sie die Entwicklung weiterer Farbbezeichnungen, die über das Arabische vermittelt wurden oder mit ihm in Verbindung stehen wie *albahío*, *aloque*, *ámbar*, *azúcar y canela*, *escarlata*, *lila*, *taheño*, *turquí*.
3. Falls Sie über Ihre Universität elektronischen Zugang zum *Dictionnaire des emprunts ibéro-romans* (Corriente/Pereira/Vicente 2019) haben, können Sie über die Suchfunktion (→ PDF) beliebige Abfragen vornehmen. Ermitteln z.B. weitere Gräzismen.
4. Überprüfen Sie die Etymologie von sp. *barbacana*. Welche Beziehung besteht zu sp. *vacarí*? Warum sollte man die Lemmazuordnung des DCECH bezüglich *vacarí* überdenken?

6 Onomastik

Die Anzahl der Arabismen, die in die spanische Onomastik einflossen, übersteigt deutlich die der Entlehnungen, die in den allgemeinen und thematischen Wortschatz aufgenommen wurden. Dabei geht es hauptsächlich um Toponyme und Hydronyme sowie um Sternnamen. Diese Elemente zählen zum spanischen Lexikon, da sie phonetisch und morphologisch adaptiert wurden und ihrerseits zum Teil auch Ableitungen bildeten. So bestand z.B. in historischer Perspektive für den Städtenamen *Calatayud* einerseits das Relationsadjektiv *calatayubí* mit arabischer Nisba-Endung (cf. 3.3.3.1), andererseits *calatayudense* mit spanischem Suffix (< lat. *-ēnsis*). Durchgesetzt hat sich in diesem Fall auf der Basis des ehemaligen römischen Namens Bilbilis letztlich *bilbilitano.*

Adjektivische Ableitungen von Eigennamen, die häufiger vorkommen, werden in die allgemeinen Wörterbücher aufgenommen, die Eigennamen selbst (außerhalb von etablierten Markennamen) in der Regel nicht. Dies trennt die Onomastik vom Kernbereich der Lexik. Eine weitere unterscheidende Komponente liegt darin, dass Namen im Spanischen meist keine Eigenbedeutung haben oder ggf. begrenzt motiviert sind, so dass Bildung und Bedeutungsinhalt oft intransparent bleiben. Dies betrifft zwar auch Elemente des allgemeinen Wortschatzes, jedoch in geringerem Maße.

Eine Besonderheit arabischer Namen besteht darin, dass sie im Gegensatz zu den romanischen in der Regel (teil)motiviert sind wie z.B. das zitierte *Calatayud* < ar. *qalᶜat ᵓAyyūb* ‘die Burg ᵓAyyubs (Hiobs)’. Bezeichnenderweise bedeutet im Arabischen *ism* sowohl ‘Name’ als auch ‘Substantiv’. Bei der Entlehnung solcher Elemente ins Spanische ist diese Motiviertheit wiederum aufgehoben und kann nur über die Etymologie wiederhergestellt werden.

6.1 Toponyme arabischer Prägung

In seinem Werk *Contribución a la toponimia árabe de España* behandelt Asín Palacios (1940) für Spanien (mit Katalonien und den Balearen) 1.868 unterschiedliche Toponyme arabischen Ursprungs (cf. Lautensach 1960, 11–12). Nach Lautensachs eigener Untersuchung (ibid., 24) beläuft sich die Zahl für das genannte Gebiet auf 2.343 topographische Namen (sowie 564 in Portugal). Dieses Volumen lässt sich noch erweitern, denn Lautensach hat nicht alle vorhandenen Bildungen aufgenommen. In Spanien existieren darüber hinaus 229 Formen mit dem Bestandteil *aldea* < ar. *aḍ-ḍayᶜa* ‘Weiler’ (ibid., 20). Dazu gehören beispielsweise im Raum Salamanca auch hybride Namen wie *Aldeanueva* und *Aldeagutiérrez*.

In der geographischen Verbreitung nimmt die Dichte arabischer und arabisierter Toponyme von Süden nach Norden beständig ab. In Galicien machen sie nur 2,1% der Ortsnamen aus – gegenüber 7,8% germanischer, 21,3% präromanischer und 67,1%

https://doi.org/10.1515/9783110697766-006

lateinisch-romanischer Herkunft (cf. Boullón Agrelo 2010, 50). Die numerische Verteilung lässt sich in etwa mit der lokalen Dauer der maurischen Herrschaft in Bezug setzen. Die größte Dichte mit über 20 Namen pro 1.000 km^2 besteht in Ostandalusien, ferner zwischen Almería und Valencia sowie auf den Balearen. Dort erreicht Mallorca mit respektive über 40 Toponymen arabischer Herkunft den Spitzenwert (cf. Lautensach 1960, Karte 1 und p. 26).

Sprachlich lassen sich die Toponyme unterscheiden in

- arabisierte Namen, deren heutige Form durch das Arabische geprägt wurde wie z.B. *Zaragoza* (*Caesarea Augusta* → ar. *Saraquṣṭa*) oder *Játiva* (Valencia, kat. *Xàtiva*) über ar. *Šāṭiba* aus dem (vor)römischen Namen *Saetabi(s)*. Mallorca hieß in römischer Zeit *Balearis maior* 'die größere (→ der Balearen)'. Die Araber, die die Insel bis 1229 hielten, gaben ihr den Namen *Mayurqa* – und nannten die Hauptstadt *Madinat Mayurqa* (ar. *madīna* 'Stadt').
- hybride Bildungen, z.B. mit dem agglutinierten arabischen Artikel, wie *Alpuente* (Valencia) und *Almonte* (Huelva). *Almonaster la Real* (Huelva) basiert auf der arabisierten Form *al-munastīr* zu sp. *monasterio*, ein Kloster, an dessen Stätte eine Moschee errichtet wurde. *Valdomar* (Lugo y Orense) verbindet gal. *val* (auch Kurzform für sp. *valle*) mit dem Vornamen *ᶜUmar*. Ähnlich ist es bei *Castielfabib* (Alicante) aus asp. *castiello* (14. Jh. → *castillo*; cf. auch kat. *castell*) und *Ḥabīb* (cf. 3.2.2.3, 7.2).
- rein arabische Namen aus Anthroponymen oder Sachbezeichnungen.

6.1.1 Exkurs: *Ceuta*

Das heutige Ceuta ist eine spanische Exklave auf afrikanischem Boden östlich der Straße von Gibraltar. Namentlich geht sie auf eine Befestigung zurück, die in römischer Zeit *Septem Fratres* 'sieben Brüder' hieß und damit wohl einen Bezug zu den umliegenden Bergspitzen herstellte. *Septem* wurde im Zuge der Ausbreitung des Islam maghrebinisch und erhielt im Arabischen den adaptierten Namen *Sabta*. Aus dem Arabischen stammt die Substitution von [p] durch [b].

Ein indirekter arabischer Einfluss zeigt sich im konsonantischen Anlaut von *Ceuta*, der aus asp. /ts/ hervorgeht. Die spanische Affrikate basiert auf dem prädorsalen arabischen /s/ (*Sabta*) wie z.B. bei *azúcar* [ts > θ] aus ar. *as-sukkar* (cf. 3.2). Spanisch ist die vorkonsonantische Vokalisierung von /b/, die analog zu asp. *cibdad* > nsp. *ciudad* ablief. Somit steht der Name *Ceuta* für einen Vorgang wechselseitiger sprachlicher Anpassung.

Ceuta wurde 1415 von den Portugiesen erobert und war Ausgangspunkt für die Entdeckungsfahrten entlang der afrikanischen Küste. Als Portugal 1580 für sechzig Jahre unter spanische Herrschaft kam (*Unión Ibérica*), fiel Ceuta dauerhaft an Spanien.

6.1.2 Toponyme im Umfeld arabischer Anthroponyme

In zwei Beiträgen hat Pocklington (2016, 2017) die Zusammensetzung von Ortsnamen untersucht, die Eingang in die arabophone Toponymie von al-Andalus gefunden hatten. Dem Aufsatz von 2017 liegen rund 570 arabische und berberische Personennamen (Anthroponyme) zugrunde, deren Konstituenten er in Transliteration und alphabetischer Anordnung listet. Darunter befinden sich 370 Eigennamen, 87 Berufsbezeichnungen, 58 Beinamen, 28 Orts- und Herkunftsbezeichnungen, 33 berberische Namen und 21 Kollektivbezeichnungen (Pocklington 2017, 62).

Allerdings fanden nur wenige davon in der spanischsprachigen Toponymie eine Fortsetzung. Dazu gehört – nicht als Anthroponym, sondern als beigeordnetes Element der Charakterisierung – der Eintrag *bayyāz*. Es ist das Etymon des granadinischen Stadtteils *Albaicín*, der auf ar. *al-bayyāzīn* 'die Falkner' zurückgeht. Morphologisch handelt es sich um das typische Wortbildungsmuster *fa*^{cc}*āl* für Berufsbezeichnungen (cf. 3.3.1.5) mit volkstümlichem Plural auf *-īn* (statt *-ūn*; cf. 3.3.1.2) und Imala (cf. 3.2.1). Bei Pedro de Alcalá lautet die Form 1505 "beyézi ĭn" (1883, s.v. *halconero*).

Arabische Personennamen flossen in verschiedene Bildungen ein. Dazu gehören Vornamen wie in *Tarifa* < ar. *Ṭarīf*, der Berber, der 710 den ersten Beutezug jenseits der Straße von Gibraltar befehligte. *Gibraltar* < ar. *ǧabal Ṭāriq* 'der Berg Tariks', des Statthalters von Tanger, der 711 die Eroberung der Iberischen Halbinsel einleitete, ist eine Beistellung im Status constructus (cf. 4.3.2, 6.2.2). Die hispanoarabische Form mit Imala (cf. 3.2.1) lautet *ǧibr* mit Rhotazismus im Nexus *-bl-* (> *-br-*).

Teil arabischer Personennamen ist die Nennung der direkten Abstammung, die sich bei Männern ursprünglich auf den erstgeborenen Sohn bezog und in der Form *abū* 'Vater von', aber auch patronymisch als *ibn* 'Sohn von' erkennbar wird. Dabei handelt es sich um eine Respektbezeugung, die im Umgang manchmal größere Bedeutung erlangt als der eigentliche Rufname. Es bestehen diverse Varianten wie z.B. kat. *Albuixech* (Valencia) < ar. *Abū Isḥāq* und *Abengibre* (Albacete) < ar. *Ibn Ǧabr*. Im Plural bildet *banū* 'Söhne des' in der volkssprachlichen obliquen Form *banī* (mit Imala → *Beni-*, cf. 3.2.1) die Grundlage für Stammesnamen, die sich als Ortsnamen etablierten wie *Benicasim* (kat. *Benicàssim*, Castellón) < (hisp)ar. *banī Qāsim*.

Toponyme mit genealogischem Bezug gehen vornehmlich auf die Berber zurück und sind in der (katalanischen) Levante häufig anzutreffen. In der Aufstellung von Asín Palacios (1940) sind 122 von insgesamt 219 solcher Toponyme dort beheimatet (cf. Lautensach 1960, 26). Unter den Bildungen gibt es auch Hybride wie *Benillup* (Valencia) in Verbindung mit kat. *llop* (sp. *lobo*; cf. dt. *Wolfssohn*) oder *Abenfigo* (Teruel) < ar. *ibn* und arag. *figo* (sp. *higo*). Die Übertragung von Eigen- bzw. Stammesnamen auf Ortsnamen ist nicht ungewöhnlich und sprachhistorisch auch aus Frankreich bekannt. So geht z.B. *Reims* auf den gallischen Stamm der Remer zurück (lat. *Rēmīs* 'bei den Remern').

6.1.3 Toponyme aus arabischen Sachbezeichnungen

Im ersten seiner beiden Beiträge stellte Pocklington (2016; cf. 6.1.2) ca. 700 hispano-arabische Lexeme, die in al-Andalus in arabophonen Ortsnamen belegt sind, in Transliteration mit Bedeutung und Quellenangaben zusammen. Wie bei den Anthroponymen (Pocklington 2017) befinden sich darunter nur zum Teil Bezeichnungen, die sich im Spanischen etabliert haben. Dazu gehört z.B. unter dem Eintrag *gurfa* die Kleinstadt *Algorfa* (Alicante) < ar. *al-ġurfa* 'Zimmer'. Die Beiträge Pocklingtons verdeutlichen, dass der relative Reichtum an Toponymen arabischer Herkunft auf der Iberischen Halbinsel letztlich ein reduziertes Abbild des ursprünglich vorhandenen Fundus darstellt.

Arabische Sachbezeichnungen sind in unterschiedlicher Form in die Toponymie der Iberischen Halbinsel eingeflossen. Eine inhaltliche Kategorisierung der Elemente nehmen Lautensach (1960, 16–19) und Vernet (1960, 569–571) vor. Es gibt auch Toponyme, die ursprünglich als Hydronyme gebildet und danach übertragen wurden (cf. 6.2.6).

Das genuine arabische Wort für 'Stadt' ist *madīna* und findet sich in *Medina del Campo* (Valladolid), *Medina Sidonia* (Cádiz) und weiteren kleinen Gemeinden wie *Medina de Pomar* (Burgos) wieder. Sp. *aldea* < ar. *aḍ-ḍay^{c}a* 'Weiler' ist Teil zahlreicher Ortsnamen (cf. 6.1, 3.2.2.5).

Städte mit befestigten Anlagen tragen arabische Namen, so *Calatayud* < ar. *qal^{c}at ^{ɔ}Ayyūb* 'die Burg ^{ɔ}Ayyubs (Hiobs)' oder *Alcázar del Rey* (Cuenca) < ar. *al-qaṣr* 'Burg, Palast' (zu lat. *castrum* 'Kastell, Fort'). *Alcazaba* < ar. *al-qaṣaba* 'Zitadelle' ist nicht nur eine Stadtfestung, sondern fand als *Pico Alcazaba*, einer der höchsten Berge der Sierra Nevada, Eingang in die Orographie.

Bei *La Atalaya* (Salamanca) zu sp. *atalaya* 'Wachturm' < ar. *aṭ-ṭalā^{ɔ}i^{c}* (Pl. von *aṭ-ṭalī^{c}a* 'Vorhut') liegt eine Bedeutungsverschiebung vor. Die militärische Vorhut zur Erkundung eines Geländes wurde gleichsam in einem erhöhten Beobachtungsplatz versinnbildlicht. *Alborge* (Zaragoza) < ar. *al-burǧ* 'Zitadelle, Turm' (cf. *burǧ al-^{c}arab* in Dubai) eröffnet eine indogermanische Perspektive. Sp. *burgo* 'Weiler' ist ein Germanismus, der über das Spätlateinische Verbreitung fand. Im Gegensatz zu ar. *qaṣr*, das den orientalischen Rückwanderer von lat. *castrum* darstellt, wurde ar. *burǧ* über eine Drittsprache entlehnt. Angesichts seiner Präsenz im indo-pakistanischen Raum und der Bedeutung 'Turm' kann es Griechisch (πύργος 'Turm') oder auch Mittelpersisch gewesen sein.

Die Himmelsrichtungen Osten und Westen treten in einer Reihe von Ortsnamen auf (cf. Walsh 1967). Der Name der Algarve beinhaltet ar. *al-ġarb* 'Westen'. Damit steht auch *Ġarb al-Andalus* in Verbindung, das in der historischen territorialen Einteilung des maurischen Herrschaftsgebiets die südliche Hälfte Portugals sowie den Westen des heutigen Andalusiens einschloss. *Jarque de Moncayo* (Zaragoza) geht auf ar. *aš-šarq* 'Osten' zurück. *Šarq al-Andalus* wiederum umfasste Gebiete am Mittelmeer, d.h. Murcia und Katalonien.

Auf die allgemeine Geographie bezogene Bezeichnungen arabischer Herkunft sind z.B. *Alcudia* (kat. *Alcúdia*, Mallorca) < ar. *al-kudya* 'Hügel', *Albacete* < ar. *basīṭ* 'flach' und *Algeciras* < ar. *al-ǧazīra* 'Insel, Halbinsel'. Al-Andalus wurde deshalb auch *Ǧazīrat al-Andalus* genannt. Der Plural (*al-ǧazāʾir*) hat sowohl Algier als auch Algerien den Namen gegeben.

6.1.4 Unsichere Etymologien

Da arabischen Namen in der Regel eine Bedeutung innewohnt, vereinfacht dies auch die Etymologisierung von Toponymen. Trotzdem gelangt man nicht immer zu einem eindeutigen Ergebnis. Der Name der Stadt *Almería* z.B. wird von Corriente/Pereira/Vicente (2022, *s.v.*) auf hispanoarabisches "*al+maríyya* « la fiancée dévoilée »" zurückgeführt. Sprachlicher Hintergrund ist das passivische Partizip *marʾīya* (f.) des Verbs *raʾà* 'sehen' (→ 'sichtbar'). Der Sachzusammenhang bezieht sich auf das Fallen des Brautschleiers bei der Verheiratung, das man sich bildlich übertragen auf den Anblick einer Küste (→ Almería) vorstellen muss.

Asín Palacios (1940, *s.v.*) gibt (hisp)ar. *al-marīya* mit der Bedeutung "la atalaya" an. De facto wird Almería bei dem arabischen Geographen al-Idrīsī Mitte des 12. Jhs. in der Form *al-marīya* erwähnt (cf. Dozy/Goeje 1866, 84, ar. Zählung), eine Wortbedeutung ergibt sich daraus jedoch nicht. Dozy/Goeje (ibid., 243, n. 3) verweisen in diesem Zusammenhang wiederum auf das Verb *raʾà*, das im Hispanoarabischen abgeleitet einen Wachturm bezeichnet haben soll. Angesichts der vorhandenen Entlehnung *atalaya* (cf. 6.1.4) scheint dies zunächst fraglich. Allerdings wird bei al-Idrīsī eine weitere Lokalität gleichen Namens erwähnt, die Zitadelle (*qaṣaba*) *marīyat balliš* (ibid., 199, ar. Zählung), die heute Torre del Mar (Málaga) heißt und zuvor *Atalaya de Vélez* (→ *balliš*) genannt wurde.

Eine der typischsten Landschaften Spaniens ist *La Mancha*. Asín Palacios (1940, s.v. *Mancha*) bringt den Namen als "alta planicie" mit ar. *manǧàn* in Verbindung, das 'Rückzugsort; Erhebung' (zu ar. *naǧā* 'sich retten, sicher sein') bedeutet. Auch wenn dies inhaltlich ungefähr zur Deckung gebracht werden kann, spricht die phonetische Entwicklung eher dagegen: ar. [(d)ʒ] wird im 16. Jh. stimmlos (→ [ʃ]) und verschiebt sich dann zu velarem [x] (z.B. ar. *Tāǧu* → sp. *Tajo*, cf. 6.2.).

6.1.5 Ein Beispiel weltweiter Verbreitung

Die Übernahme arabischer Namen hat in Verbindung mit der kolonialen Expansion Spaniens und Portugals zu einer weltweiten Verbreitung mancher Bezeichnungen geführt. *Alcántara* (Cáceres) ist ein Toponym, das die Möglichkeit einer Flussüberquerung anzeigt und etymologisch in ar. *al-qanṭara* 'Bogen' bzw. 'Bogenbrücke' liegt. Als Bestandteil weiterer Ortsnamen tritt es vor allem in der Extremadura auf (z.B. *San*

Vicente de Alcántara). Da in der Namengebung ursprünglich die Herkunft von Personen eine Rolle spielte, nimmt es nicht Wunder, dass *Alcántara* auch Anthroponym wurde (→ sp. *apellido*). Als Toponym wurde *Alcántara* nach Hispanoamerika (Venezuela, Chile) und auf die Philippinen (Cebu) getragen, es findet sich in Portugal (Lissabon) und im Nordosten Brasiliens (*Alcântara*, Maranhão). Auf Sizilien (*Alcantara* bzw. *Càntera*, Giardini-Naxos) und in Brasilien (*Rio Alcântara*, Rio de Janeiro) fand der Name metonymisch als Hydronym Verwendung.

6.2 Hydronyme arabischer Herkunft

Gewässernamen gehören den ältesten vorhandenen Sprachschichten an, da sie im Laufe der Geschichte ungeachtet der Machtverhältnisse und erfolgter Sprachwechsel meist beibehalten werden. Deshalb ist es zunächst erstaunlich, dass im Zuge der Eroberung der Iberischen Halbinsel durch die Mauren eine beachtliche Zahl von Hydronymen umbenannt oder übersetzt wurde. Lautensach (1960, 32) führt 290 arabische und arabisierte Flussnamen an. Allerdings bleibt anzumerken, dass der Reichtum an Wasserläufen auf der Iberischen Halbinsel im Vergleich mit dem angestammten Umfeld Nordafrikas und Arabiens ein Charakteristikum darstellte, das besondere Beachtung fand.

Terés (1986) behandelt in seiner Arbeit 436 Hydronyme, die er mit inhaltlichen Überschneidungen in drei Kategorien einteilt:

- 160 erscheinen in arabischen Quellen, sind sprachlich adaptiert, aber nicht arabischer Herkunft. Dazu gehört z.B. der *(nahr) Ṭulayṭula* (río de Toledo), ein anderer Name für den Tajo. Der Guadalquivir wurde von den Römern *Baetis* genannt und gab der südlichen hispanischen Provinz Baetica (→ Andalusien) den Namen. Auch er tritt in arabischen Schriften als *Bīṭa*, *Bīṭī* auf (ibid., 43).
- 77 Bezeichnungen gehen auf das Arabische zurück, lassen sich aufgrund der Quellenangabe lokal jedoch nicht immer genau zuweisen. So ist z.B. die Rede von einem *wādī* (auch *al-māʾ*) *al-ʾaḥmar* (‘der rote Fluss, das rote Wasser’), das in der Gegend von La Coruña verortet wird (Terés 1986, 189). Der gleiche Name mit der hispanisierten Form *Guadalimar* bezeichnet einen Fluss, der in der Provinz Jaén in den Guadalquivir mündet.
- Die größte Gruppe besteht aus 199 Hydronymen, die eine Verbindung mit *Guad-* < hispar. *wád* bilden (cf. 6.2.1). Darunter befinden sich rein arabische Namen, aber auch Hybridbildungen.

Wie bei den Toponymen nimmt die Frequenz der arabischen Hydronyme von Nord nach Süd zu (cf. Lautensach 1960, Karte 5). Im Norden der Iberischen Halbinsel fehlen arabische Flussnamen, ab der südlichen Mitte treten sie immer stärker in Erscheinung und bilden z.B. im Einzugsgebiet des Guadalquivir in Bezug auf nachgeordnete kleinere Gewässer zum Teil Namennetze.

Von den großen Strömen trägt nur der *Guadalquivir* (ar. *al-wādī 'l-kabīr* 'der große Fluss' einen rein arabischen Namen (cf. 6.2.3). Der Grenzfluss zu Portugal, *Guadiana*, ist eine mit einem Eigennamen verbundene Hybridbildung (cf. 6.2.2), während der *Tajo* (lat. *Tagus*, ar. *Tāğu*) lediglich phonetisch beeinflusst wurde (→ *ğ*, cf. 3.2.2.6). Davon abgesehen existierten arabisierte Namen wie *Duwayru* für den Duero (lat. *Durius*, pg. *Douro*), die in der Literatur zwar Erwähnung, als arabische Benennung jedoch keine Fortsetzung fanden. In diese Kategorie fallen 260 der 436 von Terés (1986) untersuchten Hydronyme.

6.2.1 *Guad-* und seine Varianten

Das bei vielen Hydronymen der Iberischen Halbinsel als erster Namensbestandteil auftretende Element *Guad-* geht im Arabischen auf die determinierte Form *wādī* bzw. hispar. *wắd* zurück. Das Wort bedeutet 'Tal', 'Flussbett' oder auch 'Schlucht', während die genuine Bezeichnung für 'Fluss' im Arabischen *nahr* lautet. Beide Termini wurden auf der Iberischen Halbinsel im Austausch gebraucht. Den Ebro nannte man *an-nahru 'l-kabīr*, den Duero *wādī Duwayru 'l-kabīr* (cf. Terés 1986, 41), ohne dass eine generelle Festlegung bestand. Ins Spanische übernommene Verbindungen mit ar. *nahr* gibt es jedoch nicht. Die hohe Frequenz von *Guad-* in der Hydronymie liegt wohl daran, dass hispar. *wắd* letztlich das volkstümlichere Wort war. Darüber hinaus trägt *wắd* von der Bedeutung her auch der Tatsache Rechnung, dass manche Flüsse und Bäche in heißen Zonen zeitweise mehr durch ihr Bett in Erscheinung treten als durch den ggf. spärlichen Wasserlauf.

In der hispanisierten Form *Guad-* wurde labiovelares ar. [w-] mit einem prothetischen, ebenfalls velaren [g] gestützt (→ [gwa-]). Phonotaktisch erklärt sich dies aus der Tatsache, dass das Spanische selbst den Nexus [u̯a-] im Anlaut vermeidet und heute nur in amerindischen Entlehnungen aufweist. Es gibt aber auch Alternanzen wie *Huabrắs* vs. *Guabrắs/Guadabrắs* (Jaén) (cf. Terés 1986, 243).

Guad- kennt als Varianten hauptsächlich *Gua-*, *Gad-*, *Ga-*, *Guat-*. Weitere graphische Formen sind historisch belegt (cf. Terés 1976, 1977). Für *Guadalajara* z.B. liegt aus dem Jahr 1107 *Guedalfaiara* vor (Terés 1986, 264), das Imala (cf. 6.2.3) und Alternanz von *f* und *h* (cf. 3.2.2.3) dokumentiert.

Eine Variante, die vorzugsweise im Süden Portugals und dem angrenzenden Andalusien auftritt, ist *Od-* (*Odi-*, *Ode-*), z.B. *Odiana*, der im Mittelalter geläufige Name für den *Guadiana*. Die Form kam durch den Verlust des anlautenden Labiovelars [w-] (hispar. *wắd*) unter Velarisierung von /a/ zustande, oder es trat in Anlehnung an die Entwicklung von lat. <au> eine Monophthongierung ein. Ein weiteres Beispiel ist *Odiel* (Huelva), das die Verbindung von *Od-* mit einem romanischen Diminutiv darstellt (cf. Asín Palacios 1940, *s.v.*).

6.2.2 Unterschiedliche Konstruktionen mit *Guad-*

Arabische Hydronyme auf *Guad-* treten meist als nominale Genitivverbindung (cf. Status constructus, 4.3.2) auf. Dabei kann der zweite Bestandteil ein Eigenname sein, was bei nicht arabischer Herkunft zu einer Hybridbildung führt (*Guadiana* < hispar. *wád(i)* + *Ānā, Anas, Yāna*). Es kann sich aber auch um eine Sachbezeichnung handeln (*Guadalajara* < hispar. *wád al-ḥağára* 'das Flussbett der Steine'). Darüber hinaus besteht die Möglichkeit, dass eine solche Verbindung zusammen mit einem romanischen Diminutivsuffix, wiederum zu einer Hybridbildung wird – wie *Guadarramilla* (Toledo) aus *Guadarrama* (cf. 6.2.6). Neben der nominalen Genitivverbindung tritt *Guad-* auch in Kombination mit einem attributiven Adjektiv auf.

Die ins Spanische übernommenen Formen, die ein Adjektiv beinhalten wie *Guadalquivir* und *Guadalimar*, könnte man auf den ersten Blick irrtümlich für eine Nominalgruppe halten, da sie mit artikellosem *Guad-* beginnen und *al* vor dem zweiten Element anschließen. Im Gegensatz zum nominalen Status constructus verlangt ein determiniertes Substantiv mit attributivem Adjektiv im Arabischen jedoch für beide Komponenten den bestimmten Artikel. Die Ausgangskonstruktionen lauten infolgedessen respektive hispar. *al-wád al-kibír* 'der große Fluss' und hispar. *al-wád al-ʾaḥmar* 'der rote Fluss'.

Um das Fehlen des Artikels vor *Guad-* bei den Verbindungen mit attributivem Adjektiv zu erklären, verweist Winet (2006, 237) unspezifisch auf eine dialektale Besonderheit des Arabischen. Dies ist letztlich nicht ganz auszuschließen. Corriente (1977, 122) spricht von Unregelmäßigkeiten im Gebrauch hispanoarabischer Formen, jedoch sind es verhältnismäßig späte bei Pedro de Alcalá (1505). Ein Schriftsteller des 15. Jhs. aus Granada wiederum erwähnt den *Gualalquivir* im Arabischen als *al-wīd al-kibīr* (cf. Terés 1977, 52) – mit der üblichen zweimaligen Setzung des Artikels. Im heutigen marokkanischen Arabisch kann ein Artikel zwar wegfallen, allerdings nur beim nachfolgenden Adjektiv, was nicht den Verhältnissen bei Hydronymen im Hispanoarabischen entspricht.

Man sollte berücksichtigen, dass die vielen substantivischen Verbindungen mit *Guad-* die Bildungen mit Adjektiv beeinflussen konnten und somit zu einer analogen Ausformung führten, ohne dass dies notwendigerweise auf das Arabische zurückgeht. Für die Anpassung in europäischen Sprachen lassen sich weitere Beispiele finden: So hat die algerische Küstenstadt *Mers el-Kébir* (cf. ar. *al-marsā 'l-kabīr* 'der große Ankerplatz') sowohl in der französischen als auch in der spanischen Form *Mazalquivir* des ursprünglich almohadischen Hafens den Artikel vor dem Nomen verloren. Auch *Ksar el-Kébir* (cf. ar. *al-qaṣr al-kabīr* 'die große Festung') im Nordwesten Marokkos weist in der französischen Version der maghrebinischen Dialektform ebenfalls keinen Artikel vor dem Nomen auf. Im Spanischen und Portugiesischen wiederum wurde der Artikel vor dem Nomen beibehalten und beim Adjektiv eingespart (cf. sp. *Alcazarquivir*, pg. *Alcácer-Quibir*). Dies liegt gewiss daran, dass *alcázar/alcácer* bereits als freie Formen bestanden.

6.2.3 Hispanoarabische Charakteristika in Flussnamen

In den Flussnamen spiegeln sich auch Merkmale des Hispanoarabischen. Dazu gehört der konstante Anlaut des arabischen Artikels *al* auf [ʾa-] (cf. 4.5.1), der von ar. *wādī ̱'l-qaṣr* > hispar. *wád a̱ḻ-qaṣr* zu *Guada̱ḻcázar* (Córdoba) führte. Der vokalische Anlaut setzte sich in der Regel auch gegen das auslautende *-ī* der determinierten Form *wādī* durch, die somit verkürzt als hispar. *wád* erscheint. Die einzige Ausnahme mit *-ī* besteht wohl in *Guadiana*. Allerdings existiert für den mit *wādī* verbundenen Eigennamen neben *Ānā*, *Anas* auch die Variante *Yāna*.

Bei den Hydronymen zeigt sich ferner eine Disposition zum kurzen Vokalismus auf /a/. So basiert *Guadalaja̱ra* auf hispar. *wád al-ḥa̱ǧára* 'das Flussbett der Steine' (anstatt ar. *ḥiǧāra*). In *Gue̱d-* für *Guad-* (→ *Guedalfaiara*) und weiteren Belegen (Terés 1986, 264ss.) zeigt sich die Imala (cf. 3.2.1). Das gilt auch für *Guadalqui̱vir* mit hispar. *ki̱bír* (statt ar. *kabīr*), falls es sich nicht um eine Metaphonie handelt.

6.2.4 Fragen der Etymologisierung

Arabische Quellen übertragen in Hydronymen auch vorromanische Namen, die in Verbindung mit den Formen von *Guad-* Hybridbildungen darstellen. Ihre Etymologisierung muss sich zum Teil auf die jeweilige sprachliche Zuordnung beschränken. So lässt sich *Guadaíra* (Sevilla) in hispar. *wád* und *Ayra* bzw. *Īra* segmentieren. Diese Alternanz ergibt sich aus den Graphien mit Alif (إ) + <y> (= <ī>) bzw. أ + <y> (= <ay>) (cf. Terés 1986, 299).

Für *Guadaíra* ist 1254 auch die Form *Aguadayra* belegt. Man könnte die hier zutage tretende romanische Inbezugsetzung mit *agua de* als Volksetymologie zu *Guad-* verstehen. In der Tat gibt es weitere Varianten dieser Art wie z.B. *Aguadalquivir* für *Guadalquivir* (ibid., 253–255).

Eine gewisse Überschneidung ergibt sich ferner zwischen hispar. *wád* und lat. *vadum* 'Furt' (sp. *vado*). Daher kann es bei der Bildung mancher Formen durchaus Interferenzen gegeben haben. Dies gilt auch für *val* (*de*) (→ Kurzform für *valle* < lat. *vallis*). Bei *Guadramiro* (Salamanca) ist es sogar möglich, dass der germanische Name *Valamirus* zugrunde liegt (cf. ibid., 256, 463).

6.2.5 Ein Hydronym aus arabischer Übersetzung

In Algeciras mündet ein kleiner Fluss, der im 11. Jh. bei dem Geographen al-^{c}Uḏrī als *wādī 'l-^{c}asal* erwähnt wird (cf. Terés 1986, 33). Sein heutiger Name ist *Río de la Miel*, was der arabischen Bedeutung entspricht. Der *Odiel* (Huelva) hatte den Beinamen *al-Milḥ* 'río de la sal' (Terés 1986, 44), der sich nicht durchsetzte.

6.2.6 Der Ausgriff von Hydronymen in die Toponomastik

Eine direkte Beziehung zwischen Hydronymen und Toponymen ergab sich in al-Andalus aus dem Umstand, dass Gewässer zum Teil auch nach Städten an ihren Ufern benannt wurden wie der *nahr Ṭulayṭula*, río de Toledo, der allgemein *Tajo* heißt. Etabliert hat sich der umgekehrte Vorgang, bei dem ein Fluss Namensgeber für eine Stadt oder Region wurde. Dies ist bei *Guadalajara* der Fall (cf. 6.2.2, 6.2.3). Der Name bezog sich auf den *Río Henares*, der auch *Guadalhemar* genannt wurde (cf. Terés 1986, 367). Heute bezeichnet *Guadalajara* die Stadt und gleichnamige Provinz in Castilla-La Mancha. Im Zuge der Kolonisierung Hispanoamerikas wurde der Name 1530 bei einer Stadtgründung in Jalisco (Mexiko) erneut vergeben.

Die *Sierra de Guadarrama* ist ein Gebirgszug, der sich nordwestlich von Madrid erstreckt und wie die Stadt *Guadarrama* die Bezeichnung des gleichnamigen Flusses übernommen hat. Das zugehörige Etymon ist hispar. *wád ar-raml* zu ar. *raml* 'Sand'. Die Stützung des auslautenden Nexus [-ml] durch /a/ ist die gleiche, die Barcelonas bekannte Promenade *Las Ramblas* (kat. *Les Rambles*) aus ar. *raml* erfahren hat.

Guadalupe (Extremadura) < hispar. *wád al-lubb* 'Wolfsfluss' zu sp. *lobo* ist ein hybrides Hydronym, das sich diversifiziert hat. In vielen Gegenden Hispanoamerikas, vor allem Mexikos, tritt es als Ortsname auf. Dies hat seinen Ursprung im Kloster von Guadalupe (Cáceres) und seiner "schwarzen Madonna", dem Marienkult der *Virgen de Guadalupe*. In der siegreichen Schlacht am Río Salado (Tarifa) 1340 gegen die marokkanischen Meriniden und die Naṣriden von Granada spielte sie eine große symbolische Rolle. Kolumbus benannte nach ihr die heute zu Frankreich gehörige Insel Guadeloupe. Auch ist die Madonna Patronin Mexikos und der indigenen Bevölkerung. *Guadalupe* dient zudem als weiblicher wie männlicher Vorname.

Der *Río Alhama*, der in Soria und La Rioja verläuft, leitet seinen Namen von ar. *al-ḥamma* 'Thermalquelle' ab. Mit diesem Wort steht ar. *ḥammām* 'Baderaum' in Verbindung. Die Thermen boten auch Anlass zur Bildung verschiedener Toponyme wie z.B. *Alhama de Almería*. Das bekannteste Beispiel ist wohl *Alfama*, die Altstadt Lissabons. Ar. *ᶜayn* 'Auge; Quelle' findet sich ebenfalls in Ortsnamen, so als Plural in *Gibraleón* (Huelva) < ar. *ǧabal al-ᶜuyūn* 'der Berg der Quellen'.

6.3 Sternnomenklatur arabischer Herkunft

6.3.1 Historischer Hintergrund

Der ursprüngliche Lebensraum der arabischen Stämme in ausgedehnten Wüstengebieten bot gute Voraussetzungen für die Beobachtung von Sternen. Dies fand auch eine praktische Anwendung bei der Orientierung auf Reisen und in der Navigation. Arabische Seefahrer und Händler waren bereits im 8. Jh. in Südostasien unterwegs, während man in Europa bis zum Beginn des Zeitalters der Entdeckungen aufgrund fehlender nautischer Kenntnisse und Instrumente vorwiegend Küstenschifffahrt betrieb.

Das zentrale Werk zu Mathematik und Astronomie in der Antike mit großer Bedeutung für das Mittelalter war der Almagest des Ptolemäus (2. Jh. n. Chr.) aus Alexandria. Das Werk wurde ins Arabische übersetzt und trägt heute noch seinen vom Arabischen beeinflussten Namen (ar. *al-maǧisṭī*, cf. gr. *megistē syntaxis* 'größte Zusammenstellung'). Auch die Araber verfassten Abhandlungen auf diesem Gebiet, die im 12. und 13. Jh. in der sog. Übersetzerschule von Toledo ins Lateinische und Altspanische übertragen wurden (cf. Kap. 9). Während sich die Nomenklatur der Sternbilder am Lateinischen ausrichtet und die Helligkeit der Sterne nach griechischen Buchstaben gegliedert wird (α, β, γ, δ), hat sich bei den Namen eine relativ große Zahl von Sternen mit arabischen Bezeichnungen erhalten.

Tallgren (1925, 635) spricht von 312 Arabismen, die in die alfonsinischen Schriften zur Astronomie übernommen wurden. In seinem Werk *Arabische Sternnamen in Europa* untersucht Kunitzsch 210 Benennungen, von denen rund 52% rein arabisch sind, während 39% aus übersetzten ptolemäischen Originalen und 9% durch Konjekturen oder Fehllesungen entstanden (Kunitzsch 1959, 27).

Die Verbindung zwischen der ptolemäischen und der arabischen Tradition lässt sich an der Darstellung des Sternbilds Kleiner Bär (lat. *Ursa Minor*, eigentlich 'Bärin', dt. auch "Kleiner Wagen") veranschaulichen. Es handelt sich um eine Konstellation aus sieben Gestirnen, die ein Trapez mit drei Sternen in der Verlängerung bilden, an deren Ende der Polarstern steht.

> Et dezimos que la figura primera que es la *ossa menor* a en ella .VII. estrellas. Las quatro son en el querpo. las dos delantreras son. la una en somo de la espalda diestra, et la otra en cabo de la dobladura del braço. et esta a nombre en aráuiguo *alfarçadem*. Et las otras dos que uienen en pos destas. es la una cabo las rennes. et a nombre en aráuiguo *annax*. et la otra en drecho del cabo del uientre. Et estas quatro estrellas llaman quadrángulo que quier tanto dezir cuemo quadra de quatro rincones, mas pero este non es drecho quadro porque es mas luengo que ancho. Et las otras tres estrellas son en la cola. Et llámanlas a todas *ben annax*. que quier tanto dezir cuemo fijos de aquella estrella á que llaman annax. (*Libros del saber de astronomía*, I, 15)

Das Trapez wird als Körper der Bärin beschrieben, wobei die beiden vorderen Fixpunkte (Sterne β und γ) den Namen *alfarçadem* tragen. Zugrunde liegt ar. *al-farqadān* 'die beiden Kälber', was mit ar. *-ān* dem Dual entspricht (cf. 3.3.1.2). Einer der beiden Sterne (γ) hat diesen Namen beibehalten. Er steht im Singular und lautet, mit <ph> griechisch anmutend, auch im Spanischen *Pherkad*.

Eine eigene Bezeichnung trägt das Trapez, das *annax* (ar. *an-naᶜš* 'die Bahre') genannt wird. Im zitierten Text bezieht sich der Name allerdings nur auf den Stern (ζ), an den sich die drei anschließen, die den Schwanz (*cola*) der Bärin (bzw. die Deichsel des Wagens) bilden. Entsprechend der Anordnung werden diese drei Gestirne *ben annax* (ar. *bānū* 'Söhne von [*annax*]') genannt. Im Arabischen selbst ist die Rede von *banāt* 'Töchter von [*annax*]', was bildlich eine Beziehung zwischen der 'Bahre' und nachfolgenden Klageweibern herstellt (cf. Kunitzsch 1959, 149–150). Diese Bezeichnungen haben in der heutigen Nomenklatur keine Bedeutung mehr.

6.3.2 Fehlübertragungen und sprachliche Anpassung

Dass die Sternnomenklatur durch Übersetzungen geprägt ist, wird an Fehlern in der Übertragung deutlich. So fällt gelegentlich das Ausbleiben der Assimilation des arabischen Artikels auf: sp. *Aldebarán* (pg. *Aldabarão*) < ar. *ad-dabarān* 'der [den Plejaden] nachfolgende [Stern]' erscheint mit anlautendem <al-> anstatt mit <ad->. Bei *Atair/Altair* (Sternbild Adler) < ar. *aṭ-ṭāʾir* 'Vogel' existieren die assimilierte und die nicht assimilierte Form (cf. 4.3.1).

Der Hauptstern des Orion (α Orionis) heißt im Spanischen *Betelgeuse*. Zugrunde liegt ar. *yad al- ǧawzāʾ* 'die Hand des Orion'. Offensichtlich wurde hier ar. يد <yd> mit بد <bd> verwechselt, da sich die Buchstaben im Anlaut nur durch einen diakritischen Punkt unterscheiden. Später wurde das Resultat <bed-> durch falsche Etymologisierung in <t> verändert. Ein Druckfehler führte schließlich zur deutschen Form *Beteigeuze* mit <i>. Da der zweite Stern (β) im Orion den gleichen Zusatz trägt (*Rigel* < ar. *riǧl al-ǧawzāʾ* 'der Fuß des Orion'), lässt sich das Missverständnis bei *Betelgeuse* leicht aufklären (cf. Kunitzsch 1959, 150–151).

Ergebnis einer Fehlübertragung ist auch der astronomische Fachterminus Zenit (sp. *cenit*) aus ar. *samt ar-raʾs* 'Scheitelpunkt' ["die Richtung des Kopfes"]. Dabei geht es z.B. um den senkrechten Sonnenstand im Hochsommer. In den alfonsinischen Texten erscheint das Wort einerseits als *cenit*, andererseits als *zont(e) de la(s) cabeça(s)*, das dem arabischen Etymon formal nähersteht. Die Verbreitung der Form mit <z> in weiteren europäischen Sprachen (pg. *zénite*, eng. *zenith*, fr. *zénith*, it. *zenit*) ist zusammen mit der Lesung <ni> für <m> gewiss über das Mittellatein erfolgt.

Wie sp. *cenit* zu ar. *samt ar-raʾs* stellen auch die Sternnamen *Rigel* und *Altair* im Vergleich mit der jeweiligen arabischen Ausgangsform Ellipsen dar. Bei *Altair* lautete der vollständige Name *an-nasr aṭ-ṭāʾir* 'der fliegende Adler' (ar. *ṭāʾir* ist strukturell gesehen ein aktivisches Partizip). Zu den Verkürzungen gesellt sich auch die *Vega* (Sternbild Leier), die ar. *an-nasr al-wāqi*^{c} 'der herabstoßende Adler' heißt, was einen Kontrast zu *an-nasr aṭ-ṭāʾir* darstellt. *Algol* (Sternbild Perseus) geht auf ar. *raʾs al-ġūl* 'der Kopf des Dämons' zurück. *Fomalhaut* (Sternbild Südlicher Fisch) schließlich kommt von ar. *fam al-ḥūt* 'Fischmaul' und wurde um das Attribut *al-ǧanūbī* → '[Maul des] südlichen [Fisches]' verkürzt. Die Kurzformen bedeuten eine Vereinfachung, die auch dem Zwecke leichterer sprachlicher Integration dienten.

Es fällt auf, dass die Sternnamen im Spanischen phonetisch nicht völlig adaptiert wurden. Neben komplexeren Formen wie *Betelgeuze* treten auch solche auf, die eine für das Spanische unübliche Auslautkonsonanz aufweisen – so z.B. auf [-b] bei *Algenib* (Sternbild Pegasus) aus ar. *al-ǧānib* 'Seite, Flanke'. Dazu gehört auch *cenit*, obwohl [-t] im Spanischen für <-d> regional auftritt.

Literaturhinweise

Die aktuellste Publikation zur Onomastik arabischer Herkunft ist von Corriente/Pereira/Vicente (2022), *Les toponymes et les anthroponymes d'origine arabe dans la Péninsule Ibérique*. Zwei Aufstellungen zu (hispano)arabischen Lexemen und Anthroponymen, die sich zum Teil in spanischen Ortsnamen wiederfinden, hat Pocklington vorgelegt (2016, 2017). Toponyme arabischer Herkunft in alphabetischer Reihung präsentieren Asín Palacios (1940) und Seco (1974). Die Beiträge von Lautensach (1960) und Vernet Ginés (1960) sind analytisch ausgerichtet. Einen nach den Regionen Spaniens konzipierten Sammelband zur Toponymie hat Gordón Peral (2010) herausgegeben. Er beinhaltet auch Verweise auf das Arabische samt Literaturangaben. Die umfangreichste Untersuchung zu den Hydronymen stammt von Terés (1986). Auch Lautensach (1960, 30–33) behandelt in Kürze (mit einer Karte) Flussnamen. Kunitzsch (1959, 1961) und Kunitzsch/Smart (2006) widmen sich der Sternnomenklatur.

Aufgaben

1. Stellen Sie anhand der einschlägigen Literaturangaben im Sammelband *Toponimia de España* (Gordón Peral 2010) arabische Ortsnamen in Aragón zusammen.
2. Lesen Sie den Aufsatz von Terés (1977), "La voz árabe «al-wādī» reflejada en documentos latinos y romances".
3. Überprüfen Sie (spanische) Namen und Etymologie der hellen Sterne (α) und (β) der zwölf Tierkreiszeichen. Welche davon stammen aus dem Arabischen, welche haben alternative oder hybride Namen? Die Sternbilder (sp. *constelaciones*) findet man auch über Wikipedia, beim etymologischen Abgleich helfen Kunitsch/Smart (2006). Kommentieren Sie die Namen arabischer Herkunft in Bezug auf die Regeln der spanischen Phonetik.

7 Die Jarchas

7.1 Herkunft und Bedeutung

Im Jahre 1948 veröffentlichte Samuel Stern in der Zeitschrift *Al-Andalus* einen Aufsatz über hebräische Dichtung. Im maurischen Spanien waren die hebräische Dichtung wie auch die Beschreibung dieser Sprache maßgeblich vom Vorbild des Arabischen beeinflusst. So ging es in dem Aufsatz (Stern 1948) um die arabische Literaturgattung der Muwaššaḥa (sp. *moaxaja*). Die gegenständliche Bedeutung 'mit einer Doppelreihe aus Edelsteinen und Perlen besetzten Schärpe geschmückt' bezieht sich auf die innere Struktur dieser volkstümlichen Lyrik, die ein Strophengedicht mit Refrain darstellt. Sprachlich liegt die Besonderheit in der Endstrophe, die nach ar. *ḫarǧa* 'Ausgang (des Gedichts)' im Spanischen *jarcha* genannt wird und volkssprachliche Elemente des Arabischen, aber auch des Iberoromanischen enthält. Romanische Formen treten in der arabischen Lyrik von al-Andalus zudem in der Gattung des Zaǧal (sp. *zéjel*, *céjel* < ar. *zaǧal*) auf, ein Strophengedicht, das die Muwaššaḥa imitiert, aber im Gegensatz zu ihr durchweg volkssprachlich abgefasst ist. Der bekannteste Vertreter des Zaǧal ist Ibn Quzmān (ca. 1078–1160).

Obwohl es schon im 19. Jh. Publikationen von Jarchas und Hinweise auf enthaltene romanische Elemente gab (cf. Stern 1953, XXIII), markierte Sterns Aufsatz von 1948 den Beginn der Forschung auf diesem Gebiet. Nur wenige Jahre nach der Publikation der hebräisch verschrifteten Jarchas (Stern 1948), veröffentlichte García Gómez (1952) die ersten Jarchas der arabischen Reihe. Die älteste Jarcha stammt aus der Mitte des 11. Jhs., die meisten wurden Ende des 11. und zu Beginn des 12. Jhs. verfasst. Damit gehören sie zu den frühesten Sprachdenkmälern des Spanischen in mozarabischer Varietät, die in Südspanien auf der alten Latinität der Baetica fußt und zu den historischen romanischen Dialekten zählt. Die Jarchas stellen darüber hinaus auch die ältesten Belege romanischer Strophendichtung dar. Inhaltlich ergeben sich Verbindungen zur galicisch-portugiesischen *cantiga de amigo* und zum mittelhochdeutschen Tagelied, denn die Thematik behandelt vorzugsweise die Klage einer jungen Frau über die Trennung von ihrem Geliebten.

In seinem Buch *Poesía dialectal árabe y romance en Alandalús* interpretiert Corriente neben Auszügen aus den *zéjeles* die 68 bekannten Jarchas der Muwaššaḥāt (Pl.), davon 42 aus der arabischen und 26 aus der hebräischen Reihe (Corriente 1997, 270–323). Seine Edition schließt einen Vergleich mit den Ausgaben von García Gómez (1965, 1975; cf. 1990) und Solá-Solé (1973) ein. Eine allseits nachvollziehbare Lektüre der arabischen Jarchas wurde erst mit der kommentierten Faksimile-Ausgabe von Jones (1988) möglich, der die Graphie verschiedener Manuskripte präsentiert. Die Darstellung der Graphie, die Spielraum für unterschiedliche Deutungen lässt, ist unabdingbar.

https://doi.org/10.1515/9783110697766-007

Das Interesse an einer Beschäftigung mit den Jarchas liegt in sprachwissenschaftlicher Perspektive in den Informationen, die sie zur Natur des Mozarabischen liefern. Zu dieser Varietät gibt es wenige indirekte Belege (cf. 8.1.2), denn die Schriftsprache der Mozaraber war Arabisch, Latein wurde kaum beherrscht, und die romanische Muttersprache hatte sich als Medium in diesem Umfeld noch nicht ausreichend konstituiert (cf. Kap. 2).

Das Mozarabische ging im Zuge der Reconquista verloren. Einerseits wurden Sprecher vor allem ab dem 11. Jh. in Gemeinschaften der christlichen Reiche integriert. Andererseits gab es im 13. Jh., als Andalusien erobert wurde, im Kerngebiet selbst keine Sprecher des Mozarabischen mehr. Deshalb ist das heutige Andalusisch auch keine Fortsetzung des Mozarabischen, sondern ein sekundärer Dialekt des Kastilischen, der sich mit der Südverschiebung dieser Varietät herausbildete (cf. 2.1.2.2).

Die Jarchas stellen eine der Grundlagen für die merkmalbezogene Charakterisierung des Mozarabischen dar. Die Tatsache, dass weder das arabische noch das hebräische Alphabet den romanischen Vokalismus adäquat abbilden können (cf. 3.1.1, 8.1.1), lässt großen Spielraum bei der Interpretation des Sprachmaterials. Während das Arabische bei Entlehnungen und Eigennamen aus westlichen Sprachen Vokale in der Regel durch Setzung von z.B. <y> und <w> andeutet, um dem Original näherzukommen, wird dieses Verfahren in den Jarchas nur spärlich angewendet. So erscheint sp. *como* als <km> und wird nicht etwa durch <kwmw> wiedergegeben. Auch die hebräische Notation folgt dieser Handhabung. Dies kann an der Vertrautheit mit dem Mozarabischen liegen. Die Jarchas sind ein klarer Beleg für die arabisch-romanische Zweisprachigkeit in al-Andalus.

Abgesehen von der dürftigen Darstellung des Vokalismus muss man berücksichtigen, dass bei der Abschrift der Jarchas in späterer Zeit Lesefehler auftraten, da jene Schreiber mit dem Romanischen nicht mehr vertraut waren. Ein diakritischer Punkt an der falschen Stelle macht im Arabischen aus einem <b> ein <n>, aus einem <f> ein <q>. Die arabische Reihe der Jarchas basiert auf nordafrikanischen Manuskripten aus der Mitte des 18. Jhs. und dem 19. Jh. (Jones 1988, 13–16). Die hebräische Reihe ist in der Wiedergabe verlässlicher.

In diesem Kapitel soll die Problematik, die sich bei der Lektüre der Jarchas ergibt, anhand je eines Beispiels aus der arabischen (cf. 7.2) und der hebräischen Reihe (cf. 7.3) mit Interpretation veranschaulicht werden. Die Charakterisierung des Mozarabischen schließt sich in Kap. 8 an.

7.2 Lektüre und Interpretation einer Jarcha (arabische Reihe)

Nachfolgend wird Jarcha 36 aus der arabischen Reihe (Zählung nach Corriente 1997, 303–304 und Jones 1988, 261–266) vorgestellt. Sie stammt von Ibn aṣ-Ṣayrafī (1074–1162), der zur Zeit der Almoraviden in Granada lebte (cf. 1.6).

In der linken Spalte steht die Transliteration von Galmés de Fuentes (1994, 34), daneben in Abgleich mit den Faksimiles bei Jones (1988, 262–266) unsere Notation. In Spalte 3 folgt die mit erschlossener Vokalisierung mögliche Form des Mozarabischen, ganz rechts die Übertragung ins Neuspanische.

Tab. 6: Jarcha 36 der arabischen Reihe (Zählung nach Corriente 1997)

	Galmés	Abgleich mit Jones	moz. Version	nsp. Version
1	bkʾlh ʾl-ᶜqd	bkālh ʾl-ᶜqd	Bokella al-ᶜiqdi,	Boquita de collar [de perlas],
2	dlǧ km ʾl-šhd	dlǧ [k]m ʾl-šhd	dolche kom(o) aš-šuhdi,	dulce como la miel,
3	bʾn bǧm	bān bǧm	ven, béǧame.	ven, bésame.
4	ḥbyb ǧy ᶜndy	ḥbyb ǧy ᶜndy	Ḥabībi, ǧi ᶜindi,	Mi querido, ven a mí,
5	ʾdwnm ʾmd	ʾdwnm ʾmnd	adúnam(e) amand[?],	júntateme amando,
6	k[m]ywm	kmyrm	ke móirome.	que me muero.

Das zentrale Problem bei der Lektüre ist die nur bedingte Verlässlichkeit der Manuskripte in Bezug auf die romanischen Anteile. Es gibt unvollständige Passagen, Zweideutigkeiten und Fehler, darunter auch irrtümliche Vokalisierungen. So wird *bokella* (Z 1) im Zaytūna-Manuskript als <bakālhu> notiert (Jones 1988, 262). Die Setzung der Kurzvokale <a> und <u> (cf. 3.1.1.) kann jedoch nicht dem Original entsprechen. Für das Femininum ist <-u> definitiv falsch, während /o/ in *bokella* (cf. sp. *boca*) anstatt mit <a> durch arabisches <u> wiederzugeben wäre. Im Passus ‘süß wie Honig’ (Z 2) erscheint <lm> und muss in <km> (→ *komo*) verbessert werden. Diese Unstimmigkeiten ergeben sich gewiss aus der Abschrift durch Personen, die mit den romanischen Elementen und ihrer Bedeutung nicht vertraut waren.

Zur Wiedergabe der arabischen Formen ist zu sagen, dass im Auslaut dialektal (→ andalusisches Arabisch) im Prinzip keine Langvokale auftreten. Dies haben wir in der mozarabischen Version berücksichtigt, geben in den nachfolgenden Erklärungen jedoch die genuinen arabischen Wortformen an.

Die arabischen Anteile sind bis auf einen Fall eindeutig zu identifizieren. Das in den Jarchas allgegenwärtige *ḥabībi* (Z 4) bedeutet ‘mein Geliebter’ (ar. *ḥabīb-ī* mit *-ī* als Possessivsuffix der 1. Pers. Sg.). Mit dem gleichen Personalsuffix erscheint *ᶜindi* (Z 4) zu ar. *ᶜind-ī* ‘bei mir’. *Al-ᶜiqd* (Z 1) ist die Halskette, die als Metapher für ein Lächeln steht und die Zähne mit aufgereihten Perlen vergleicht. Ar. *aš-šuhd* (Z 2) bedeutet Honig. Ar. *ǧi* (Z 4) steht für den Imperativ Sg. *iǧī* zu ar. *ǧāʾa* ‘kommen’. Die Form *adúnam(e)* (Z 5) wird überwiegend als Imperativ von sp. *adunar* ‘vereinen’ interpretiert. Nur Corriente (1997, 361) sieht darin den Imperativ von ar. *danā* ‘sich nähern’ (→ *adūnu-nī* ‘komm’ mir nahe’). In diesem Falle läge ein syntaktisches Hybrid vor, denn anstatt des im Arabischen zu erwartenden präpositionalen Anschlusses *min* mit Personalsuffix (→ *minnī* hier: ‘zu mir’) stünde sp. *me* als Objektpronomen enklitisch zum arabischen Verb. Dies widerspricht unter syntaktischen Gesichtspunkten allerdings den allgemeinen Regeln des Code-switchings und ist angesichts von sp. *adunar* formal auch nicht notwendig.

7.2.1 Lautung

Aus der Transliteration wird ersichtlich, dass der romanische Vokalismus der Jarcha weitgehend erschlossen ist. Ein klarer Hinweis ist jedoch die Schreibung <-h> (Z 1), die die reguläre Endung des Femininums *-a* im Arabischen anzeigt. Es handelt sich um das Grundzeichen für <h> ـه , das mit zwei zusätzlichen diakritischen Punkten notiert wird (ـة , cf. 3.3.1.1). Das Diakritikum bleibt in den Faksimiles der Jarcha allerdings ausgespart. Außer mit <-h> für *-a* sind keine weiteren romanischen Auslautvokale bezeichnet. Die Klammersetzung bei *kom(o) aš-šuhdi* (Z 2) und *adúnam(e)* (Z 5) imitiert den Rhythmus der Dichtung, der in den Zeilen 1–2 und 4–5 sechs Silben vorsieht. Das auf dem Arabischen basierende Schema der Jarcha entspricht *aabaab* (cf. Zwartjes 1997, 174).

Im Anlaut steht <ʾ> für ا Alif, das in dieser Position ohne Vokalisierung Träger für *a, i, u* sein kann. Bei *adúname* (Z 5) repräsentiert <a-> den Anlaut. In Mittelstellung wird Alif nach links verbunden (→ ـا) und repräsentiert <ā>. In der Wiedergabe des Romanischen steht es einerseits für [a], andererseits für [e], wie man an <bkālh> *bokella* (Z 1) und <bān> *ven* (Z 3) sieht. Durch die Imala (cf. 3.2.1) besteht zwischen /a/ und /e/ auch im Arabischen eine bedingte Entsprechung. Das <w> der arabischen Konsonantenschrift entspricht [w] oder [u:], in *adúname* (Z 5) also dem romanischen Tonvokal. Das <y> steht für [j] oder [i:] wie in <ḥbyb> für *ḥabībi* (Z 4).

Das Pendant zu sp. *dulce* erscheint als <dlğ> → *dolche* (Z 2). Der hier erschlossene Vokal /o/ fände in pg. *doce* und kat. *dolç* eine Entsprechung. Interessant ist die Affrikate [tʃ], die sich aus der Wiedergabe mit ar. ج [(d)ʒ] ergibt, da das stimmlose Pendant [tʃ] im Arabischen fehlt. Lat. $k^{e,i}$ wurde im Mozarabischen möglicherweise wie im Italienischen (cf. it. *dolce* [tʃ]) als präpalatale Affrikate artikuliert oder wie akast. [ts] (cf. 8.2.2.2).

Eine Analogie zum Portugiesischen (und bedingt zum Italienischen) ergibt sich aus *bēğame* (Z 3) (cf. lat. *basiāre* > pg. *beijar* [ʒ], it. *baciare* [tʃ] vs. sp. *besar*), welches fast der heutigen portugiesischen Form *beija-me* entspricht. Allerdings handelt es sich um eine Konjektur, denn die Abfolge <bğm> ist weitgehend erschlossen und stützt sich allein auf die Graphie im Zaytūna-Manuskript. In der Schriftprobe (s. Abb. 2) steht rechts <bān> für *ven*. Eigentümlich ist, dass der diakritische Punkt für ـب <b> unter den zweiten Buchstaben gesetzt wurde. Das mittige Alif ـا wiederum weist links einen Abstrich auf, als wäre es ein ـل <l>. Nur ن <n> erscheint regulär. Bei der anschließenden Ligatur, die <bğm> *bēğame* repräsentieren soll, versieht Jones (1988, 263) die mögliche Verbindung <sm> mit Fragezeichen und möchte sich über <-m> hinaus nicht festlegen. Mit etwas Phantasie könnte man <bğm> lesen, wenn man für

<b> und <ğ> jeweils ein Diakritikum ergänzt. Setzt man in der Rekonstruktion an die zweite Position <s> (→ <bsm> zu <sm>), erhält man mit *bésame* eine Form, die dem Spanischen entspräche.

Abb. 2: Jarcha-Schriftprobe nach Jones (1988, 263)

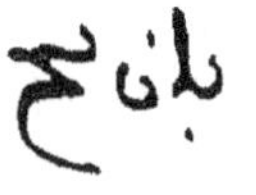

Das Diminutivsuffix *-ella* in *bokella* (Z 1) findet sprachhistorisch Parallelen (cf. lat. *culter* → *cultellus* 'Messerchen' > sp. *cuchillo*). In *Barranco de Boquella* (Valencia) tritt das Wort als Teil eines Toponyms auf. In Jarcha XIV (García Gómez 1990, 181) findet man zwei Hybridbildungen mit *-ella* (ar. Basis + rom. Suffix): *ğumella šaqrella* 'blondes Haarlöckchen' und *bokella ḥamrella* 'rotes Mündchen' zu ar. *ğumma* 'Locke' sowie *šaqrāʾ* (f.) 'blond' und *ḥamrāʾ* (f.) 'rot'.

7.2.2 Inhaltliche Variation

Aus den möglichen Lesarten ergeben sich auch für den Inhalt Variationen. In Zeile 5 kann <ʾdwnm ʾmnd> auf der Basis von sp. *adunar* in *adúnam(e) amand(o)* 'komm mir ganz nah in Liebe' aufgelöst werden. In dieser Version steht das Verb *amar* jedoch ohne Objekt. Demgegenüber schlägt Galmés de Fuentes (1994, 34) "ʾad-ūn me amand(o)" im Sinne von *aún me amando* 'und liebe mich weiter' vor. Die Alternative mit *adún* (nsp. *aún*) < lat. *adhūc* (in Verbindung mit paragogischem *-n* analog zu *non*) passt sich durchaus ein, denn *amand(o)* hat damit ein Objekt, und das Altspanische kennt die Form *adú* mit Erhalt des intervokalischen /d/.

Allerdings besteht darüber hinaus noch ein Problem mit dem Reim, der nicht außer Acht gelassen werden kann. Da das auf dem Arabischen basierende Schema der Jarcha *aabaab* lautet (cf. Zwartjes 1997, 174), wäre finales /o/ für *amando* ausgeschlossen, denn der Reim verlangt /-i/. Corriente (1997, 304, n. 201) setzt deswegen ein Verstummen des Auslautvokals mit paragogischem /-e/ an (→ *amande*). Eine Alternative, die auch García Gómez (1990, 379) in Betracht zieht, ist *amante* (→ *adúnam(e), amante*). Das Wort steht wiederum nicht in Einklang mit der Graphie <nd> und kommt in Jarcha 33 in der Form <ʾmnt> mit <t> vor (cf. Jones 1988, 247).

In Zeile 6 transliteriert Corriente (1997, 304) ar. <kmywm> mit *ke móirome*. Damit verbessert er, wie auch Jones (1988, 265), <w> durch <r> zur Folge <kmyrm>. Dies ist Voraussetzung für die Herleitung → *móirome* 'ich sterbe' (< lat. *morī* → vlt. *morire* und

**morio*, 1. Pers. Sg.). Die Form *moiro*, die sich durch Metathese ergibt, ist im Altportugiesischen belegt. Allerdings bereitet das Syntagma *ke móirome* wegen der enklitischen Stellung von *me* ein Problem. Die zur Vermeidung der unbetonten Erststellung eines Objektpronomens übliche Enklise kann es nach einleitendem *que* nicht geben (cf. nsp. *que me muero*). Im vorliegenden Fall ist es vielleicht dichterische Freiheit und eine Parallele zu *ven, bêğame* (Z 3).

Galmés de Fuentes (1994, 34) und Solá-Solé (1973, 269) interpretieren <kmywm> (Z 6) ohne Anpassung als *komo yaumin* 'como el otro día' zu ar. *ka yaumin* (ar. *ka* 'wie' und ar. *yaum* 'Tag'). Kontextuell entspräche dies: '[...] und liebe mich wie schon einmal'. García Gómez (1990, 379) wiederum geht von *ke huyóme* 'er hat mich gemieden' (cf. sp. *huir*) aus, ohne dass es jedoch eine Basis für die Graphie <h> gibt. Beide Vorschläge sind abwegig (cf. Jones 1988, 265), *ka yaumin* wegen der zugeschriebenen arabischen Bedeutung und *huir* graphisch wie kontextuell.

7.3 Lektüre und Interpretation einer Jarcha (hebräische Reihe)

Die nachfolgende Jarcha 2 der hebräischen Reihe (cf. Corriente 1997, 309) stammt von Jehuda Halevi (1070/75–1141), Arzt, Philosoph und einer der bekanntesten jüdischen Dichter von al-Andalus. Elf der zwanzig von Stern 1948 vorgestellten Jarchas wurden von ihm verfasst. Im Gegensatz zur arabischen Reihe lagen diese Gedichte bereits um die Wende zum 20. Jh. im Druck vor (Stern 1953, XXIII).

Tab. 7: Jarcha 2 der hebräischen Reihe (Zählung nach Corriente 1997)

	hebräischer Text	Transliteration	moz. Version	nsp. Version
1	גאר שיש דבינה	g'r šyš dbynh	Gar(re) si yes devina	Di si eres adivina,
2	אדבינש באלחק	'dbynš b' lḥq	e devinas b-al-ḥaqq.	y adivinas de verdad.
3	גארם כנד מברנאד	g'rm knd mbrn'd	Gár(re)me k(u)ando me vernád	Dime cuándo me vendrá
4	מן חביבי אסחק	mw ḥbyby 'sḥq	meu ḥabībi Isḥāq.	mi amigo Isḥāq.

Die Spalten neben der hebräischen Version beinhalten die Transliteration, die romanische Fassung und die Übersetzung ins Neuspanische (cf. Stern 1948, 310; Corriente 1997, 309). Unterschiedliche Lesarten gibt es nur im Falle von <šyš> (Z 1), das in zwei Manuskripten als <šwš> erscheint.

Folgende Formen sind arabisch: *ḥabībi* (Z 4; cf. 7.2) drückt das Possessivum zweifach aus, nämlich mit ar. *-ī* und moz. *meu*. Dabei kontrastiert *meu* (cf. pg. *meu* 'mein') mit asp. *miọ*. *Isḥāq* (Z 4) ist die arabische Form von Isaak. In der Wendung *b-al-ḥaqq* 'in der Tat' (Z 2) zu ar. *bi'l-ḥaqq* (ar. *ḥaqq* 'Recht') fällt *b-a̱l* mit dem im andalusischen Arabisch konstant unelidierten Anlaut des Artikels auf (cf. 4.5.1).

Gar(re), gár(re)me zu *garrir* (Z 1) 'plauden, schwatzen' ist in dieser Bedeutung im Spanischen heute ungebräuchlich, im Portugiesischen jedoch existent ('zwitschern, schwatzen; sich elegant kleiden'). In den Jarchas wird *garrir* wiederholt verwendet und scheint der Umgangssprache anzugehören, da Formen von *decir* nicht auftreten.

Bei der Verbindung <šyš> (*si* + *es*) (Z 1) liegt die 2. Pers. Sg. von *ser* vor, wie sie heute in pg. *és* 'du bist' besteht (im Gegensatz zu sp. *eres*, das auf das lat. Futur *eris* zurückgeht). Das Besondere ist die Diphthongierung von lat. /e/ (> *yes*), die auch in Jarcha 9 bei <yʾd> *yed* (< lat. *est*), der 3. Pers. Sg. auftritt (Stern 1948, 320). Die diphthongierten Formen entsprechen im Leonesischen und Aragonesischen respektive *yes* und *ye*. Die alternative Lesart <šwš> (Z 1) wäre in *gar(re), ¿sos devina?* aufzulösen. Dies kann jedoch nicht die 2. Pers. Pl. von *ser* sein, die im Altspanischen noch *sodes* (nsp. *sois*) lautet und im Übrigen kontextuell nicht zu dem vorangehenden Imperativ im Singular passt.

Devinar (*devinas*, Z 2) steht im Altspanischen für nsp. *adivinar* (apg. *devinnar*). Auch das Substantiv lautet *devina* 'Wahrsagerin' (Z 1). Hintergrund ist lat. *divināre* 'eine göttliche Eingebung haben'. Wie in der Jarcha der arabischen Reihe (cf. 7.2.1.1) weist das Graphem ה <-h> im Auslaut auf die feminine Endung -*a* hin.

Das Futur *vernád* (*vendrá*) (Z 3) zeigt eine altspanische Form, die ursprünglich *venrá* lautete, dann einer Metathese unterlag (*verná*) und schließlich den Gleitlaut /d/ integrierte. Diese Entwicklung folgt den Gesetzen des Silbenkontaktes. Der Auslaut auf /d/ ist ebenfalls ein Archaismus entsprechend der romanischen Futurbildung mit dem Infinitiv (*venir* > *venr-*) und einer Form von lat. *habēre* (*habet* → -*ád* > -*á*). Das Possessivadjektiv *meu* ist in dieser Form im Portugiesischen gebräuchlich (cf. asp. *miọ*).

Literaturhinweise

Für die Literaturrecherche stehen mit Hitchcock (1977) und Hitchcock/López-Morillas (1988) zwei spezielle Bibliographien zu den Jarchas zur Verfügung. Die beste Gesamtdarstellung der Thematik ist die von Corriente (1997) in Verbindung mit der Faksimile-Ausgabe von Jones (1988). Neben Corriente beinhalten García Gómez (1990) und Galmés de Fuentes (1994) Glossare zum Wortschatz der Jarchas. García Gómez (1990, [1]1965) stellt die Jarchas in den Kontext der Muwaššaḥāt, deren Endstrophen sie darstellen. Seine Ausgabe wird allerdings von Jones (1988, 4) sehr kritisiert. Einen sprachbeschreibenden Überblick über das in den Jarchas dokumentierte Mozarabische (*romance andalusí*) bietet Corriente (1995 und 1997, 336–372). Die literarischen Aspekte beleuchtet Zwartjes (1997).

Aufgaben

1. Welche lexikalischen Besonderheiten des Mozarabischen (*romance andalusí*) lassen sich anhand der Einträge im Glossar von Corriente (1997, 360–372) feststellen?
2. Informieren Sie sich über die Enklise unbetonter Objektpronomina in den mittelalterlichen Varietäten des Romanischen (Gesetz von Tobler und Mussafia), z.B. in einer historischen Syntax des Spanischen (Keniston 1937).

8 Das Romanische von al-Andalus (Mozarabisch)

Das Mozarabische (cf. Kap. 2.1.1) war die romanische Muttersprache der Christen, die in al-Andalus unter maurischer Herrschaft lebten (*mozárabes*). Im Süden des Landes geht sie auf die alte Latinität der Baetica zurück, ein Gebiet, das nach der Eroberung durch die Römer im 2. Jh. v. Chr. romanisiert wurde und eine urbane Kultur ausbildete.

Mozarabisch war wie Galicisch-Portugiesisch, Asturisch-Leonesisch, Kastilisch, Navarro-Aragonesisch und Katalanisch ein historischer romanischer Dialekt der Iberischen Halbinsel und eine der vier Varietäten, die dem Spanischen zuzurechnen sind. Im Spanischen existiert als Bezeichnung auch *romandalusí* bzw. *romance andalusí*. Damit vermeidet man einerseits die historisch-genealogische Verwechslung mit dem Arabischen, die sich aus der Verwendung von *mozárabe* ergeben kann, und umgeht mit *andalusí* im Kontrast zu *andaluz* andererseits die zu eng gefasste Begrenzung auf den geographischen Raum Andalusiens (cf. Kap. 2).

Neben den Christen verwendeten das Mozarabische als Muttersprache auch die zum Islam konvertierten Romanen (*muladíes*), solange sie nicht in späteren Jahren auf das Arabische übergingen. Bis zum Ende des 11. Jhs. blieb das gesprochene Mozarabisch in al-Andalus stabiler Teil einer Diglossie und wurde nicht zuletzt aufgrund der Verbindung von Mauren mit einheimischen Frauen weit über den Kreis der ehemalig autochthonen Bevölkerung hinaus beherrscht. Dabei sind Unterschiede zu berücksichtigen, die regional und diachron zum Tragen kamen. Durch das Voranschreiten der Reconquista entstand in Städten wie Toledo (1085) ein direkter Kontakt zwischen dem Mozarabischen der Stadtbevölkerung und dem Altkastilischen der Rückeroberer. In Andalusien war die Situation in der Endphase der Reconquista eine andere: Man geht davon aus, dass das Mozarabische im 13. Jh. dort nicht mehr verbreitet war, so dass das Kastilische maßgeblich zur Grundlage des heutigen Andalusischen wurde.

In diatopischer Sicht ist zu berücksichtigen, dass die Herausbildung der Sprachlandschaften auf der Iberischen Halbinsel, wie sie sich heute darstellen, zu einem guten Teil auf die Südverschiebung der nördlichen Varietäten während der Reconquista zurückzuführen ist. Angesichts der markanten Unterschiede, die zwischen den historischen Dialekten im Norden bestanden, kann der Kontrast zwischen dem Altkastilischen und der Romanität in al-Andalus allerdings nicht allein durch Entwicklungen entstanden sein, die erst mit der maurischen Eroberung im 8. Jh. eintraten.

Auch das Mozarabische war keine homogene Varietät, es handelte sich um ein Varietätenspektrum, das über ein beträchtliches Einzugsgebiet verfügte. Die Ost-West-Ausdehnung erstreckte sich vor dem 13. Jh. über die gesamte Breite der Iberischen Halbinsel und reichte im 8. Jh. im Norden bis zum Kantabrischen Gebirge, im 10. Jh. bis zum Duero. Dabei bestand gewiss auch ein Kontrast zwischen der alten Romanität der Baetica, die in al-Andalus mit dem administrative Zentrum Córdoba

https://doi.org/10.1515/9783110697766-008

verbunden war, und den mozarabischen Varietäten weiter im Norden. Galmés de Fuentes (1983) unterscheidet nach Quellenlage das Mozarabische von (a) Toledo, (b) Mallorca und Valencia, (c) Murcia, (d) Sevilla und (e) Granada.

Das Mozarabische ist mit dem linguistischen Erbe von al-Andalus insoweit verknüpft, als sich diese romanische Varietät aufgrund ihrer Schriftlosigkeit sozusagen im Schatten des Arabischen bewegte, die Epoche von al-Andalus nicht überdauerte und sich vorwiegend über arabische Quellen erschließen bzw. in Ansätzen rekonstruieren lässt. Dabei ergibt sich die interessante Frage nach der Stellung des Mozarabischen im Verhältnis zu den anderen romanischen Varietäten auf der Iberischen Halbinsel. Bei den nachfolgend behandelten sprachlichen Merkmalen handelt es sich um Charakteristika, die sich für den Varietätenvergleich besonders eignen. Bei der Einordnung muss grundsätzlich davon ausgegangen werden, dass es Varianten gab, die undokumentiert und somit unerwähnt geblieben sind.

8.1 Quellen des Romanischen von al-Andalus

8.1.1 Allgemeine Probleme der Interpretation

Da die Schriftsprache von al-Andalus Arabisch war und das lateinische Alphabet nur für das in al-Andalus wenig praktizierte Latein eingesetzt wurde, ist das Mozarabische überwiegend indirekt durch die Wiedergabe in arabischer Schrift belegt. Dieser Umstand bringt die bei der Behandlung der Jarchas (cf. Kap. 7) bereits diskutierten Probleme mit sich, die sich bei der Interpretation der Lautung ergeben. Die Aufzeichnung im arabischen Alphabet schränkt die Abbildung des romanischen Vokalismus stark ein, aber auch Konsonanten sind zum Teil nur näherungsweise zu erfassen. Bei der Darstellung des Romanischen in Fremdschrift konnte man sich auf eine gewisse Schreibertradition stützen. Die Umsetzung variierte jedoch und erfolgte auch nicht unbedingt immer konsequent.

Der Tonvokal eines romanischen Wortes lässt sich durch einem arabischen Langvokal markieren (cf. 3.1.1), z.B. /a/ und /e/ durch medianes ـا <ā>, dies ist jedoch nicht zwingend. Wenn bei Diphthongen nur einer der beiden Bestandteile im Schriftbild erscheint, bleibt im Einzelfall offen, ob z.B. <ie> und <ue> gemeint sind oder lediglich <e> und <u> bzw. <o>.

In den Fällen, in denen Diakritika gesetzt werden, lassen sich die Lautentsprechungen im Mozarabischen etwas eingrenzen. So stehen die Kurzvokale ar. /a/ ◌َ (*fatḥa*) für /a/ und /e/, ar. /i/ ◌ِ (*kasra*) für /i/ und ar. /u/ ◌ُ (*ḍamma*) für /o/ und /u/ (cf. 3.1.1). Um welchen Vokal es sich handelt, lässt sich dann anhand der heutigen spanischen Form oft erschließen und ist gerade bei <a/e> leicht zu entscheiden.

Im Konsonantismus weist das Verdopplungszeichen (ar. *šadda*) über dem <b> auf /p/ hin (→ < بّ > <bb>). Das Diakritikum wird gemäß dem Vorkommen von Langkonsonanten im Arabischen intervokalisch gesetzt (und z.B. nicht für <p-> am Wortanfang). Entsprechend kann geminiertes <ǧǧ> [(d)ʒ)] für [tʃ] stehen. Die Notationen <ll> und <nn> kennzeichnen respektive [ʎ] und [ɲ].

Weiterhin ist zu berücksichtigen, dass das Mozarabische als mündliche Varietät kaum normierenden Einflüssen unterlag, so dass man im Prinzip von einem gewissen Formenreichtum (Polymorphie) ausgehen muss, der jedoch nicht dokumentiert ist. Bei den Glossaren, die als Quellen zur Verfügung stehen, müssen die Verhältnisse im Mozarabischen über Entlehnungen erschlossen werden, die ins Hispanoarabische übernommen und adaptiert wurden. Im Falle des Mozarabischen von Granada liegen mindestens drei Jahrhunderte zwischen der Aufnahme einer romanischen Form (vor dem 13. Jh.) und ihrer Dokumentation zu Beginn des 16. Jhs. (cf. 8.1.2.4).

8.1.2 Quellenwerke für das Romanische von al-Andalus

Ähnlich den Verhältnissen, die auf das Vulgärlatein zutreffen, existieren keine Zeugnisse, die auf Mozarabisch abgefasst wurden. Es gibt nur Texte, die mozarabische Charakteristika enthalten oder auf solche hinweisen und in der Regel über die Verschriftung durch das Arabische vorliegen.

Ein frühes Referenzwerk ist das umfangreiche *Glosario de voces ibéricas y latinas usadas entre los mozárabes*, in dem Simonet (1888) die ihm zur Verfügung stehenden lateinischen und arabischen Quellen auswertete und nach mozarabischen Einträgen lateinschriftlich alphabetisierte. Dabei wurden zum Vergleich auch Formen aus verschiedenen romanischen Sprachen und Dialekten sowie z.B. dem Griechischen angeführt.

Sp. *cabaña* z.B. erscheint bei Simonet als “CABÁNA, pl. en ES, CABÁNNA, pl. en AX, CAPÁNA y CAPÁNNA” (ibid., s.v. *cabána*). Dieser Auszug wird verständlicher, wenn man <nn> mit nsp. <ñ> in Beziehung setzt und die Formen mit <p> als Replik von ar. <bb> sieht. Der Pluralform CABÁNNAX wird unvokalisiertes قبنش [<qbnš>] beigestellt, als toledanisch charakterisiert und mit Verweis auf CAPÁNNAS auf 1086 datiert. Interessant ist der Hinweis auf den Plural im Femininum auf *-es* für *cabána* im Gegensatz zu *-aš* für *cabánna* (= *cabaña*) (cf. 8.2.3.1).

Simonets *Glosario* ist ein Exzerpt und eignet sich heute nur nachrangig zur Konsultation. Allerdings beinhaltet es Quellen, für die bis heute keine eigene Ausgabe zur Verfügung steht. Vorzugsweise greift man auf die Quellenwerke selbst zurück. Diese liegen in verschiedenen Textsorten vor.

8.1.2.1 Zeugnisse aus der Literatur

Im 8. und 9. Jh. bestand für das Mozarabische noch ein lateinisches Schrifttum, das Gil unter dem Titel *Corpus Scriptorum Muzarabicorum* (CSM) zusammengetragen hat. Es enthält einige Hinweise auf die Lautung (cf. 8.2.2.1.3).

In arabischer Schrift liegen aus dem 11./12. Jh. die Endstrophen der *Muwaššaḥa*-Dichtung von al-Andalus vor, die Jarchas genannt werden. Sie enthalten volkssprachliche Elemente des Mozarabischen und des Hispanoarabischen. Daneben existiert mit dem *zéjel* eine weitere Gattung, die insgesamt volkstümlich ausgerichtet ist und ebenfalls Romanismen beinhaltet (cf. Kap. 7).

8.1.2.2 Zeugnisse aus Naturwissenschaft und Heilkunde

Ein bedeutendes Werk aus Naturwissenschaft und Heilkunde entstand gegen Ende des 11. Jhs. unter dem Titel *ᶜUmdat aṭ-ṭabīb*, das Vademecum des Arztes. Es beinhaltet eine umfängliche Beschreibung von 726 Pflanzen (nicht nur Heilpflanzen) mit ihren unterschiedlichen Namen, die Asín Palacios samt Erläuterungen 1943 als *Glosario de voces romances registradas por un botánico anónimo hispano-musulmán* (*Glos. bot.*) veröffentlichte. Das Einzugsgebiet der botanischen Betrachtungen konzentriert sich auf Andalusien, Südostportugal und Marokko (ibid., XI). Durch die fast durchgängige Vokalisierung der Romanismen erweist sich das Werk als sehr wertvolle Quelle, die viele Sprachbeispiele liefert (cf. 8.2).

8.1.2.3 Rechtsdokumente

Unter dem Titel *Los mozárabes de Toledo en los siglos XII y XIII* liegt eine einzigartige Sammlung von 1.051 auf Arabisch verfassten Dokumenten vor, die zwischen den Jahren 1083 und 1282 Käufe, Gebietsabgrenzungen, Schenkungen etc. beurkunden. Diese Sammlung wurde von González Palencia dreibändig (1926–28) zusammen mit einer Einführung (1930) herausgegeben und enthält auch mozarabisches Material (cf. Palencia).

8.1.2.4 Glossare

Bei den Glossaren, die neben dem *Glosario de voces romances registradas por un botánico anónimo hispano-musulmán* (cf. 8.1.2.2) zur Verfügung stehen, handelt es sich um Referenzwerke für das Arabische in al-Andalus. Folglich sind auch die enthaltenen Romanismen in erster Linie als Wörter des Hispanoarabischen anzusehen, die nur eingeschränkt Rückschlüsse auf das zugrunde liegende entlehnende Mozarabische gestatten. So sind in der Darstellung alle romanischen Auslautvokale bis auf /a/ ausgespart, was den Verhältnissen im Arabischen entspricht.

Aus dem 12. Jh. stammt das *Glossarium Latino-Arabicum* (Seybold 1900, Koningsveld 1977), das im modernen Abdruck 550 Seiten umfasst und Mozarabern dazu diente, die Bedeutung lateinischer Wörter über das Arabische zu verstehen. Nebrijas *Diccionario latino-castellano*, das mit der Zielsetzung erstellt wurde, die Lateinstudien zu fördern, erschien vergleichsweise 1492.

Im 13. Jh. entstand wahrscheinlich in Katalonien der *Vocabulista in Arabico*. Er enthält mehr Romanismen als das *Glossarium* und widmet dem lateinisch-arabischen

Teil auch mehr Raum (Schiaparelli 1871, 221–641). Als Beispiel für den Grad der Arabisierung der Wörter kann lat. *portĭcus* dienen, dessen vokalisierte arabische Entsprechung *barṭal* lautet (ibid., 529) und damit offensichtlich moz. *portal* wiedergibt. Der Anlaut [b-] ist an das Arabische angepasst, gesprochen wurde sicherlich auch [p-] (cf. 8.2.2.1.2). Der Plural wird mit *barāṭil* angegeben. Mit dem gebrochenen Plural (cf. 3.3.1.2) ist *barṭal* in erster Linie als mozarabisches Lehnwort im Arabischen zu sehen.

Im Jahre 1505 erschienen unter der Autorenschaft von Pedro de Alcalá in Granada *Vocabulista arábigo en letra castellana* und *Arte para ligeramente saber la lengua arauiga* (Alcalá 1883). Der grammatische Teil, der einen spanischen Katechismus mit lateinschriftlicher Transliteration des Arabischen enthält, weist darauf hin, dass es sich um eine Publikation handelt, die die meist einsprachigen Morisken des Südens durch Mission an den christlichen Glauben heranführen sollte (cf. 10.2). Die Ausgabe des *Vocabulista* von 1883 listet auf rund 360 Seiten Wortentsprechungen Spanisch–Hispanoarabisch in Transliteration (linguistisch aufgearbeitet von Corriente 1988). Darunter befinden sich ca. 700 Romanismen (Galmés de Fuentes 1983, 214), die aus der Zeit vor dem 13. Jh. stammen, als das Mozarabische in Granada noch gesprochen wurde. Im *Vocabulista* tritt unter sp. *portal* wiederum das zitierte *barṭal* in den Formen *pártal, parátil* (Pl.) in Erscheinung (Alcalá 1883, 353).

8.1.2.5 Toponomastik

Ortsnamen, die als Quelle für Charakteristika des Mozarabischen herangezogen werden, bergen eine Reihe von Fallstricken, die Ruhstaller Kuhne (2003) in einem Aufsatz zur Region um Sevilla thematisiert. Dabei geht es um die im Zuge der Eroberung im 8. Jh. zweifelsohne eingetretene Arabisierung der Namen, die während der Reconquista im 13. Jh. wiederum über das Arabische an das Kastilische vermittelt und angepasst wurden. Darüber hinaus sind im Schrifttum Tendenzen zur Latinisierung sowie Deformationen durch Kopisten zu berücksichtigen. Unterschiedliche Namensvarianten zeugen davon (ibid., 268). Schließlich ergibt sich bei Eigennamen das Problem der oft schwierigen Etymologisierung.

Liegt eine lateinische Form vor, gestaltet sich die Nachverfolgung etwas unkomplizierter. So geht das Toponym *Niebla* (Region Sevilla) auf lat. *Ilipula* zurück (aufgrund des Bestandteils *ili-* ursprünglich iberischer Herkunft). Das Bindeglied bildet die arabische Variante *Lebla*, die im Romanischen volksetymologisch zu *Niebla* umgedeutet wurde. Galmés de Fuentes (1983, 188) meinte, *Niebla* als Beleg für die Diphthongierung von lat. /ĕ/ im Mozarabischen anführen zu können. Angesichts der Ausgangsform *Ilipula* (lat. /i/, cf. Tab. 8) ist dies jedoch abwegig (cf. Ruhstaller Kuhne 2003, 269). Nur Toponyme, bei denen die Herkunft belegt und überprüft ist, eignen sich für Rückschlüsse auf das Mozarabische.

8.2 Charakteristika des Romanischen von al-Andalus

8.2.1 Vokalismus

8.2.1.1 Diphthongierungen im Iberoromanischen

Im Vokalismus des Romanischen auf der Iberischen Halbinsel besteht zum einen eine Parallelität zwischen dem Portugiesischen und dem Katalanischen, die die kurzen haupttonigen lateinischen Vokale /ĕ/ und /ŏ/ in Zusammenhang mit dem Quantitätenkollaps (3.–5. Jh.) öffneten (vlt. /ɛ/, /ɔ/), in der Folge jedoch nicht systemisch weiterentwickelten.

Zum anderen formten die Varietäten des Spanischen vlt. /ɛ/ und /ɔ/ unter dem Hauptton zu steigenden Diphthongen (vlt. **pede* > sp. *pie*; vlt. *nova* > sp. *nueva* vs. pg. *pé*, kat. *nova*). Das Leonesische und das Aragonesische diphthongierten darüber hinaus auch in der Nachbarschaft von Palatalen (vlt. *folia* > leon. *fuella*, arag. *fueya*), was im Kastilischen unterblieb (cf. kast. *hoja*).

Tab. 8: Vlt. Vokale unter dem Hauptton (westromanisch-italisches System)

klass.-lat. Quantität:	ī	ĭ ē	ĕ	ā ă	ŏ	ō ŭ	ū
	|	V	|	V	|	V	|
vulgärlat. Qualität:	ị	ẹ	ę	a	ǫ	ọ	ụ

Bei der Darstellung von Diphthongen erweist sich die Notation in arabischer Schrift oft als zweideutig. So kann <fwnt> für *fonte* oder *fuente* stehen. In den Verbindungen <ya> (<ye>) und <wa> (<we>) ist die Lesart bei vorhandener Vokalisierung jedoch klar. So bestehen in der Botanik zahlreiche Zusammensetzungen mit <yerba> (cf. sp. *hierba*; *Glos. bot.*, Nr. 639ss.), die die Diphthongierung von vlt. ę /ɛ/ belegen. Dazu kommen Diminutivbildungen auf *-iello*, *-a* (lat. *-ĕllus*, *-a*) wie <qulṭiyāllo> (*Glos. bot.*, Nr. 179.2). Moz. *cultiello* 'Labkraut' (cf. lat. *cultellus* 'Messerchen') weist mit der Graphie <iyāll> explizit auf den Diphthong mit anschließendem palatalen Lateral hin ([-ieʎ-]). Das Suffix *-iello*, *-a* existierte auch im Altkastilischen (cf. *Castiella*), im 14. Jh. wurde der Diphthong reduziert (→ *Castilla*).

Die Diphthongierung von vlt. ǫ /ɔ/ geht aus der Form <abre-welyo> (ibid., Nr. 4) 'abre (los) ojos' hervor, die im Spanischen heute in *abrojos* 'Stechapfel' ein Pendant findet. Aus <abre-welyo> ergibt sich moz. *uelyo* für 'Auge' (cf. lat. *ǫ̆culus*, vlt. **ǫ̆clu*). Der Eintrag weist damit zugleich auf eine strukturelle Parallele zum Leonesischen und Aragonesischen hin, denn die Diphthongierung erfolgte auch vor Palatal (lat. *-kt-* → [ʎ]; cf. leon. *güellu* und arag. *uello*). Die undiphthongierte Form lautet im Portugiesischen vergleichsweise *olho*.

Durch die Diphthongierung von vlt. ę und ǫ wurde das vierstufige Vokalsystem des Vulgärlateinischen im Mozarabischen wie im Spanischen zu einem dreistufigen mit fünf Einheiten reduziert. Demgegenüber haben Portugiesisch und Katalanisch das vierstufige Vokalsystem, das mit /ɛ/ und /ɔ/ einen zusätzlichen phonologisch relevanten Öffnungsgrad besitzt, bewahrt.

8.2.1.2 Die fallenden Diphthonge [au̯] und [ai̯]

Das Romanische weist eine manifeste Tendenz auf, vlt. [au̯] zu monophthongieren. Ausnahmen bilden das Okzitanische, Rätoromanische und Rumänische. Im Portugiesischen zeugt <ou> (pg. *ouro* [o]), das im Norden Portugals noch als Diphthong gesprochen wird, von dieser Entwicklung. Graphisch lässt sich <au> durch ar. /a/ ◌َ (*fatḥa*) in Verbindung mit <w> darstellen. Der Diphthong [au̯] bleibt im Mozarabischen erhalten. Ein vokalisierter Beleg aus der Botanik ist <kaulīlya>, das in Varianten auftritt und diverse Krautgewächse bezeichnet (*Glos. bot.*, Nr. 145). Formal handelt es sich um eine mozarabische Diminutivbildung (*-illo*, *-a*) zu lat. *caulis* 'Stängel, Strunk, Kohlstrunk, Kohl' (cf. sp. *col*).

Der Diphthong [ai̯] entstand in der Regel sekundär (denn: lat. <ae> [ai̯] > vlt. [ɛ]). Er spielte in der Entwicklung des in diversen Bildungen vertretenen lat. *-ārius* eine Rolle, z.B. als Agenssuffix (vlt. **-airu* > pg. *-eiro*, sp. *-ero*; lat. *librārius* 'Schreiber', pg. *livreiro*, sp. *librero*). Auch bei der Futurbildung trat der Diphthong in Erscheinung (vlt. *cantare habeo* > vlt. **cantar+aio* > pg. *cantarei*, sp. *cantaré*, it. *canterò*). Formen mit <ai> im Mozarabischen können mit ar. /a/ ◌َ in Verbindung mit <y> dargestellt werden. Ein vokalisierter Beleg aus der Botanik ist im 11. Jh. <šabonayra> (sp. *jabonera* 'Seifenkraut'; cf. *Glos. bot.*, Nr. 494.3). Während sich die Monophthongierung im Kastilischen bereits im 10. Jh. nachweisen lässt, erfolgte die Entwicklung im Leonesischen vom 10. bis zum 12. Jh. in Etappen (<ai>, <ei>, <e>; *Orígenes*, § 12). Im Portugiesischen ist die Monophthongierung dialektal vorhanden.

8.2.1.3 Vokale im Auslaut

8.2.1.3.1 Verhältnisse im Iberoromanischen

In Bezug auf die Vokale der finalen Silben besteht im Iberoromanischen ein markanter Gegensatz. Von den lateinischen Vokalen hat das Spanische finales /a/, /e/ und /o/ bewahrt. Dies trifft ursprünglich auch auf das Portugiesische zu. Daneben ist von Bedeutung, welche Konsonanten in den Auslaut treten können. Hier zeigt das Katalanische im Vergleich zum Spanischen, das nur /r/, /l/, /n/, /s/, /d/ zulässt, ein erweitertes Inventar und damit als Brückensprache Nähe zur Galloromania. Auffällig ist der Verlust von /e/ und /o/ in den finalen Silben. Man vergleiche hierzu z.B. kat. *fet* und *fort* gegenüber sp. *hecho* und *fuerte*. Auch im Kastilischen beobachtet man bis zum 13. Jh. den gelegentlichen Verlust des auslautenden /e/ (*nuef* für *nueve*, *noch* für *noche*), das zum 14. Jh. hin jedoch restituiert wurde.

8.2.1.3.2 Mozarabisch

Für die Beurteilung des Auslautvokalismus im Mozarabischen besteht einmal mehr das Problem der eingeschränkten Darstellung über die arabische Schrift. Bei Wörtern, die als romanische Entlehnungen im Hispanoarabischen gelten können, muss man von einer Anpassung an das Arabische und somit der Auslassung kurzer finaler Vokale (außer /a/) ausgehen. In den Fällen, in denen die Schrift die Vokale kennzeichnet, entsteht für <-u> [-u], [-o] eine graphische Ambiguität (dies gilt nicht für <-i> [-i], das iberoromanisch in der Regel nur [-e] sein kann). Für das Mozarabische ergeben sich aus der Mehrdeutigkeit der Zeugnisse zwei Fragen:

- Gab es eventuell eine finale Vokalreduktion wie im Katalanischen?
- Hat das Mozarabische lat. <-u> [-u(m)] (z.B. aus der *o*-Deklination im Maskulinum) als [-u] erhalten oder wie im Kastilischen früh zu [-o] geöffnet? Dabei geht es um den Auslaut der meisten maskulinen Substantive und Adjektive.

In Bezug auf den eventuellen Verlust von Auslautvokalen weist das Beispiel <abre-welyo> 'Stechapfel' (cf. 8.2.1.2: *Glos. bot.*, Nr. 4.) eine interessante graphische Besonderheit auf. Die Transliteration lautet <abre-welyuh>, wenn man /a/ und /e/ direkt zuweist. Auffällig ist das finale <h> (ar. ه). Es besitzt hier keine Lautentsprechung, sondern wurde von Schreibern eigens gesetzt, um zu markieren, dass der vorangehende Vokal (→ <uh> [o], [u]) zu sprechen sei (cf. *Glos. bot.*, LIII). Das Wort für Auge lautete im Mozarabischen folglich *uelyo*. Diphthong und vokalischer Auslaut bilden einen Kontrast zu kat. *ull.*

Hinsichtlich der Qualität der Auslautvokale hatte Stern (1948, § 15) darauf hingewiesen, dass der Reim in den Jarchas für moz. [-u] spreche. Wie der Vokal de facto artikuliert wurde und ob dies auch außerhalb der Dichtung galt, kann nicht mit Bestimmtheit gesagt werden. Im Portugiesischen, das heute finales /o/ als [-u] realisiert, liegen vor dem 18. Jh. keine schlüssigen Belege für die Schließung des Vokals vor. Dies gilt im Übrigen auch für das finale /e/, das im 18. Jh. zu [-i] wurde und sich unmittelbar darauf abschwächte (> [-ə]). Ohne konkrete anderweitige Nachweise sollte man für das Mozarabische [-o] ansetzen.

8.2.2 Konsonantismus

8.2.2.1 Die intervokalischen Verschlusslaute *-p-*, *-t-*, *-k-*

8.2.2.1.1 Verhältnisse im Romanischen

Die geographische Klassifikation der romanischen Sprachen nach von Wartburg unterscheidet Ost- und Westromania. Ein zentrales Kriterium dabei ist die Behandlung der lateinischen intervokalischen Plosive /p/, /t/, /k/, die in der Westromania ab dem 5. Jh. zunächst zu [b], [d], [g] entwickelt wurden. Diesen Sprachstand reflektiert heute noch das brasilianische Portugiesisch, während im Spanischen und im europäischen

Portugiesisch des 16. Jhs. die Spirantisierung zu [β], [δ], [γ] eintrat (lat. *matūrus* > it. *maturo* vs. asp. *maduro* [maˈduro], nsp. [maˈðuro]). Eine Ausnahme in der Westromania ist das Aragonesische, das /p/, /t/, /k/ bewahrte. Alvar (1953, 174) beschreibt Mitte des 20. Jhs. ein entsprechendes Rückzugsgebiet an der Grenze zu Frankreich, das ehemals eine wesentlich größere Ausdehnung hatte. Daraus ergibt sich die Frage nach den Verhältnissen im Mozarabischen, zumal der Süden Spaniens zu den frühen Gebieten der Romanisierung gehört.

8.2.2.1.2 Notationen im Mozarabischen

Bei der Beurteilung der intervokalischen Verschlusslaute des Mozarabischen ergeben sich durch die arabische Verschriftung wiederum Zweideutigkeiten (cf. 3.1.1). Das Arabische kennt kein /p/ und kann den Laut ersatzweise nur durch geminiertes <bb> darstellen. Dies erfordert die Setzung des Verdopplungszeichens ◌ّ über dem <b>. Ferner fehlt in der arabischen Schrift das <g>. Als graphischer Ersatz steht <q> zur Verfügung, das jedoch normalerweise einen stimmlosen uvularen Plosiv repräsentiert. Beide Schriftzeichen eigenen sich nicht zur Klärung der Frage von Stimmhaftigkeit oder Stimmlosigkeit.

Als drittes Kriterium bleibt /t/ vs. /d/. Im Romanischen sind /t/ und /k/ unbehaucht, während das Arabische sowohl die behauchten Konsonanten (entsprechend dt. [t^h], [k^h]) als auch die unbehauchten kennt. Deshalb entspricht dem romanischen /t/ im Arabischen das emphatische < ط > <ṭ>. Die arabische Schrift kann also genau zwischen <t>, <ṭ>, <d> (und übrigens auch dem im Altspanischen noch nicht vorhandenen <ḏ> [ð]) unterscheiden.

Die eindeutige Darstellung der intervokalischen Plosive wäre anhand der arabischen Schrift im Prinzip einfach, wenn im Falle erfolgter Lenisierung im Mozarabischen die Entwicklung [t] > [d] an der unzweideutigen Wiedergabe mit ar. < د > <d> [d] abzulesen wäre. Dies ist jedoch nicht der Fall.

8.2.2.1.3 Die Frage der Lenisierung im Mozarabischen

In der Graphie werden die intervokalischen Verschlusslaute des Mozarabischen oft mit <q> und <ṭ> wiedergegeben, also den Repräsentanten stimmloser Laute, was zunächst gegen die Lenisierung spricht. Wissenschaftsgeschichtlich entspann sich eine Diskussion zwischen Vertretern, die einen Erhalt der Fortisplosive im Mozarabischen sahen (Meyer-Lübke, García de Diego, Griffin, Hall) und denjenigen, die sich für die Existenz von Lenisplosiven aussprachen (Steiger, Lausberg, von Wartburg, Menéndez Pidal; cf. Artikel von Hilty 1979).

Die Beispiele *Córdoba* (lat. *Corduba* > ar. *Qurṭuba*) und *Zaragoza* (lat. *Caesar Augusta* > ar. *Saraqusṭa*) weisen darauf hin, dass die Lenisplosive [d] und [g] der lateinischen Ausgangsformen im Arabischen mit <ṭ> und <q> wiedergegeben werden. Um dies zu erklären, geht Galmés de Fuentes (1951, 240–241) davon aus, dass beide Konsonanten im Arabischen ursprünglich stimmhaft gewesen seien. Nun ist zu beachten, dass auch Toponyme an die Zielsprache adaptiert werden (cf. lat. *Tolētum* → asp. *Toledo* → ar. *Ṭulayṭula*). Auch die Entsprechung ar. *al-quṭn* → sp. *algodón* (Galmés de Fuentes 1951, 240) erlaubt nicht, allein auf der Basis von sp. /g/ auf ein sonores ar. /q/ zu schließen, zumal es in Jaén einen Fluss mit Namen *Guadalçotón* gibt.

Es handelt sich um die Substitution eines im Iberoromanischen nicht vorhandenen Konsonanten, der in stimmhafter Umgebung steht. Als velarer Plosiv befindet sich /g/ in Nachbarschaft zu uvularem /q/. Hinsichtlich der Stimmhaftigkeit wäre es schlüssiger, davon auszugehen, dass /q/ analog zu den Verhältnissen in modernen arabischen Dialekten ein Allophon [g] gehabt haben könnte. Die von Galmés de Fuentes angenommene vormalige Stimmhaftigkeit erweist sich auch in Bezug auf ar. /ṭ/ als problematisch, denn ar. /ṭ/ besitzt ein stimmhaftes Pendant /ḍ/ mit eigenem Graphem (cf. 3.1.1).

In den lateinischen Quellen des mozarabischen Schrifttums, die Gil unter dem Titel *Corpus Scriptorum Muzarabicorum* (CSM) herausgegeben hat, gibt es diverse Beispiele, die eine Lenisierung unzweifelhaft belegen (cf. Vaspertino Rodríguez 1985). Dabei geht es um eine Aussprache, die die Verfasser aus ihrer mozarabischen Muttersprache auf das Lateinische übertrugen, welches sie weniger gut beherrschten als ihre Glaubensbrüder im christlich beherrschten Teil der Iberischen Halbinsel (cf. 2.2). Darunter fallen Formen wie z.B. *dublex* (*duplex*), *didissimas* (*ditissimas*), *eglesia* (*ecclesia*). Zudem treten Hyperkorrektionen auf. Dabei handelt es sich um genuine Leniskonsonanten des Lateinischen, die irrtümlich als Fortes verschriftlicht wurden, weil sich die Verfasser nicht sicher waren, welche Form die adäquate war. Beispiele sind *depita* (*debita*), *repedat* (*repetat*), *ficuras* (*figuras*) (Vaspertino Rodríguez 1985). Bereits Menéndez Pidal (*Orígenes*, § 46.4d) hatte darauf hingewiesen, dass es im Süden der Halbinsel schon vor der maurischen Epoche einzelne Belege für Lenisierung gab.

8.2.2.1.4 Regionale Lenisierung im Mozarabischen

Das Problem der mehrdeutigen Wiedergabe der intervokalischen Verschlusslaute des Mozarabischen wird von Galmés de Fuentes in Annahme einer Variation im Arabischen erklärt (cf. 8.2.2.1.3). Auch Corriente (1977, 39–40) geht davon aus, dass <ṭ> im Hispanoarabischen einen abweichenden Lautwert besessen habe. Mit Blick auf die Situation im Romanischen ergibt sich ein anderes Bild.

Geht man davon aus, dass es im Mozarabischen eine regional unterschiedliche Verteilung progressiver und konservativer Areale mit und ohne Lenisierung gab, lösen sich die Widersprüche auf. So nimmt Hall bis zum 11. Jh. ein Ausbleiben der Sonorisierung an. Zamora Vicente hingegen favorisiert eine regionale Distribution, die für Granada, Murcia, Valencia und Mallorca zunächst keine Sonorisierung vorsieht. Sanchis Guarner wiederum vermutet, dass stimmlose Plosive vorherrschten, während regional eine Sonorisierung im einfachen Volk einsetzte (cf. Hilty 1979, 148–149).

Vor diesem Hintergrund wird verständlich, warum die arabische Graphie einen offensichtlich im Verlauf befindlichen Sprachwandel nicht adäquat abbilden konnte und ggf. die konservative Darstellung der Fortisplosive beibehielt.

8.2.2.2 Die Palatalisierung von lat. $k^{e,i}$

8.2.2.2.1 Verhältnisse im Romanischen

Die Palatalisierung von lat. $k^{e,i}$ betrifft alle romanischen Sprachen bis auf das Sardische und stellt sich in zwei unterschiedlichen Entwicklungen dar. In der Westromania führte sie über [ts] zu [s] (kast. [θ]), in der Ostromania hingegen zu [tʃ] (lat. *centum* > asp. *çiento*, sp. *ciento* vs. it. *cento* [tʃ-]; intervokalisch auch [dʒ] vs. [dz]). In diesem Zusammenhang wurde die Frage debattiert, ob die Westromania ursprünglich ebenfalls zunächst ein präpalatales [tʃ] ausbildete, das sich konsekutiv zu dentoalveolarem [ts] entwickelte.

In diesem Kontext ist von Bedeutung, dass Affrikaten, die sich verändern, vorzugsweise den plosiven Anteil verlieren ([tʃ] > [ʃ]), was sich im Romanischen synchron und diachron in verschiedenen Varietäten belegen lässt. Deshalb ist eine historische Entwicklung schlüssiger, die nach der Palatalisierung (lat. $k^{e,i}$ → [kç]) eine intermediäre Form [tç] ansetzt, die dann entweder zu [ts] oder zu [tʃ] führte.

Da die allgemeine Ost-West-Distribution der Entwicklung von lat. $k^{e,i}$ regionale Abweichungen kennt (Normannisch und Pikardisch im Norden Frankreichs → [tʃ]), stellte sich für das Mozarabische die Frage, ob dieser Sprachraum möglicherweise ebenfalls [tʃ] ausgebildet hatte. Galmés de Fuentes (1983) führt dazu für Toledo und Granada Belege an, die er merkmalbezogen jedoch nicht strikt trennt. So muss die Entwicklung von lat. $k^{e,i}$ (> [tʃ], [ts]) von von lat. -*ti̯*- (cf. lat. *tertius*, sp. *tercero*, it. *terzo* [ts]) unterschieden werden.

8.2.2.2.2 Mozarabisch

Das Arabische besitzt (im Gegensatz zum Persischen) kein Graphem für [tʃ]. Für die Darstellung mozarabischer Lautungen wird ersatzweise ج → [(d)ʒ] mit und ohne Verdopplungszeichen eingesetzt. Ferner ist von Bedeutung, dass die Phonotaktik des Arabischen eine Lautfolge, wie sie in der stimmlosen Affrikate [ts] (cf. asp. *çiento*) besteht, nicht vorsieht. Vielmehr existiert der vergleichsweise invertierte Nexus [st]. Die in beiden Sprachen differierende Abfolge wird in den Beispielen ar. *mus̲t̲aˤrab* und asp. *moçarabe* [ts] deutlich.

Da das Arabische [ts] graphisch nicht als <ts> umsetzt, wird akast. *coraçon* [ts] (nsp. *corazón*) in Jarcha 12 durch ar. <qrǧwn> wiedergegeben (cf. Jones 1988, 103). Hier steht ar. <ǧ> mit dem genuinen Lautwert [(d)ʒ] zweifelsfrei für [ts]. Aus dem Beispiel wird ersichtlich, dass die Palatalisierung von lat. $k^{e,i}$ im Mozarabischen graphisch keine genaue Zuordnung in Bezug auf die Realisierung [tʃ] oder [ts] erlaubt.

Als einzig verfügbare arabische Affrikate wird <ğ> (mit und ohne Verdopplungszeichen) verwendet (cf. Alonso 1946, 69). In Jarcha 36 (cf. 7.2.) kann die Abfolge <dlğ> als [doltʃe] oder [dultse] gelesen werden (cf. 7.2.1).

In botanischen Namen aus al-Andalus treten mehrere Komposita auf, die sich von lat. *centum* ableiten, so z.B. <ğento diṭoš> (→ "cien dedos", eine Spezies Farn; *Glos. bot.*, Nr. 183). Im *Glosario de voces romances registradas por un botánico anónimo hispano-musulmán* (ibid.) kommen vier dieser Komposita im arabischen Text vor. Die Transliteration ist jeweils <ğento> (ar. Vokalismus <ğintu>), ohne dass sich ein Anhaltspunkt für den Diphthong [i̯e] ergäbe, wie er im Mozarabischen vorliegt (cf. 8.2.1.2). Dies könnte natürlich auf die Aussprache [ˈtʃento] (wie im Italienischen) und somit auf die präpalatale Affrikate hinweisen, ohne dass jedoch Gewissheit besteht.

Auch bei einer Reihe weiterer Lexeme bestehen Formen, die im Mozarabischen auf eine Palatalisierung hinzudeuten scheinen. Ein Beispiel aus dem *Vocabulista arauico en letra castellana* (1505) ist sp. *cozina* (Alcalá 1883, *s.v.*; cf. *cocina*, pg. *cozinha*), das in der generell lateinschriftlichen Form des *Vocabulista* mit ar. <cochĭna> wiedergegeben wird. Nun ist von Bedeutung, dass die Aussprache von *cozina* bis zum 15. Jh., also zur Zeit der Entlehnung des Wortes, [koˈdzina] lautete. Wiederum greift das Argument Alonsos (1946, 69), dass man in diesen Fällen immer auch von einer Anpassung an das Arabische ausgehen muss, das die Affrikate [dz] nicht kennt und substituiert. Ebenfalls aus dem *Vocabuliata arauigo* stammt ar. <alóncha> 'Zypergras' (Alcalá 1883, *s.v.*), eine Hybridbildung aus ar. *al* + sp. *juncia* 'id.' (< lat. *iuncea*). Andere Einträge in diesem Werk belegen, dass die Graphie <ch> bei Pedro de Alcalá nicht eindeutig ist, sondern auch für ar. <ğ> steht.

Ein interessanter Fall im Bereich der Toponymie ist die ursprünglich iberische Gründung mit dem lateinischen Namen *Ilici*, das heutige *Elche* (*Elx*) in der Provinz Alicante. In lateinischen Dokumenten des Mittelalters war *Ilici* weiterhin gebräuchlich. In der Beschreibung Nordafrikas und Spaniens durch den Geographen al-Idrīsī Mitte des 12. Jhs. erscheint der arabische Name als <alš> (cf. Dozy/Goeje, 192–193, ar. Zählung). Dies ist bis heute der Name dieser Stadt im Arabischen geblieben. Die Wiedergabe mit <š> scheint durch die damit offensichtlich dokumentierte Stimmlosigkeit noch das plausibelste Argument für die Existenz der präpalatalen Affrikate [tʃ] im Mozarabischen zu sein.

Es gibt auch Belege, die gegen [tʃ] sprechen, so z.B. in einem Dokument aus Toledo von 1161 (Palencia, Nr. 1.014): Die Graphie <qlsāt> (mit ar. Pluralendung; cf. 3.3.1.2) steht für asp. *calças* 'Hose' (< vlt. **calcea*). Ebenfalls aus Toldeo stammt ein Beleg von 1280 (Palencia, Nr. 1.033), der "Cruzada", den Namen einer Kirchengemeinde, als <krwzāda> wiedergibt. Im Vergleich von sp. *cruz* und *cruzada* mit it. *croce* und *crociata* [tʃ]) wird klar, dass ar. <z> [z] kaum mit [tʃ] in Verbindung gebracht werden kann.

Die Frage nach der Art der Palatalisierung lässt sich nicht eindeutig klären. Es könnte immerhin sein, dass der Präpalatal regional existierte und es im Mozarabischen diatopisch unterschiedliche Ausprägungen der Entwicklung von lat. $k^{e,i}$ gab.

8.2.2.3 Die Entwicklung von vlt. *-kl-*, *-lj-* vs. *-ll-*

8.2.2.3.1 Verhältnisse im Romanischen

Im Romanischen sind diverse Palatalisierungen in Verbindung mit /l/ bekannt. Der Nexus *-kl-* (vlt. *veclu* < lat. *vetus* 'alt') führte über [-lj-] zu pg. *velho* und kat. *vell* [ʎ]. Lat. [-li-] (cf. *filius*, dreisilbig) wurde ebenfalls über die Ausbildung des Halbvokals [j] zu pg. *filho* und kat. *fill*. Im Altkastilischen entwickelte sich in beiden Fällen die Affrikate [dʒ] bzw. der Frikativ [ʒ] (asp. *fijo* ['hi(d)ʒo]). Im 16. Jh. erfolgten Desonorisierung (→ [ʃ]) und Velarisierung (→ [x]).

Eine Palatalisierung erfuhren auch die Langkonsonanten <ll> und <nn> (lat. *caballus*, sp. *caballo*, kat. *cavall*; lat. *annus*, sp. *año*, kat. *any*). In diesem Zusammenhang muss die für die Westromania typische Degeminierung der Langkonsonanten (außer <rr>) beachtet werden, die allgemein im 7./8. Jh. erfolgte. Im Portugiesischen allerdings fielen intervokalisches *-l-* und *-n-* im 10. und 11. Jh. aus (cf. sp. *salir* vs. pg. *sair*). Dies bedeutet, dass heutiges *-l-* und *-n-* (→ pg. *cavalo*, *ano*) im Portugiesischen aus ehemaligem *-ll-* und *-nn-* hervorgehen, die sich zum Zeitpunkt des Ausfalls von *-l-* und *-n-* noch durch Länge unterschieden haben mussten.

8.2.2.3.2 Mozarabisch

Im Mozarabischen werden Wörter, die im Lateinischen langes <ll> [ll] aufweisen, überwiegend durch ar. <ll> (<l> mit Verdopplungszeichen) wiedergegeben. Dies bedeutet, dass entweder eine Palatalisierung vorlag (→ [ʎ]) oder die Längung des Konsonanten fortbestand. Wörter mit den vormaligen Nexus [-kl-], [-lj] erscheinen in der arabischen Notation hingegen mit <ly> ([ʎ]). Kontrastive Beispiele sind <qabal̲l̲iyno> (*Glos. bot.*, Nr. 93bis) für moz. *caballino* 'Kresse' zu lat. *caballīnus* gegenüber <al̲y̲oš> (*Glos. bot.*, Nr. 26) zu lat. *ālium* sowie pg. *alho* und sp. *ajo*.

Die unterschiedliche Notation (<ll> vs. <ly>) legt nahe, dass der (palatale) Lateral aus beiden Entwicklungen nicht uniform war wie im Katalanischen (*cavall*, *vell*), sondern dass ein Unterschied in der Aussprache bestand. Darauf weist Galmés de Fuentes hin (1983, 62–65). Im Falle von ar. <ly> (<al̲y̲oš>) könnte es sich um eine leichte Assibilierung gehandelt haben. So führt Menéndez Pidal Beispiele wie *vi̯ežo* (cf. pg. *velho*, sp. *viejo*) für affrizierte Formen in der Sprache der toledanischen Mozaraber im 12. und 13. Jh. an (*Orígenes*, § 50.4). In einem späteren Beitrag geht Galmés de Fuentes (1996a, 107) davon aus, dass ar. <ll> nur für die Längung im Mozarabischen steht. Dies fände eine Stützung in den unterschiedlichen portugiesischen Entwicklungen von *-l-* und *-ll-* (cf. 8.2.2.3.1).

Allerdings zeigt die Dokumentation, dass im Mozarabischen auch bei der Entwicklung aus lat. <ll> gelegentlich eine Wiedergabe mit ar. <ly> auftritt. Dies ist bei <kaulīlya> (→ sp. *-illa* [ʎ]; *Glos. bot.*, Nr. 145) der Fall. Möglicherweise gab es im Mozarabischen ähnlich der Situation im heutigen argentinischen Spanisch lautliche Varianten für <ll>.

8.2.2.4 Die lat. Nexus *-kt-* und *-(u)lt-*

Der lateinische Nexus *-kt-* <ct> entwickelte sich in der Westromania über die Spirantisierung von /k/ (> [x] > [ç]) zunächst zu [i̯t] (lat. *factum* > pg. *feito*, afr. *fait* [fai̯t], kat. *fet*, fr. *fait* [fɛ] nach Monophthongierung). Im Kastilischen trat unter dem Einfluss von [i̯] die Palatalisierung zu [tʃ] ein (*hecho*). Ähnlich verhält sich der lateinische Nexus *-(u)lt-* (lat. *a(u)scultare* > kast. *escuchar* vs. apg. *ascuitar*, kat. *escoltar*, fr. *écouter*).

Im Mozarabischen sind verschiedene Stadien der Entwicklung belegt. Sp. *lechuga* 'Kopfsalat' (< lat. *lactūca*) kennt die Varianten <laḫtūqa>, das mit <ḫ> die Spirantisierung ausweist, und <laytūqa> mit Vokalisierung und Bildung des Diphthongs [ai̯] bzw. [ei̯] (cf. pg. *leite* < lat. *lactem*) (cf. *Glos. bot.*, Nr. 285). In einem Dokument von 1242 aus Toledo erscheint schließlich die Form <lğūġa>, die für *lechuga* steht (cf. Palencia, Nr. 551).

8.2.2.5 Lat. *f-*

Die Entwicklung von lat. [f-] zu [h-] ist das charakteristischste phonetische Merkmal des Kastilischen und der von ihm in ihrer Entstehung als Folge der Reconquista unmittelbar beeinflussten neuen Varietäten Andalusisch, Extremeñisch und Murcianisch.

Im *Vocabulista in Arabico* (Schiaparelli 1871) steht unter dem Eintrag *Jana* (cf. lat. *Iāna*, *Diana* 'Mondgöttin') in arabischer Notation *fāṭa*, was im Kastilischen *hada* 'Fee' (< lat. *fātum* 'Schicksal') entspricht. Das Beispiel zeigt, dass das Mozarabische die kastilische Entwicklung *f-* > *h-* nicht aufweist, denn das Arabische hätte *h-* darstellen können. Das Mozarabische hat wie das Leonesische und das Aragonesische lat. *f-* bewahrt und geht damit auch mit dem Portugiesischen und Katalanischen konform.

8.2.2.6 Lat. *pl-*, *kl-*, *fl-*

Die lateinischen Nexus *pl-*, *kl-* <cl>, *fl-* wurden im Kastilischen zu [ʎ] palatalisiert. Das Portugiesische ([tʃ] > [ʃ]) und das Leonesische ([tʃ]) gingen in der Entwicklung noch einen Schritt weiter (lat. *clavis*, sp. *llave*, pg. *chave*). Im Aragonesischen und Katalanischen (wie auch im Französischen) haben sich die ursprünglichen Nexus erhalten (kat. *clau*, fr. *clé*). Dies trifft auch auf das Mozarabische zu. Ein Beispiel aus der Botanik ist <plantayin> 'Großer Wegerich' (*Glos. bot.*, Nr. 443; cf. sp. *llantén*, botanisch auch *plantaina*, aus lat. *plantāgo*, *-inis*).

8.2.2.7 Der lat. Nexus *-mb-*

Der lateinische Nexus *-mb-* stellt in der Romania ein traditionelles Kriterium dialektaler Zuweisung dar. Die Vereinfachung *-mb-* > *-m-* betrifft mittel- und süditalienische Dialekte wie auch Katalanisch, Aragonesisch und Kastilisch (cf. lat. *palumbēs* >

palumbus, *palumba* > sp. *paloma*; kat. *colom* < lat. *columba*). Auf der Iberischen Halbinsel hat man die Entwicklung mit dem Einfluss oskisch-umbrischer Legionäre (aus Mittelitalien) während der Romanisierung in Verbindung gebracht. Leonesisch und Portugiesisch haben den Nexus erhalten (leon. *palumba*, pg. *pombo*). Das Mozarabische gehört ebenfalls zu den Bewahrern.

8.2.3 Morphologie

8.2.3.1 Femininum Plural auf *-es*

In vokalisierter Schrift notiert das Arabische sowohl romanisches <a> als auch <e> mit ◌َ <a> (*fatḥa*), allein oder in Kombination mit Alif (ا ◌َ). In der Aljamiadoliteratur ist die Verbindung mit Alif definitiv <e> zugeordnet (cf. 10.3).

Aus der Ambiguität der Graphie ergab sich eine Diskussion über die Frage, ob die Notation für das Mozarabische in Verbindung mit finalem <-š > mitunter ein Allomorph von *-as* im Femininum Plural repräsentieren könnte (cf. Galmés de Fuentes 1983, 302–314). Gemeint ist auslautendes *-es*, das sowohl im Leonesischen als auch im Katalanischen in dieser Form auftritt (cf. sp. *casas* vs. kat. *cases*). Gestützt wird die Überlegung dadurch, dass es auch Notationen mit ◌ِ <i> (*kasra*) gibt, die zweifelsohne für *-es* stehen. Dazu gehört der Beleg <bawmiš> (→ *paumes*, cf. *palmas*) für die Zwergpalme (*Glos. bot.*, Nr. 412). Auffällig ist hier auch die Vokalisierung von /l/ <w>, die de facto auf ein velarisiertes /l/ hinweist, wie es im Katalanischen und Portugiesischen besteht.

Ferner treten in Andalusien Ortsnamen auf *-es* auf, die sich mit einem *-a* im Singular in Verbindung bringen lassen. *Fornes* (Granada) findet in verschiedenen Regionen Spaniens in *Forna* und *Fornas* Entsprechungen (Galmés de Fuentes, ibid.). Somit sind im Mozarabischen regionale Varianten des Femininum Plural auf *-es* nicht auszuschließen. Im Osten Andalusiens wird auslautendes *-a* in Verbindung mit aspiriertem oder elidiertem Plural-*s* heute zu [ɛ] geöffnet.

8.2.3.2 Morphosyntax

Während die Wiedergabe in arabischer Schrift die Interpretation der phonetischen Charakteristika des Mozarabischen erschwert, stellt im Bereich der Morphosyntax die fehlende Breite des vorhandenen Materials ein Problem dar. Kontexte ergeben sich überwiegend in den Jarchas und den *zéjeles* (cf. Kap. 7), die den Rahmen sprachlicher Äußerungen durch die vorgegebene Strophenform jedoch begrenzen. Einzelne Wörter und Sätze aus Ibn Quzmān hat Corriente (1997, 332–335) zusammengestellt. Darunter befindet sich z.B. das Syntagma *non te tólya de míb* ‘geh’ nicht fort von mir’ (ibid., 335), das neben asp. *toller* für *quitar* das Objektpronomen *mi* (< lat. *mihi*) als *míb* und somit analoge Form zu lat. *tibi* ‘dich’ ausweist.

Die Spärlichkeit des Materials darf allerdings nicht zu voreiligen Schlüssen führen. Insofern bleibt unklar, was Corriente/Pereira/Vicente (2020, 33) zu der Aussage bewog, das Mozarabische habe keine zusammengesetzten Zeiten gekannt. Eine kurze Übersicht über morphosyntaktische Merkmale des Mozarabischen der Jarchas gibt Corriente (1997, 350–360). Eine allgemeine Charakterisierung ist allerdings nicht möglich, noch kann die Varietät diatopisch erfasst werden: Wie stellen sich die Unterschiede im Mozarabischen Sevillas und Lissabons im Jahr 1050 dar? Wie "portugiesisch" war die Sprache Lissabons zu jener Zeit? Auf diese Fragen gibt es bisher keine Antwort.

8.3 Charakterisierung des Mozarabischen

Das Mozarabische lässt sich in seinen Charakteristika nur nährungsweise über die Phonetik definieren. Dies liegt am Filter, den das Arabische über die vorhandene Dokumentation legt sowie an den sehr spärlichen Textbelegen. Als mündliches Mittel der Kommunikation mit einem weitläufigen Sprachgebiet, ohne das Korrektiv einer Schrifttradition, basaß das Mozarabische zweifelsohne auch Varietäten und Varianten, die nicht erfasst worden sind.

Für die Interpretation der Sprachbelege besteht zudem nur ein relativ kleines Zeitfenster, vornehmlich zwischen dem 10. und 12. Jh., so dass Sprachwandelprozesse nicht greifbar werden. Wenn es z.B. heißt, dass der Diphthong [au̯] erhalten war, ist eine lokale Monophthongierung trotzdem nicht auszuschließen. Hätte das Mozarabische länger Bestand gehabt, hätte sich die Monophthongierung möglicherweise wie im Kastilischen später ebenfalls generalisiert.

Mit seinem dreistufigen Vokalsystem und der haupttonigen Diphthongierung von vlt. /ɛ/, /ɔ/ gehört das Mozarabische zum spanischen Varietätenspektrum und stellt keine Verbindung zwischen dem Katalanischen im Osten und dem Portugiesischen im Westen her. Ein archaischer Zug ist die Bewahrung von vlt. [au̯] und [ai̯]. In der Frage der Herausbildung einer präpalatalen Affrikate [tʃ] für [ts] aus lat. $k^{e,i}$ ist keine definitive Aussage möglich. Eine regionale Variation kann nicht ausgeschlossen werden. Bei den Nexus vlt. *-kl-*, *-lj-* öffnet das Mozarabische ein Spektrum, das von konservativ (→ [ʎ]) bis progressiv (→ [ʒ]) reicht.

Bei weiteren Charakteristika zeigen sich unterschiedliche Zuordnungen. In der haupttonigen Diphthongierung vor Palatal zieht das Mozarabische mit dem Aragonesischen und Leonesischen gleich. Bei lat. *pl-*, *kl-*, *fl-* folgt das Mozarabische dem Aragonesischen und Katalanischen, beim Nexus *-mb-* wiederum der Entwicklung im Westen. Da das Mozarabische lat. *f-* bewahrt, bleibt die Sonderstellung des Kastilischen auf der Iberischen Halbinsel in Bezug auf *h-* erhalten. Gesicherte Belege für die Palatalisierung von anlautendem lt. *l-* > [ʎ] wie im Katalanischen und Leonesischen gibt es nicht (lat. *lingua*, kat. *llengua*, leon. *llingua*).

Literaturhinweise

Das Standardwerk zum Mozarabischen, *Dialectología mozarabe*, stammt von Galmés de Fuentes (1983). Für eine eingehendere Betrachtung ist die Überprüfung der Beispiele anhand der Quellen, die die arabische Graphie abbilden, angeraten. Guten Zugang gestatten die 726 Beispiele aus dem *Glosario de voces romances registradas por un botánico anónimo hispano-musulmán* (*Glos. bot.*). Die vier vorhandenen Glossare (cf. 8.1.2.2, 8.1.2.4) wurden von Corriente (1988; 1989; 1991; 2000–01) analysiert und kommentiert. Mozarabisch als "romanisches Substrat" des Hispanoarabischen behandeln in Form einer Materialsammlung Corriente/Pereira/Vicente (2020, 11–127). Für das Mozarabische von Valencia liegt die Monographie von Peñarroja Torrejón (1990) vor. Interessante Hinweise zur sprachlichen Auswertung der Toponyme in der Region Sevilla gibt Ruhstaller Kuhne (2003).

Aufgaben

1. Rekapitulieren Sie die Vorstellungen zur Sonorisierung der lateinischen intervokalischen Verschlusslaute im Mozarabischen anhand von Hilty (1979, 148–149) und der dort angegebenen Literatur.
2. Orientieren Sie sich anhand von Menéndez Pidal (*Orígenes*, §§ 52–55) zum Nexus *-mb-* auf der Iberischen Halbinsel.
3. Lesen Sie den Aufsatz von Ruhstaller Kuhne (2003) und verfolgen Sie die Gruppierung der Toponyme sowie die Darstellung zu Fehlinterpretationen.
4. Sehen Sie sich die morphosyntaktischen Besonderheiten des Mozarabischen bei Corriente (1997, 350–360) an und vergleichen Sie einzelne Merkmale mit den Angaben in einer historischen Grammatik des Spanischen (z.B. Penny 2014).

9 Die arabischen Übersetzungen ins Altspanische

9.1 Grundlagen

Im Mittelalter war die arabische Welt der abendländischen auf vielen Gebieten der Wissenschaft überlegen. Dies betrifft Astronomie, Naturwissenschaften, Nautik, Bewässerungskultur und Medizin. Berühmt wurde in Süditalien in diesem Zusammenhang die Schola Medica Salernitana, an der ab dem 11. Jh. durch Übersetzungen auch medizinisches Wissen des Orients vermittelt wurde und die de facto als eine Vorläuferin der Universität als Institution gelten kann.

Zu Beginn des 9. Jhs. wurde in Bagdad das "Haus der Weisheit" (*Bayt al-Ḥikma*) eingerichtet, in dessen Wirkungskreis auch Übersetzungen fielen. Übertragen wurden Texte aus dem Sanskrit, dem Mittelpersischen (Pehlevi), dem Altsyrischen/Aramäischen und vor allem dem Griechischen. Mit den Erkenntnissen des antiken Griechenlands kam Europa, außerhalb arabischer Vermittlung, erst in der Renaissance wieder enger in Berührung. Das Interesse der Araber konzentrierte sich auf philosophische und wissenschaftliche Schriften. Dazu zählt z.B. auch das Werk des berühmten Arztes Galen(os) von Pergamon (2. Jh. n. Chr.). Die homerischen Epen und den antiken Götterhimmel lehnten sie angesichts der Bedeutung des Monotheismus für den Islam jedoch ab.

Nach der Rückeroberung Toledos (1085) gelangten arabische Manuskripte in den Besitz Kastiliens. Ihre Erschließung war im 12. und 13. Jh. Ausgangspunkt für eine Aktivität, die unter dem Namen "Übersetzerschule von Toledo" subsummiert wird. Der Name selbst (sp. "Escuela de traductores de Toledo") ist eine Kreation des 19. Jhs., denn es handelte sich weder um die Gründung einer Institution, noch existieren Dokumente, die auf eine organisierte Struktur hinweisen (cf. D'Averny 1985, 445). Vielmehr geht es um ein Umfeld, in dem zunächst unter der Ägide Raimundos (Raymond de La Sauvetat), Erzbischof von Toledo (1125–1152), arabische Texte ins Lateinische übersetzt wurden. Die Wahl der Zielsprache entspricht der Epoche. Wissenschaftssprache war Latein, auch weil sich die Volkssprache in jener Zeit noch nicht so weit entwickelt hatte, dass sie diverse fachsprachliche Inhalte jederzeit adäquat abbilden konnte. Darüber hinaus erleichterte das Lateinische die Verbreitung der Schriften und darin enthaltenen Erkenntnisse über Spanien hinaus.

Nach Gil (1985, 52) konzentrierte sich die erste Epoche der Übersetzertätigkeit auf die Jahre von 1130 bis 1187 und schloss mit dem Ende des Wirkens von Gerardo de Cremona (ca. 1114–1187), dem bedeutendsten Übersetzer jener Zeit. Burnett (1985, 161) weist darauf hin, dass zwischen 1116 und 1187 von namentlich bekannten Bearbeitern 116 Werke aus dem Arabischen ins Lateinische übersetzt wurden, davon allein 68 unter Mitwirkung Gerardo de Cremonas. Das Interesse galt vor allem den exakten Wissenschaften (→ Astronomie), Philosophie und Medizin, aber auch okkulten Gebieten wie z.B. der Alchemie (cf. Vernet 2006, 126). Nach 1187 schloss sich eine

https://doi.org/10.1515/9783110697766-009

Übergangszeit minderer Aktivität an, bis die Arbeit Mitte des 13. Jhs. mit neuer Orientierung wiederaufgenommen wurde.

Unter König Alfonso X. (1252–1284) wurde die Zielsprache der Übersetzungen Altspanisch (Altkastilisch), wenn auch nicht ausschließlich. Dies setzte eine Entwicklung fort, die sein Vater, Fernando III. von Kastilien und León (1230–1252), nach der Vereinigung beider Königreiche mit der Ablösung des Lateinischen als Kanzleisprache begonnen hatte. Die Verwendung der Volkssprache in der Übersetzung trug dazu bei, dass das Kastilische seinen Funktionsbereich als Prosasprache erweiterte, die durch die Thematik der Schriften überwiegend auch Wissenschaftssprache war. Sein großes Interesse für die Wissenschaft trug Alfonso X. den Beinamen «el Sabio» ein.

Zur Sprachenwahl heißt es im Vorwort des *Lapidario*, einer der frühesten Übersetzungen der alfonsinischen Epoche (cf. 9.2), Alfons habe das Buch ins Kastilische übertragen lassen, damit man es besser verstehe und besseren Nutzen daraus ziehe:

> [...] mando gelo [se lo] trasladar de arauigo en lenguaie castellano por *que* los omnes [hombres] lo entendiessen meior *et* se so||piessen del mas aprouechar. (*Lapidario*, 19)

Die Regentschaft Alfonsos X. macht deutlich, dass die Übersetzertätigkeit, die oft irrtümlich in den Rahmen einer Institution gestellt und in diesem Sinne als Schule von Toledo bezeichnet wurde, sich nicht einmal konkret in Toledo verorten lässt. Gonzalo Menéndez Pidal (1951, 366) spricht von einer zweiten Übersetzerschule, die 1254 in Sevilla entstanden sei. Demgegenüber weist Santoyo (2009, 192–194) darauf hin, dass der Hof zu Zeiten Alfonsos X. keinen festen Sitz hatte. Zwischen dem Beginn seiner Regentschaft 1252 und dem Jahr 1258 verbrachte der König überhaupt nur vier Monate in Toledo. Er zog mit dem Hof jedoch mehrfach nach Sevilla, auch 1254. Drei seiner Übersetzer waren Leibärzte (sp. *alfaquín*, Sg.), die ihn begleiteten. Die Übersetzerschule war eine Übersetzerwerkstatt, die dort zu finden war, wo sich der König aufhielt (ibid., 193).

9.2 Ins Altspanische übersetzte Werke

Die Übersetzungen ins Altspanische machen nur einen Teil der von Alfonso X. initiierten Aktivitäten aus. Hinzu kommen die Zusammenstellung des unter dem Titel *Siete Partidas* (1265) bekannt gewordenen Rechtskodex, der bis zum 19. Jh. Einfluss ausübte, die als Weltgeschichte angelegte *General estoria* (ab 1270), die *Estoria de España* (ab 1270), auch unter dem Titel *Primera Crónica General* bekannt – eine Geschichte der Iberischen Halbinsel von den frühesten Anfängen bis Fernando III. – sowie die auf Galicisch-Portugiesisch verfassten und Alfonso zum Teil persönlich zugeschriebenen *Cantigas de Santa María* (bis 1282).

Für die Übersetzungen der alfonsinischen Epoche sollen nur einige Beispiele angeführt werden. Eine chronologische Aufstellung bieten Fernández-Ordoñez (2006,

396–398) sowie, begleitet von kurzen Kommentaren, Santoyo (2009, 184–191). Zum Inhalt der Werke findet man ausführlichere Angaben und Auszüge im ersten Band der *Historia de la prosa medieval castellana* (Gómez Redondo 1998).

Zwei Übersetzungen gab Alfonso X. bereits als Thronfolger in Auftrag: *Calila e Dimna* (1250/51) ist eine ursprünglich aus Indien stammende Sammlung von Fabeln, die im 8. Jh. über das Mittelpersische ins Arabische übertragen wurde und zur Weltliteratur gehört. Das zweite Werk ist der *Lapidario* (um 1250), eine arabische Abhandlung zu Steinen als Träger von Eigenschaften und ihre Bedeutung für den Menschen. Alfonsos Bruder Fadrique ließ 1253 den *Sendebar* (ar. *Sindibād*) übersetzen (*Libro de los engannos e los asayamientos de las mugeres*), eine Auswahl exemplarischer Erzählungen aus dem persisch-indischen Raum, deren Thematik auch in den später bekannt gewordenen Geschichten aus *Tausendundeine Nacht* erscheint, jedoch nichts mit Sindbad dem Seefahrer zu tun hat.

In den Folgejahren schlossen sich vor allem Werke aus Astronomie und Astrologie an, die in Sammlungen zusammengefasst wurden und als *Libros del saber de astrología* (1277) in 16 Einzeltraktaten vorliegen. Dazu gehört z.B. das *Libro de la ochava espera* (1256), eine Abhandlung über Fixsterne und Sternbilder in der sog. achten Himmelssphäre (die heutige Form *octava* ist gelehrt). Nach dem mittelalterlichen geozentrischen Weltbild lag diese Sphäre über dem Mond, der Sonne und den bis dahin bekannten Planeten von Merkur bis Saturn. Durch die Edition von Rico y Sinobas (1863–67) sind die *Libros* auch unter dem Titel *Libros del saber de astronomía* bekannt. De facto wird im Mittelalter inhaltlich nicht zwischen Astronomie und Astrologie unterschieden.

Im *Lapidario* sollen Eigenschaften, die Steinen zugeschriebenen wurden, z.B. mit Himmelskörpern in Verbindung stehen. Das *Libro conplido en los iudizios de las estrellas* (1254) beschäftigt sich mit dem Tierkreis und dem Einfluss der Planeten auf das Leben der Menschen, thematisch vergleichbar mit dem *Libro de la cruzes* (1259), das die Einflüsse auf das Handeln der Regierenden bezieht. Im *Libro de la açafeha* (1256) geht es um eine Form des Astrolabs zur Bestimmung des geographischen Breitengrades (cf. 9.5).

In die erwähnte Universalgeschichte, die *General estoria*, flossen auch übersetzte Passagen aus dem Lateinischen (der Bibel) und dem Arabischen ein. Das letzte zu Lebzeiten Alfonsos X. übersetzte Werk waren die *Libros de acedrex, dados e tablas* (1283), eine Abhandlung zum Schach (nsp. *ajedrez* < ar. *aš-šaṭranǧ*) und anderen Spielen.

9.3 Die Praxis des Übersetzens

In der Antike und im Mittelalter hatte die Übersetzung keinen wissenschaftlichen Hintergrund. Es war eine Fertigkeit, die man ohne Wörterbücher, auf individuelles

Wissen gestützt, anwandte und letztlich nur durch die Zusammenarbeit mehrerer Personen auf eine breite Grundlage stellen konnte.

Für die Epoche arabisch-lateinischer Übersetzungen im 12. Jh. unter Erzbischof Raimundo geht man davon aus, dass jeweils ein des Arabischen Kundiger – in der Regel ein Jude oder Mozaraber, der kein Latein beherrschte – den zur Übertragung vorgesehenen Text vorlas und mündlich ins Altspanische übersetzte. Diese Version wurde daraufhin von einer zweiten Person, die wiederum kein Arabisch verstand, ins Lateinische übertragen und schriftlich fixiert. Das Wissen um dieses Vorgehen stützt sich auf die Vorrede der lateinischen Übersetzung von Avicennas (Ibn Sīnā, ca. 980–1037) *Liber de anima*:

> Habetis ergo librum, nobis praecipiente et singula verba vulgariter proferente, et Dominco Archidiacono singula in latinum convertente, ex arabico translatum [...] (*Liber de anima*, 4)
>
> 'Hier ist also das Buch, das uns aufgetragen und aus dem Arabischen mit jedem Wort in die Volkssprache übertragen wurde und das der Archidiakon Dominicus entsprechend ins Lateinische übersetzt hat [...]'

Der "Prologus translatoris" mit dem zitierten Satz ist ein wichtiges Dokument, das zum ersten Mal den Übersetzungsvorgang im Mittelalter beschreibt. Obwohl es zu diesem Textausschnitt eine Variante und unterschiedliche Interpretationen gibt, sind offensichtlich zwei Personen beteiligt. Es sind dies ein jüdischer Gelehrter namens Avendauth, was aus der Widmung für den toledanischen Erzbischof Juan (1152–1166), dem Nachfolger Raimundos, hervorgeht, und Dominicus Gundisalvi. Das verwendete Adverb "vulgariter" kann sich nur auf das Spanische beziehen, das in diesem Beispiel aus dem 12. Jh. als mündliches Bindeglied der Zusammenarbeit und für die Übertragung in die lateinische Schriftversion diente.

Eine grundsätzliche Frage des Übersetzens ist, ob man einen Text mit größerer Anlehnung an die Ausgangssprache überträgt oder unter Wahrung des Inhaltes freier an die Zielsprache anpasst. Hier trifft man bei Juan Hispalense (1100–ca. 1180), einem konvertierten Juden und im 12. Jh. einer der maßgeblichen Übersetzer aus dem Arabischen, auf eine pragmatische Haltung:

> Post hec ab eodem a Greco in Arabicum translatum transtuli in Latinum presens opus, non ex toto litteraturam sequens, quod a nullo interpretante posse fieri arbitror, set juxta posse meum in quibusdam sensum et litteraturam secutus sum. (Epistola Aristotilis ad Alexandrum, 474)
>
> 'Danach habe ich das vorliegende, aus dem Griechischen ins Arabische übertragene Werk ins Lateinische übersetzt und bin dabei dem Niedergeschriebenen nicht in Gänze gefolgt, was, glaube ich, kein Übersetzer tun kann, sondern bin nach meinem Vermögen in gewissen Fällen dem Sinn und dabei auch der Schrift gefolgt'.

Diese Vorgehensweise folgt durchaus dem auch heute etablierten Diktum für Übersetzungen "so genau wie möglich, so frei wie nötig". Trotzdem spielten in jener Zeit auch andere Kriterien eine Rolle. Eine besondere Kategorie stellten religiöse Texte dar. Das Wort Gottes sollte wortgetreu wiedergegeben werden. Aus diesem Grund weisen Bibelübersetzungen aus dem Hebräischen Semitismen auf. Eine besonders textnahe Übertragung ist die ins Judenspanische in der Bibel von Ferrara von 1453. Auf die Form der Übersetzung deutet das Titelblatt hin ("traducida palabra por palabra dela verdad hebrayca"). Ein anderes Ziel verfolgte Martin Luther, dessen Bibelübersetzung ins Deutsche volksnah sein und von jedem gut verstanden werden sollte. Der Koran wiederum darf, um Verfälschungen auszuschließen, zu kultischen Zwecken nur im Original verwendet werden.

Da sich im 13. Jh. abzeichnet, dass das Altkastilische durch die Verwendung als Kanzlei-, Prosa- und Wissenschaftssprache sowie vor dem Hintergrund der Vorherrschaft Kastiliens auf dem Weg zur Nationalsprache war, spricht man gleichermaßen vom Altspanischen, solange es nicht um explizit dialektologische Verhältnisse geht. De facto gilt bereits der *Cantar de Mio Cid* (um 1200) als altspanisches Heldenepos.

Unter Alfonso X. stützte sich die Übersetzung in der Praxis weiterhin im Kern auf einen Arabisten und denjenigen, der für die Formulierung im Altspanischen verantwortlich war. Beide wurden *trasladadores* (nsp. *traductores*) genannt. Hinzu kamen in unterschiedlichen Konstellationen ein *emendador* (nsp. *enmendador*), der für die Verbesserung des Ausdrucks zuständig war, ein *capitulador* für die Kapitelunterteilung sowie ein *glosador* oder *esplanador* (cf. nsp. *explanar*), der den Vorgang begleitete und als Sekretär fungierte (cf. Gil 1985, 112). Die Zuständigkeiten sind jedoch nicht immer klar definiert. Auf die Mitarbeiter weisen Randnotizen in den Werken hin wie z.B. im *Libro conplido en los iudizios de las estrellas* (1254).

> Nota marginal de la misma mano en letra más pequeña: El eme*n*dador *e* los trasladadores todos se acuerda*n* q*ue* deue dezir fortuna alli o dize infortuna, *e* qui quisiere esto prouar cate en el .XXV.° capi*tu*lo adelante en esta misma casa. (*Libro conplido*, 138b, n. 1)

Bisweilen flossen in den Originaltext auch Informationen eines *glosador* oder *esplanador* ein, die am Anfang eines Kapitels oder Absatzes formelhaft beginnen:

> Dixo el glosador deste libro. Qero dizir en este logar. et; mostrar los grados de los signos [...] (*Libro de las cruzes*, 195v.)

> Dixo el esplanador: Llamo-me el rey de n*uestr*a villa [...] (*Libro conplido*, 162a)

Man kann zudem davon ausgehen, dass für die Übersetzungen auch Entwürfe angefertigt wurden (sp. *borradores*). Dies thematisiert das Kriterium der Qualität des sprachlichen Ausdrucks. Offensichtlich war Alfonso X. mit manchen Resultaten der Übersetzungen nicht zufrieden. So ging das *Libro de la alcora* (1259) in einer überarbeiteten Version in die Sammlung der *Libros del saber de astrología* von 1277 ein. Einer Revision wurde in dieser Sammlung auch das *Libro de la ochava espera* (1256) unterzogen, an der Alfonso X. selbst mitarbeitete (cf. Santoyo 2009, 189). Im Prolog heißt es dazu:

> [...] et lo mandó componer este Rey sobredicho, et tollo las razones que entendió eran soueíanas. et dobladas, et que no eran en castellano drecho. et puso las otras que entendió que complian, et quanto en el lenguage endreçólo él por sise. (*Libros del saber de astronomía*, I, 7)

Hier geht es um Formulierungen (*razones*), die der König tilgte (*tollọ*), da er der Ansicht war, sie seien unbotmäßig, verfälschend (*soueíanas. et dobladas*) und nicht in rechtem Kastilisch (*castellano drecho*) abgefasst. Infolgedessen ersetzte er sie durch andere (*puso las otras*), die seiner Meinung nach angemessen waren (*que entendió que complian*). Die Sprache korrigierte er selbst (*el lenguage endreçólo él por sise*).

Grundlage für die Übersetzung waren die handwerklichen Fähigkeiten der Übersetzer sowie der im Ausbau begriffene Entwicklungsstand des Altspanischen als Zielsprache. Aus Überlegungen zu Bedeutung und Zweck eines Textes ergab sich einerseits Spielraum für die Ausgestaltung der Übersetzung. Andererseits konnte der Übersetzer der Auffassung sein, die Zielsprache durch Textnähe zur Ausgangssprache und Imitation ihrer Ausdrucksmittel eventuell bereichern zu können. Dies hat ggf. etwas mit dem Prestige zu tun, das einer Sprache in der Gesellschaft zukommt, oder aber mit dem Wert, den man den durch Übersetzung erlangten Informationen beimisst.

9.4 Syntaktisch-stilistische Einflüsse auf das Altspanische

Die Übersetzertätigkeit unter Alfonso X. eröffnete ein weites Feld möglicher Beeinflussung des Altspanischen durch das Arabische. De facto betrifft dies weniger den Lehnwortschatz als den syntaktisch-stilistischen Bereich (cf. 9.5). Dabei geht es nicht um kursorische Interferenzen, die sich bei Übertragungen in den Text der Zielsprache einschleichen können. Vielmehr stellt man in den Übersetzungen eine regelrechte und zum Teil systematische Nachbildung arabischer Strukturen fest, die textspezifisch in unterschiedlicher Gewichtung auftreten (cf. 9.4.1–9.4.4). Für das Spanische der Gegenwart haben diese Strukturen keine Bedeutung mehr. Allerdings ergeben sich Anhaltspunkte dafür, dass das Spanische durch die Übersetzungen eigene Instrumente im Bereich der Wortbildung und der Syntax weiterentwickelte (cf. 9.5, 9.6).

Zum Transfer syntaktisch-stilistischer Charakteristika aus dem Arabischen hat Galmés de Fuentes (1955–56, 1996) einen grundlegenden Beitrag geleistet. Es ist der Vergleich dreier spanischer Versionen der Fabelsammlung *Calila e Dimna* (cf. 9.2). Zur Überprüfung und zum Abgleich der Ergebnisse dienten ihm weitere spanische Texte, die nicht aus Übersetzungen hervorgingen.

Mit einem erweiterten Ansatz untersuchte Huffman (1973) vier Übersetzungen aus dem Arabischen, die er mit 27 Textausschnitten vergleichbarer Länge syntaktisch abglich. Bei dieser Literatur, die von der alfonsinischen Epoche bis 1601 reicht, handelt es sich um Werke wie z.B. *Lazarillo de Tormes*, aber auch um weitere Übersetzungen aus dem Arabischen sowie zwei altfranzösische Texte.

Im Hinblick auf mögliche Einflüsse, die arabische Ausgangstexte auf das Altspanische ausübten, wies bereits Dietrich (1937) darauf hin, dass es gelte, verschiedene Kategorien der Einflussnahme zu unterscheiden. Dabei geht es um

- Parallelismen, bei denen die formale Gleichheit auf Zufälligkeit beruht,
- den offensichtlichen Willen zur Nachahmung,
- unwillkürliches "Sichbeeinflussenlassen" (cf. Dietrich 1937, 136–137).

Nachfolgend werden syntaktisch-stilistische Besonderheiten des Altspanischen, die in der Regel direkt mit den Übersetzungen aus dem Arabischen in Verbindung stehen, beschrieben.

9.4.1 Absolute Relativkonstruktionen

Im Arabischen sind Relativpronomina indeklinabel und können sich auch nicht mit einer Präposition verbinden. Insofern finden Konstruktionen wie sp. *el hombre cuyo…*, *el asunto a cual…* keine direkte Entsprechung. Bossong (1978, 170) spricht in diesem Zusammenhang von einer nicht-fusionierten Relativsatzkonstruktion im Gegensatz zur synthetisch oder analytisch fusionierten im Spanischen (z.B. durch *cuyo* bzw. *a cual*). Im Arabischen wird der Bezug des Relativums ersatzweise anaphorisch durch ein nachfolgendes sog. Rückweisepronomen (ar. *ʿāʾid*) aufgenommen. Nachbildungen dieser Konstruktionen findet man in altspanischen Übersetzungen:

> la estrella *que* tú quisieres saber *su* lugar [*Libros del saber de astronomía*]
> (Galmés de Fuentes 1955, 436)

Die Konstruktion tritt bisweilen auch dann auf, wenn der arabische Text keine entsprechende Struktur vorgibt. Im folgenden Beispiel steht das passivische Partizip *maʿlūmu 'l-mauḍiʿi*, wrtl. "bekannt nach Position", als Attribut zu 'Stern':

> otra estrella que sera so lugar sabudo (Bossong 1978, 171)

Das Rückweisepronomen wird auch bei akkusativischem Bezug gesetzt:

> et uino les luego en essa sazon a la tierra un alcalde de Nabuchodonosor con gran poder quel [que le] envio el rey […] [*General estoria*]
> pues que ouviesse enterrado a su hermano Aluar Royç que le leuaua muerto dalli […] [*PCrónGen*]
> (Huffman 1973, 50)

In beiden Beispielen Fällen nimmt *le* [*quel* = *que le*] den (präpositionalen) Akkusativ auf, also 'ein Richter <Relativpr.> der König schickte ihn'. Natürlich treten in den Übersetzungen aus dem Arabischen auch Relativsätze auf, wie man sie nach den Regeln der spanischen Syntax erwartet und auch heute bildet. So weist der *Lapidario* eine ganze Reihe von Konstruktionen mit *cuyo/cuya* auf: "[…] ala planeta Uenus, cuya casa es el signo de Tauro" (*Lapidario*, 56). Bei den beiden folgenden Beispielen aus dem 16. Jh. bleibt offen, inwieweit ein arabisches Vorbild Anstoß gegeben oder nachgewirkt haben könnte:

> salí de Castilla en compañía del gobernador Pedro Arias de Avila, que en aquella sazón le dieron la gobernación de Tierra-Firme [Díaz de Castillo] (Huffman 1973, 43)

> pasaban de tres mil hombres, *que* los más *dellos* eran señores [Cortés] (Galmés de Fuentes 1955, 439)

Arabisch beeinflusste Relativkonstruktionen im *Cantar de Mio Cid* sowie bei *Don Quijote*, wie sie Snyder Gehman (1982) vermutet, sind wenig wahrscheinlich. Es handelt sich dabei vorwiegend um die Aufnahme redundanter Objektpronomina, die unter bestimmten Voraussetzungen auch in der Gegenwart erfolgt.

Grundsätzlich sind universelle sprachvereinfachende Tendenzen nicht auszuschließen. Bei den Relativsätzen wäre an Konstruktionen zu denken, wie sie z.B. nach dem Muster von eng. *the friends I'm <u>with</u>* (unter Auslassung des Relativpronomens) mit Nachstellung der Präposition bestehen. Auch die französische Umgangssprache kennt solche Strukturen: *celle <u>que</u> je suis <u>avec</u>* 'die [Frau], mit der ich zusammen bin' anstatt *avec qui* oder *laquelle je suis* bzw. *dont je suis le petit ami*).

In diese Kategorie fällt im Spanischen z.B. auch der adverbiale Gebrauch von *que* in der Bedeutung 'als' wie in "Hasta el desdichado tiempo que se perdió España" (Ende 16. Jh.; cf. Galmés de Fuentes 1955, 438).

9.4.2 Possessivkonstruktionen

9.4.2.1 Das Personalpronomen als Possessiversatz

Das Arabische kennt keine attributiven Possessivpronomen und verwendet an ihrer Stelle Possessivsuffixe, die an Substantive, Verben und Präpositionen angeschlossen werden: *ṯaman* 'Preis', *ṯamanu-hu* 'sein/ihr Preis'. Im Altspanischen finden sich Konstruktionen, die diese Struktur präpositional mit dem Personalpronomen auflösen:

> [...] e pudiera aver del precio dellas [de su precio] grand rriqueza [*Calila e Dimna*] (Galmés de Fuentes 1955, 239)

> [...] que el omne [hombre] que desprecia la bondad e la fin della [e su fin] [*Calila e Dimna*] (Galmés de Fuentes 1955, 255)

Auch das amerikanische Spanisch kennt angesichts der Mehrdeutigkeit von *su* periphrastische Formen, die zur Disambiguierung notwendig wurden (*de él, de usted/ustedes*), auch in der 1. Pers. Pl. (→ *de nosotros*).

9.4.2.2 Wiederaufnahme eines Genitivs durch das Possessivum

In arabischen Genitivverbindungen bezieht sich das Determinans nur auf das direkt voranstehende Determinatum, nicht aber auf eine Reihung von Elementen wie z.B. bei 'Beginn und Ende der Veranstaltung'. In diesem Fall setzt das Arabische zur Wiederaufnahme ein Possessivum (→ 'der Beginn der Veranstaltung und ihr Ende'). Diese Konstruktion wird in altspanischen Übersetzungen nachgeahmt:

> [...] en *los començamientos de los meses et* en sos *acabamientos* [al-Battānī] (Huffman 1973, 73)

9.4.3 Parataktischer Satzanschluss

Im Arabischen sind parataktische Anschlüsse kein Zeichen für unelaborierten Stil. Satzverbindungen mit *wa* 'und' sind absolut geläufig. Dies wurde in der altspanischen Übersetzung von *Calila e Dimna* ausgiebig nachgeahmt, wie folgender Abschnitt veranschaulicht:

> Et detove mi mano de ferir et de abiltar et de robar et de furtar et falsar. Et guarde el mi cuerpo de las mugeres, et mi lengua de mentir et de toda razon que dano fuese a alguno. Et detóveme de fazer mal a los omnes nin de burlar et escarnecer de ninguno et de quantas malas costunbres pude. (*Calila e Dimna*, 112)

Den Anschluss mit *wa* kann man funktional mit einem Satzpunkt vergleichen. Auch andere Formen der Wiederholung werden im Arabischen im Gegensatz zu westlichen Vorstellungen zu Ausdruck und Stil nicht als störend empfunden, wie Paronomasien zeigen (cf. 9.4.4).

9.4.4 Paronomasie

Als Paronomasie bezeichnet man eine rhetorische Figur, bei der verwandte oder ähnliche Wörter kombiniert werden wie z.B. im Deutschen *eine Schlacht schlagen.*

9.4.4.1 Paronomasie bei Objektakkusativ

Um eine Aussage zu intensivieren oder ihr Nachdruck zu verleihen, bevorzugt das Arabische eine Wendung, die dem Verb das Verbalnomen (ar. *maṣdar*) der gleichen Wurzel beistellt. Dieser transitive Anschluss wird in der arabischen Grammatik als absolutes Objekt (ar. *mafaᶜūl muṭlaq*), im Deutschen als innerer Objektakkusativ bezeichnet. Die Konstruktion funktioniert nach dem Modell *ḍaraba ḍarban šadīdan* 'heftig schlagen' → ['schlagen' + 'Schlag' (Verbalnomen im Akk.) + 'stark' (Adj. im Akk.)]. Ein weiteres Beispiel ist *ḫāfa ḫaufan šadīdan* 'sehr fürchten' → ['fürchten' + 'Furcht' (Verbalnomen im Akk.) + 'stark' (Adj. im Akk.)].

> E quando Pitagoras estava en su silla *castigava* con estos *castigamientos* [*Bocados de oro*]
> (Huffman 1973, 64)

In diesem Beispiel werden *castigar* und *castigamiento* (nsp. *castigo*) kombiniert. Formal gesehen geht es um eine geläufige, jedoch repetitive und deshalb in europäischen Sprachen stilistisch nur maßvoll eingesetzte Prädikat-Objekt-Beziehung (cf. lat. *cantum cantāre*, sp. *cantar una canción*).

> [...] bramó Çençeba muy fuerte bramido ['Çençeba brüllte sehr laut'] [*Calila e Dimna*]
> (Galmés de Fuentes 1956, 284)

In diesem Beispiel wird die Intensivierung der Aussage erkennbar. Im Spanischen ist die Konstruktion mit *bramido* allerdings partizipial-adverbial aufgelöst. Dies stellt durchaus eine analoge Struktur zu dem arabischen Modell '[mit einem Schlag] heftig schlagen' dar. In der Gegenwart kommen solche Wendungen im Spanischen nicht häufig vor (→ *lo ató todo bien atado* 'er band alles gründlich fest'; *lo agarró bien agarrado* 'er umklammerte es fest'). Aber auch im Portugiesischen finden sich Idiomatismen wie z.B. in *embrulhou-se muito bem embrulhado* 'er wickelte sich sehr dick ein'.

Ob sich die Wendungen *calla callando* 'still und heimlich' und *burla burlando* 'ehe man sich versieht...' aus der arabischen Struktur ableiten oder unabhängig entstanden, kann nicht sicher bestimmt werden. Corriente (1992a, 445) spricht sich dagegen aus, indem er darauf hinweist, dass das Arabische kein Gerundium besitzt. Es könnte sich jedoch um eine im Spanischen modifizierte Nachbildung handeln, denn Gerundialkonstruktionen sind im Spanischen sehr geläufig. Galmés de Fuentes zitiert mit "Multiplicando, *dijo*, multiplicaré *tu posteridad*" (1956, 286) ein Beispiel aus der Bibel (Genesis 16: 10), deren griechische Übersetzung des Alten Testaments wiederum Semitismen enthält.

9.4.4.2 Paronomasie bei Indetermination

In arabischen Genitivverbindungen (cf. 4.3.2) ist das Regens grundsätzlich determiniert. Konstruktionen wie '(irgend)ein Bewohner des Landes' können deshalb nicht direkt abgebildet, sondern müssen nach dem Modell "ein Bewohner von den Bewohnern des Landes" umschrieben werden. Diese Konstruktion wird in altspanischen Übersetzungen nachempfunden.

> [...] una ave de las aves *del mar* que *le dezían tittuy* [*Calila e Dimna*]
> (Galmés de Fuentes 1956, 287)

Die Periphrase *una ave de las aves del mar* hätte der Übersetzer im Spanischen durch ein syntagmatisches Kompositum umgehen können (→ *una ave de mar*). Dass er diese Möglichkeit nicht wählte, mag einerseits daran liegen, dass er die Reproduktion der Vorlage nicht als agrammatisch und störend empfand. Andererseits könnte ihn das

Prestige des Arabischen dazu bewogen haben, eine Imitation als stilistisch bereichernd anzusehen.

9.4.5 Das Konzept der Konvergenz

Neben Strukturen und Verbindungen wie z.B. der Paronomasie bei Objektakkusativ (cf. 9.4.4.1), die außerhalb etablierter Kollokationen ganz augenscheinlich aus dem Arabischen übertragen wurde, gibt es Phänomene, die in Übersetzungstexten punktuell vom Arabischen beeinflusst sein können, gleichzeitig aber auch Muster der Zielsprache abbilden. Man spricht in diesen Fällen von Konvergenz.

Eine solche Parallelität liegt in den Klammerkonstruktionen asp. *non ... sinon* und ar. *lā ... illā* zur Formulierung einer Einschränkung vor (cf. Huffman 1973, 33–38). Auch im Französischen ist *ne ... que* geläufig, während das Deutsche adverbiales *nur* bevorzugt (jedoch: *keiner ... außer*).

In den Kapitelverzeichnissen der *Libros del saber de astronomía* wird die jeweilige Thematik mit *De saber...* 'Über...' eingeleitet. Die Konstruktion mit *de* ist typisch für lateinische Titel (z.B. *De lingua Latina* 'Die lateinische Sprache') und setzt sich bis in die Kapitelüberschriften der spanischen Kolonialliteratur fort. Auf *de* folgt in der Regel allerdings ein Nomen. Der arabische Ausgangstext *fī ma^{c}rifat* + Subst. 'über die Kenntnis des/der' (cf. Millás Vallicrosa 1933, 172; ar. 166) verwendet ebenfalls eine Präpositionalphrase (mit *fī* 'in'). Konvergent sind hier die beiden präpositionalen Vorlagen, über die die altspanische Übersetzung verfügte. Das Verbalnomen *ma^{c}rifa* 'Kenntnis' (zu *^{c}arafa* 'wissen'; cf. 9.6) wurde, wie in anderen Fällen (cf. 9.6), verbal aufgelöst: "De saber el grado del sol [...]".

9.4.6 Statistik und Sprachvergleich

Die Konvergenz von Entwicklungen basiert auf der Parallelität von Strukturen. Die Wahrscheinlichkeit einer Beeinflussung – hier durch das Arabische – lässt sich dabei auch statistisch erheben, indem man die Frequenz der Strukturen in Ausgangs- und Zieltext vergleicht.

Im Falle der Klammer asp. *non ... sinon* und ar. *lā ... illā* (cf. 9.4.5) stellte Huffman anhand seiner vier arabischen Ausgangstexte (cf. 9.4) in 53,4% der Fälle eine Übereinstimmung im Spanischen fest. Unter 27 herangezogenen Vergleichstexten weisen *Calila e Dimna* (1251) sowie *Rrecontamiento del Rrey Ališand^{e}re* (1588), ein aus dem Arabischen übersetzter Aljamiadotext (cf. Nykl 1929), 47 bzw. 46 Entsprechungen auf, während die übrigen Texten unter 20 liegen (Huffman 1973, 26 und 31). Somit besteht kaum Zweifel daran, dass zumindest die beiden genannten Übersetzungen durch die arabische Vorlage syntaktisch beeinflusst wurden.

9.5 Die Übersetzung als Instrument lexikalischen Ausbaus

Die Übersetzungen aus dem Arabischen stellten neue Anforderungen an das Altspanische. Der wissenschaftliche Kontext musste adäquat wiedergegeben und das zur Beschreibung einschlägiger Sachverhalte erforderliche Vokabular eingebracht werden. Dazu boten sich Entlehnungen aus dem Arabischen, Übernahmen aus dem Lateinischen und schließlich Neubildungen aus dem eigenen Fundus durch die Möglichkeiten der Wortbildung an.

Die Entlehnung wurde bei gegenständlichen Bezeichnungen (Appellativa) wie z.B. asp. *açafeha* 'Astrolab' (< ar. *as-safīha*) bevorzugt. Abstrakta hingegen entstanden tendenziell durch Neubildung: Im *Libro de la açafeha* geht es um die Bestimmung des Breitengrads anhand der Position ("Höhe") des Polarsterns. Im Kapitelverzeichnis heißt es dazu: "De saber la ladeza de la uilla por la alteza de la estrella de noche" (Millás Vallicrosa 1933, 172). *Ladeza* wurde von asp. *lado, -a* 'breit' < lat. *lātus* abgeleitet und tritt erstmals in den *Libros del saber de astronomía* auf. Das heutige *latitud* (1492, cf. DCECH, s.v. *lato*) ist gelehrter Herkunft und bildet lat. *lātitūdo* ab, was man am Erhalt des intervokalischen lat. *-t-* erkennt. Mit *alteza* wurde bereits im Altspanischen die königliche Hoheit bezeichnet. Diese Form könnte z.B. Vorlage für die Ableitung *ladeza* gewesen sein.

In der Übersetzungsliteratur erscheinen weitere Ableitungen auf *-eza* und *-ura* wie z.B. asp. *longueza* und *longura*. Diesen Bildungen liegt asp. *longo* (auch *luengo*) zugrunde. Das heutige *longitud* stellt wiederum eine direkte Übernahme aus dem Lateinischen dar (lat. *longitūdo*).

Einen interessanten Fall systematisch am Arabischen ausgerichteter Wort- bzw. Nachbildung aus dem Bereich der Astronomie stellt Bossong (1979, 119) vor: Ar. *wasaṭ* 'Zentrum' findet ein Pendant in asp. *comedio* (cf. *medio*). Ar. *wassaṭa*, ein II. Verbalstamm mit faktitiver Bedeutung, entspricht asp. *acomediar* 'in Mittelstellung bringen' (< asp. *comediar*). Man beachte das Präfix *a-* (lat. *ad*), dem ebenfalls eine faktitive Bedeutung zukommt (cf. *sentarse* vs. *asentar* 'hinstellen'). Der V. Stamm *tawassaṭa* fügt ein rückbezügliches Element hinzu, was sich auf asp. *acomediarse* '(sich) in Mittelstellung bringen, halten' überträgt. Das zugehörige Verbalnomen (*maṣdar*) *tawassuṭ* schließlich führt zu einer Ableitung auf *-miento*, die im Spanischen Verben nominalisiert. So bezieht sich asp. *acomediamiento* auf die Mittelstellung, die in der Astronomie den höchsten Punkt eines Gestirns (das Mittel zwischen Auf- und Untergang) über dem Meridian bezeichnet. Die hier referierten altspanischen Ableitungen sind heute nicht mehr geläufig. *Acomediamiento* wurde durch die gelehrte Entlehnung *culminación* 'Kulminationspunkt' (lat. *culmināre* < *culmen*, cf. sp. *cumbre*) ersetzt.

Im Altspanischen fallen die Neubildungen auf *-miento* durch ihre Häufigkeit auf. Ein Beispiel ist asp. *orientamiento*: Im Arabischen unterscheidet man *šarq* 'Osten' und *mašriq* 'Sonnenaufgang'. Da sich asp. *oriente* in diesem Kontext auf die Himmelsrichtung bezieht, empfand man bei der Übersetzung astronomischer Literatur die

Notwendigkeit, für 'Sonnenaufgang' eine Differenzierung einzubringen: "De saber los orientamientos yuernales, y uerenales, y sos ponimientos [...]" (*Cạnones de Albateni*, cf. Bossong 1978, 53). Das Besondere an dieser Bildung ist, dass Ableitungen auf *-miento* in der Regel ein Verb voraussetzen, welches in diesem Fall jedoch nicht vorlag (**orientar* 'aufgehen'). Bei asp. *ponimiento* hingegen handelt es sich um eine deverbale Ableitung.

9.6 Die Übersetzung als Instrument syntaktischen Ausbaus

Neben der Tendenz zum Nominalstil, die durch das Fehlen der Kopula (d.h. 'sein' im Präsens) und die Verwendung von Partizipien gestützt wird, verfügt das Arabische mit dem Verbalnomen (*maṣdar*) über ein potentes Instrument der Nominalisierung. Durch seinen Einsatz entstehen konzise Satzstrukturen, die im Altspanischen aufgelöst werden mussten. *Maṣdar* bedeutet 'Quelle, Ursprung', im Französischen wird es bezeichnenderweise mit *nom d'action* übersetzt. So sagt man im Arabischen beispielsweise *naḥnu fī 'ntiẓāri-kum* "wir (sind) in Erwartung-eurer".

Bossong (1978) spricht mit Blick auf den arabischen Nominalstil von einer lexemischen Hypotaxe, die im Spanischen in eine phrasemische Hypotaxe, d.h. einen Nebensatz mit flektiertem Verb (→ Tempus, Modus, Aspekt) überführt wird. Anhand von Beispielen lässt sich nachverfolgen, mit welchen Problemen sich die Übertragung ins Altspanische zunächst konfrontiert sah (cf. Bossong 1978, 175ss.). Folgender Passus aus den *Cạnones de Albateni*, ein Werk des arabischen Astronomen und Mathematikers al-Battānī (ca. 858–929), veranschaulicht den Prozess der syntaktischen Umsetzung:

ar. [...] *al-ᶜamalu bihā ᶜinda 'l-ḥāǧati*
wrtl. "die Arbeit mit ihnen [den astronomischen Tafeln] bei Notwendigkeit"
asp. 'commo obran con ellas quando las ouiere ell omne [*ell hombre* 'man'] menester'
(cf. Bossong 1978, 178)

Das Substantiv *ᶜamal* 'Arbeit' wurde durch einen Nebensatz mit *obrar* aufgelöst. Entsprechendes gilt für *ḥāǧa* 'Notwendigkeit', das im Zuge der erforderlichen temporalen Konkretisierung ("wenn es nötig wird") im Altspanischen prospektiv als Konjunktiv Futur (*ouiere* [*hubiere*] + *menester*) konstruiert werden musste.

Es besteht kein Zweifel daran, dass die Übersetzertätigkeit aus dem Arabischen ins Altspanische eine Projektionsfläche bot, die durch Übung und praktische Anwendung den Ausbau der syntaktischen Möglichkeiten altspanischer Wissenschaftsprosa beförderte. Diese befand sich im 13. Jh. im Gegensatz zum Schriftlatein, das in seiner Funktion abgelöst werden sollte, in einer fortgeschrittenen Phase der Herausbildung. Den Entwicklungsprozess erkennt man auch daran, dass die alfonsinischen Texte noch eine Reihe von Einflüssen aus dem Aragonesischen und Leonesischen aufweisen (Fernández-Ordoñez 2006, 404ss.). Die Konsolidierung als Wissenschaftssprache und Teil der Prosasprache markierte einen wichtigen Schritt des Kastilischen auf dem Weg zur Nationalsprache, die im Titel von Nebrijas Grammatik von 1492 noch *castellano* genannt wurde.

Literaturhinweise

Ein interessanter Sammelband zum allgemeinen Kontext des Wissenstransfers ist *Wissen über Grenzen. Arabisches Wissen und lateinisches Mittelalter* (Speer/Wegener 2006). Zur sog. Übersetzerschule von Toledo gibt es eine Fülle von Beiträgen. Einen Überblick mit Schwerpunkt auf den Übersetzern gibt Gil (1985). Mit den Übersetzungen ins Lateinische beschäftigt sich Burnett (1977, 1985). Für Einflüsse auf das Spanische im syntaktisch-stilistischen Bereich eignen sich insbesondere Galmés de Fuentes (1955–56, ^{2}1996), Huffman (1973) und Bossong (1979, mit theoretischem Ansatz). Altspanische Originale können im Bildformat in der *Biblioteca digital hispánica* (www.bne.es/) abgerufen werden. Darüber hinaus besteht Zugriff auf die *Digital Library of Old Spanish Texts* (http://www.hispanicseminary.org/textconc-en.htm) der Universität Madison, die auch alfonsinische Prosatexte in digitaler Aufbereitung zur Verfügung stellt.

Aufgaben

1. Verfolgen Sie im 13. Jh. Übersetzertätigkeit und Werke anhand der *Historia de la prosa medieval castellana* (Bd. I, Kap. 3 und 4 bei Gómez Redondo 1998).
2. Welche Gründe lassen sich dafür anführen, dass das Altspanische im 13. Jh. stark an Bedeutung gewann und seinen Verwendungsbereich erheblich ausdehnen konnte?

10 Aljamiadoliteratur

10.1 Der historische Rahmen

Das Adjektiv *aljamiado* leitet sich von sp. *aljamía* ab, das seinerseits auf ar. *ᶜağamī* zurückgeht. Im Arabischen bezeichnet das Wort jemanden, der kein korrektes Arabisch spricht oder nicht arabischer Herkunft ist. Im Orient bezog sich der Terminus traditionell auf die Perser, auf der Iberischen Halbinsel auf die autochthone Bevölkerung. Das zugehörige Adjektiv lautet im Femininum mit Artikel ar. *al-ᶜağamīya* und hat wiederum einen Sprachbezug. So ist sp. *aljamía* die von den Mauren verwendete Bezeichnung für die iberoromanischen Varietäten. Damit kann z.B. auch das Kastilische gemeint sein, während das Mozarabische in der Außenbetrachtung *al-andalusīya* genannt wurde (cf. 2.1.1).

Heute versteht man unter veränderten Vorzeichen unter *aljamía* vornehmlich Texte, die nach dem Abschluss der Reconquista von Morisken in (fremder) arabischer Schrift auf Altspanisch verfasst wurden und gleichermaßen als Aljamiadoliteratur bekannt sind. Die Verwendung dieser Schrift, die sich auch im Osmanisch-Türkischen und Persischen etablierte, ist ein Tribut an die Sprache des Korans, obwohl sie sich aufgrund des differenzierten Vokalismus für diese Sprachen in der Praxis nicht eignet. Die Tradition der *aljamía* betrifft auch judenspanische (sowie judäo-portugiesische etc.) Texte in hebräischer Schrift. Auch hier kommt durch die Verwendung des eigenen Alphabets der Wunsch zum Ausdruck, die Verbindung mit dem kulturellen Erbe zu unterstreichen und zu bewahren.

Während die in Spanien lebenden Juden, die 1492 nicht zur Konversion bereit waren, unmittelbar vertrieben wurden, waren die Mauren von einer solchen Maßnahme zunächst nicht betroffen. In den Vereinbarungen (sp. *capitulaciones*), die 1491 die bevorstehende Übergabe Granadas regelten, hatte man der maurischen Bevölkerung sogar weitgehende Zugeständnisse gemacht, die allerdings nicht eingehalten wurden. In den Jahren 1499–1501 kam es deshalb in Granada und Umgebung zu Aufständen (*rebelión de las Alpujarras*), die sich gegen die Zwangskonversion richteten. 1501 verfügte der Erzbischof von Toledo, Francisco Jiménez de Cisneros, in Granada die Verbrennung häretisch eingestufter arabischer Bücher. Ein solches Vorgehen sollte sich Mitte des 16. Jhs. mit der Vernichtung von Maya-Codices in Yucatán (Mexiko) wiederholen. Wissenschaftliche Werke auf Arabisch waren von der Maßnahme allerdings nicht betroffen.

In Kastilien erging 1502 ein königliches Dekret, das die Konversion und Assimilation der Mauren vorsah. In Aragón (mit Valencia und Katalonien) erfolgte dieser Schritt auf Geheiß Karls V. (sp. Carlos I) erst in der Kongregation der Capilla Real im Jahre 1526. Aus muslimischen Mudéjares sollten christliche Morisken werden. Sowohl der Islam als auch das Judentum tolerieren eine solche Konversion unter der Voraussetzung, dass sie unter Zwang und lediglich nach außen hin erfolgt. Aus diesem

https://doi.org/10.1515/9783110697766-010

Grund waren die Konvertiten beständigen Pressionen seitens der Inquisition (sp. *el Santo Oficio*) ausgesetzt.

Der erste Erzbischof von Granada, Hernando de Talavera, setzte in der Frage des rechten Glaubens zunächst auf die Kraft der Überzeugung. Allerdings sollten die Mauren, um ihre Integration zu befördern, bereits äußere Merkmale ihrer gewohnten Lebensart aufgeben. Dies betraf traditionelle Bekleidung und Schuhe, das Tragen von Bärten und Medaillons mit arabischen Schriftzügen, die Beschneidung und das rituelle Schlachten von Tieren. Durch hohe Geldzahlungen erreichten die Morisken Granadas, dass man ihnen für die 1526 von Karl V. verfügten Maßnahmen eine Übergangszeit von 40 Jahren einräumte.

Am Ende dieses Moratoriums bekräftigte Philipp II. 1566 in einer Verordnung (sp. *pragmática*) die Maßnahmen gegen die Morisken. Ihre Umsetzung führte 1568 zu einem weiteren Aufstand in den Alpujarras (cf. Cardillac 1990, 11). Als Konsequenz wurden Morisken 1571 nach Kastilien umgesiedelt, zum Teil versklavt und die verlassenen Gebiete in Granada durch Siedler aus dem Norden neu bevölkert. Da die Morisken weiterhin heimlich dem Islam anhingen, trugen sie auch arabische Namen. So wird berichtet, dass die Inquisition aus diesem Grund gezielt nach den christlichen Taufnamen fragte und darauf oft keine Antwort erhielt (Abad Merino 2009, 23). Die endgültige Vertreibung der Morisken aus Spanien wurde 1609 verfügt, in Murcia erfolgte sie 1610, im Valle de Ricote (Murcia), auch Valle Morisco genannt, 1614. Wie die sephardischen Juden vor ihnen emigrierten auch die Morisken vorzugsweise in den Maghreb und das Osmanische Reich.

10.2 Das sprachliche Umfeld

Im Norden und Nordwesten der Iberischen Halbinsel lebten vergleichsweise wenige Morisken, denn während der frühen Reconquista war die muslimische Bevölkerung dieser Gebiete oft in den Süden abgewandert. In den *reinos* von Granada und Valencia (*reino* steht ab 1492 für ein Verwaltungsgebiet) waren die Morisken überwiegend arabophon, und nur wenige beherrschten Spanisch bzw. Katalanisch. Dies lag auch daran, dass sich bereits im 13. Jh. wohl keine romanischsprachigen Mozaraber mehr in al-Andalus aufhielten. Die Morisken des 16. Jhs. zogen sich in entlegene Bergregionen wie die granadinischen Alpujarras zurück.

Die Frage, in welcher Sprache die Unterweisung der Morisken im christlichen Glauben erfolgen solle, wurde kontrovers behandelt. Wie in der Diskussion über die Missionierung Hispanoamerikas in indigenen Sprachen wurde vorgebracht, das Arabische eigne sich aus Mangel an spezifisch christlicher Terminologie nicht. Objektiv gesehen ist dies abwegig, denn im Orient leben bis heute christliche Gemeinschaften mit arabischer Muttersprache.

1505 veröffentlichte Pedro de Alcalá unter der Ägide des Erzbischofs von Granada ein Werk mit dem Titel *Arte para ligeramente saber la lengua arauiga*, das Priester in der religiösen Unterweisung der Morisken unterstützen sollte (cf. Cardillac 1990, 3ss.). Auf eine kurze Grammatik des Arabischen folgt ein Katechismus, der in lateinischer Umschrift unter anderem christliche Gebete auf Arabisch beinhaltet. Das Vaterunser z.B. beginnt mit den Worten (Alcalá 1883, 31):

hispar.	Guălíduna	alladĭ	fa cemeguĕt [...]
ar.	Wālidunā	'llaḏī	fī 's-samawāt
dt.	Unser Vater,	der (du	bist) im Himmel

In dieser hispanoarabisch gefärbten Version erscheint, zumindest im Schriftbild, die typisch romanische Umsetzung des arabischen Nexus [wa-] > [gua-] (*guălíduna*; cf. 3.2.2.4), die hier sogar auch wortintern auftritt (*cemeguĕt*), wie der Vergleich mit dem Hocharabischen zeigt. Charakteristisch ist der unelidierte Anlaut [a-] des Artikels im andalusischen Arabisch (*fa cemeguĕt* anstatt ar. *fī 's-samawāt*, cf. 4.5.1). In der Nachfolge des Werkes von Pedro de Alcalá erschien noch 1566 in Valencia eine *Doctrina christiana en lengua arauiga, y castellana.*

Die für Aragón und Granada ursprünglich ab 1526 vorgesehenen Zwangsmaßnahmen gegen die Morisken beinhalteten auch kategorische Schritte gegen die Verwendung des Arabischen, die jedoch zunächst nicht umgesetzt wurden: Arabisch sollte nicht mehr gesprochen oder geschrieben werden, offizielle Dokumente wie Kaufverträge und Heiratsurkunden waren ins Kastilische zu übersetzen und im Original zu vernichten. Auch hier besteht eine Parallele zur Sprachpolitik in Hispanoamerika, die das Auslöschen der indigenen Sprachen 1770 in der *Cédula de Aranjuez* vorsah. In Granada wurde das Arabische nach Ablauf der gewährten Übergangsfrist von 40 Jahren sowie eines letzten Aufschubs von drei Jahren verboten, und auf Arabisch abgefasste Verträge verloren ihre Gültigkeit.

In einer besseren Lage befanden sich die Morisken in Kastilien und Aragón. 1587 stellte der Bischof von Segorbe (Castellón), Martín de Salvatierra, fest:

> [...] queda provado y concluido que para la conversión y reducción de los dichos moros no es necesario ni de efecto alguno quitarles el havito y lengua que usan ni sacarlos de los lugares marítimos en que viven, pues, como sta dicho y es evidente y notorio, falta esto en los moros de Aragón y Castilla que son muy ladinos en lengua castellana y usan vestido de xpianos viejos y viven en lugares muy lejos de los mares y con todo esto son tan moros como los de berbería y los del Reyno de Valencia. (Boronat y Barrachina 1901, 629)

Das Adjektiv *ladino* ("son muy ladinos") bezieht sich in diesem Zusammenhang auf einen fortgeschrittenen Grad der Beherrschung des Spanischen und fand auch in Bezug auf die Sprachkenntnisse von Sklaven afrikanischer Herkunft Anwendung. Das zitierte Dokument belegt, dass die Morisken Kastiliens und Aragóns gutes Spanisch sprachen. Aufgrund der weniger repressiven Politik blieben nach den Eroberungen des 12. und 13. Jhs. Muslime gerade in Aragón ansässig (Kontzi 1974, 4). Infolgedessen entstand eine Aljamiadoliteratur mit vorwiegend aragonesischen Zügen (cf. Galmés de Fuentes 1996, 113–115).

10.3 Sprachliche Charakteristika

Die Aljamiadoliteratur entstand im 15. Jh. und besteht aus mehr als 200 Dokumenten, die insbesondere im 16. Jh. verfasst wurden. Nur wenige hat man bisher in kritischen Ausgaben veröffentlicht. Die Themenbereiche betreffen Religion, Dichtung, Wissenschaft (Medizin), Brauchtum sowie Briefe und Geschäftspapiere (cf. Nykl 1929, 29–33). Darunter befinden sich auch von Imamen und anderen Schriftkundigen angefertigte Übersetzungen aus dem Koran, da die Kenntnis des Hocharabischen unter den Morisken offensichtlich zurückgegangen war. Die Schriften wurden verborgen gehalten und in häuslichen Verstecken erst ab dem 19. Jh. wiederentdeckt.

Die Besonderheit in der Notation der Aljamiadoliteratur besteht darin, dass die in arabischer Schrift abgefassten Texte voll vokalisiert sind. Dies bedeutet, dass kurze Vokale, Diphthonge und Längung dargestellt werden (cf. 3.1.1). Auch die Vokallosigkeit eines Konsonanten wird bezeichnet, z.B. bei sp. اُنْ <un> mit dem kreisförmigen Diakritikum auf dem <n> (ar. *sukūn*). Nichtsdestoweniger gibt es Einschränkungen in der Notation des aragonesisch gefärbten Vokalismus (cf. 8.2.1.1) sowie Überschneidungen im Konsonantismus.

Die graphischen Konventionen ähneln denen mozarabischer Inhalte (cf. 8.1.1). Kurzes /o/ und /u/ werden nicht unterschieden (cf. 3.1.1). Für /e/ erscheint in Aljamiadotexten langes medianes ـا <ā>, das aufgrund der im Spanischen fehlenden Differenzierung von Länge und Kürze bei Vokalen nicht anderweitig benötigt wurde. So ergibt sich für ك <k> die Unterscheidung in كَ <ka> und كا <ke>. *Camino* z.B. wird als كَمِنُ <k^{a}m^{i}n^{u}> notiert. Die hochgestellten Lateinbuchstaben sollen hier die Vokalisierung mit ◌َ <a>, ◌ِ <i> und ◌ُ <u> veranschaulichen.

Da das arabische Alphabet kein <p> besitzt, wird das Zeichen mit <bb> wiedergegeben, also بَ <ba> vs. بَّ <bba> für <pa>. Das Diakritikum für konsonantische Länge (*šadda*) kennzeichnet neben dem einzigen spanischen Langkonsonanten <rr> die Palatale <ll> [ʎ] (also لَ <la> vs. لَّ <lla>) und <ñ> [ɲ]. Entsprechend wird auch die stimmlose Affrikate /tʃ/ (*dicho*), die im Arabischen nicht existiert, als Kombination mit dem Diakritikum notiert (also <džd ž> für <tš>).

Einige arabische Grapheme überschneiden sich in der Darstellung, weil ihr Lautwert im Spanischen kein Pendant findet bzw. eine nicht vorhandene phonetische Differenzierung beinhaltet. Dies ist z.B. bei sp. <t> der Fall, wofür ar. ت oder ط verwendet werden können. Meist kommt die erste Variante zum Einsatz, obwohl sie im Arabischen im Gegensatz zum Spanischen behaucht ist. Für <d> wird ar. د verwendet, das der spanischen Realisierung entspricht. Im 16. Jh. bildeten sich im Spanischen in stimmhafter Umgebung die frikativen Allophone von /b/, /d/, /g/ heraus, so dass intervokalisches /d/ [ð] eigentlich durch gleichlautendes ar. ذ hätte notiert werden können. Eine solche Handhabung wurde jedoch nicht konsequent umgesetzt.

Demgegenüber fällt bei den Sibilanten eine konsequent verfolgte Differenzierung auf: In der Entwicklung von lat. <k^{e,i}> entstand die Affrikate [ts] (asp. *çibdad*), die am Ende der altspanischen Epoche im 15. Jh. ihr plosives Element verlor und dann als prädorsales [s̺] gesprochen wurde. Ende des 16. Jhs. ging der Laut in den heute im Kastilischen realisierten interdentalen Frikativ über. Das prädorsale /s̺/ repräsentiert das entsprechende arabische Graphem س <s>. Das genuine kastilische apikoalveolare /s̺/ (cf. asp. *passar*) hingegen wird dem präpalatalen Frikativ /ʃ/ <x> (cf. asp. *dixo* [ʃ] > nsp. *dijo*) gleichgesetzt und mit ش <š> notiert. Manche Aljamiadotexte jedoch heben den altspanischen Präpalatal /ʃ/ eigens durch Setzung des Verdopplungszeichens davon ab (→ شّ <š>).

Die parallele Notation erklärt sich aus der akustischen Nähe des Präpalatals [ʃ] und des apikoalveolaren /s̺/, das in Richtung auf das Palatum verschoben ist. Das apikoalveolare /s̺/ ist vor allem für das Kastilische und Katalanische typisch, wird heute aber auch noch im Nordosten Portugals (Beira) realisiert. Auch in al-Andalus wurde das iberoromanische /s/ dem Graphem ش <š> zugeordnet (cf. 3.2.2.2).

10.4 Arabische Einflüsse in Aljamiadotexten

10.4.1 Wortschatz

Eine Besonderheit der Aljamiadoliteratur stellen Arabismen dar, die in anderen Textsorten nicht vorkommen. Viele dieser Elemente[1] wie z.B. *alḥadīṯ* 'Bericht; Überlieferung der Worte und Taten des Propheten Mohammed' (ar. *al-ḥadīṯ* zu *ḥadaṯa* 'geschehen') gehören zur religiösen, juristischen und gesellschaftlichen Tradition der Morisken. Die Verquickung der Felder ergibt sich auch dadurch, dass im Islam keine Trennung zwischen Religion (Kirche) und Staat besteht.

Obwohl Wörter wie *a(l)nnabī* 'Prophet' < ar. *an-nabī* oder *almalak(e)* 'Engel' < ar. *al-malak* ein Pendant im Spanischen besitzen, weichen sie im Bedeutungsspektrum entsprechend ihrer kulturellen Einbettung ab. Wochentage werden bis auf den Gebetsfreitag nach arabischer Zählung benannt, so *di(y)a de ẖamīs* 'Donnerstag' (cf. ar. *yaum al-ẖamīs* zu ar. *ẖamsa* 'fünf'). Auch im Portugiesischen heißt der Donnerstag *quinta-feira*, wenn auch nicht unter direktem arabischen Einfluss.

Arabismen, die im Spanischen bereits als Entlehnungen vorlagen, erscheinen in Aljamiadotexten manchmal in etwas traditionellerem Gewand wie z.B. *alqaṣar* < ar. *al-qaṣr* für *alcázar* oder *alqade* (ohne <l>) < ar. *al-qāʾiḍ* für *alcalde*. Demgegenüber kommt es zur Romanisierung von Wörtern durch Anfügen eines Endvokals wie bei *almalak* → *almalake*.

Darüber hinaus treten in der Sprache der Morisken semantische Interferenzen auf: Sp. *compañero*, das wie ar. *ṣāḥib* 'Gefährte' bedeutet, übernimmt in *konpañero ḏe la fi(y)ebre* 'fieberkrank' (Kontzi 1974, 83) einen neuen Bedeutungsinhalt aus dem Arabischen. Ar. *ṣāḥib* ist auch der 'Besitzer einer Sache' oder drückt in attributivem

1 Für die Wortbeispiele aus den Aljamiadotexten siehe das Glossar von Kontzi (1974, I, 183–343).

Sinne 'betraut, versehen mit' aus. Ein weiteres Beispiel ist *kasar peseš* 'fischen' (cf. sp. *cazar*), dessen Vorlage in ar. *ṣāda* 'jagen' und der Kollokation *ṣāda samakan* (ar. *samak* 'Fisch') liegt.

10.4.2 Morphologie

Die arabische Morphologie bietet die Möglichkeit, vergleichsweise viele Elemente eines semantischen Feldes aus der gleichen Wurzel abzuleiten. So geht *alḥadisar* 'erzählen' formal gesehen auf ar. *al-ḥadīṯ* 'Bericht' zurück (cf. 10.4.1), semantisch steht es jedoch auch mit *ḥaddaṯa* 'erzählen', der II. Form des Verbs gleicher Wurzel in Verbindung. Eine weitere denominale Derivation ist, auf der Basis von *verdad*, *(a)berdadeser* 'bezeugen, bestätigen'.

Die Pluralbildung erfolgt nach spanischen Regeln. Dies ist von gewisser Bedeutung, da viele Substantive im Arabischen einen sog. gebrochenen (inneren) Plural haben (cf. 3.3.1.2). Die Mehrzahl von *a(l)nabī* 'Prophet' lautete unter den Morisken *a(l)nabíeš*, während die Form im Arabischen *ʾanbiyāʾ* heißt. Es kommt auch vor, dass ein gebrochener arabischer Plural zusammen mit dem spanischen Pluralmorphem auftritt. Als sprachliches Phänomen ist dies bei Substantiven mit der "doppelten" Setzung des agglutinierten arabischen und des spanischen Artikels vergleichbar (cf. Kap. 4).

10.4.3 Syntax

Der syntaktische Einfluss, den das Arabische in Zusammenhang mit Übersetzungen auf das Altspanische ausübte, wurde in Kap. 9.4 beschrieben. Die dort behandelten Phänomene wie spezielle Konstruktionen des Relativsatzes, Besonderheiten bei den Possessiva und Paronomasien treten auch in Aljamiadotexten auf.

Darüber hinaus beobachtet man weitere Interferenzen, z.B. bei Rektionen: Nach ar. *amara* 'befehlen', das sich mit der Präposition *bi* 'in, mit', verbindet, wurde im Spanischen der Morisken *mandar con fazer* für *mandar fazer* gebildet (cf. Kontzi 1974, 94). Für 'haben' gibt es im Arabischen kein eigenes Verb, denn der Bezug wird präpositional durch *ʿinda* 'mit' hergestellt und im Spanischen nachgeahmt: *no ay a él fiǧo* [hijo] 'er hat keinen Sohn' (ibid., 118). Auch das Fehlen der Kopula im Arabischen (→ Nominalsatz) bildet sich ab: *¿ké (eš) ešto?* (ibid., 124). Diese speziellen syntaktischen Einflüsse werden ausführlich bei Kontzi (ibid., 105–162) behandelt.

Die nicht unerheblichen arabischen Interferenzen im Spanischen der Morisken Aragóns zeigen, dass noch ein sprachliches Adstrat vorhanden gewesen sein muss, denn ohne aktive Kenntnisse des gesprochenen Arabisch wäre im hispanophonen Umfeld eine schnelle Nivellierung erfolgt. Es könnte sogar sein, dass die Morisken manche Anleihe beim Arabischen bewusst in ihr Spanisch einbrachten.

10.5 Beispiel eines Aljamiadotextes

Der folgende Ausschnitt stammt aus einem undatierten Aljamiadotext der Sammlung von Gil (1888, 1). Es folgen (a) unsere Transliteration, (b) eine daran ausgerichtete Version, wie sie vielleicht altspanisch verschriftet ausgesehen hätte (mit erklärender Akzentsetzung) und (c) die deutsche Übersetzung.

Abb. 3: Ausschnitt aus einem Aljamiadotext (Gil 1888, 1)

دَالْ وَلَرْدُنْ دَا لُشْ شَبِيُشْ

دِيشُ أَنْ رَاكُنْتَدُرْ كِيَانْ دَامَنْدَرَ بُرْ كَمِنْ اِكَرَا

رَ بَرَ آبَارَانْدَرْ سَانْسِيَ اِ شَبِدُرِيَ أَدَارَاسُلْ

دِيشُ أَدَكَالْتَلْ اَ أَنْ كَمِنْ دَا لُشْ كَمِنُشْ دَالْ

بَّرَاِشُ اِ لُشْ آنْجَالَاشْ ءَاشْتِيَانْدَنْ شُشْ اَلَاشْ اَ لُشْ

آبْرَانْدِيَانْتَاشْ اِ دَامَنْدَنْتَاشْ دَالْ شَبَارْ بُرْ أَكُنْتَانْ

تَسِيَنْ دَالْ كَا هَزَانْ اِ عَالْ دَامَنْدَتَا اِبَّرَانْدِيَانْ

(a) Del walardun de luš šabiyuš diyšu un rrecuntadur kiyen demandara pur caminu i carrera para aperender sensiya i šabiduriya aderesulu diyuš adakeltal a un kaminu de luš kaminuš del paraišu i luš andželeš eštiyenden šuš alaš a luš aprendiyenteš i demandanteš del šaber pur acuntentasiyun delu ke fazen [...]

(b) Del galardón de los sabios — dixo un recontador — quien demandará por camino y carrera para aprender çiençia y sabiduría, adereçólo Dios ad aquel tal a un camino de los caminos del paraíso y los ángeles estienden sus alas a los aprendientes y demandantes del saber por acontentación de lo que fazen, [...]

(c) 'Zum Lohn der Gelehrten — sagte ein Erzähler — wer sich überall darum bemüht, Wissen und Gelehrsamkeit zu erlangen, dem hat Gott den wahren Weg [den Weg der Wege] zum Paradies gewiesen, und die Engel breiten den Gelehrigen und nach Wissen Strebenden ihre Flügel aus, weil sie sich an dem, was diese tun, erfreuen, [...]'

Inhaltlich thematisiert der Text das Streben nach Gelehrsamkeit, das im Islam traditionell hochgeschätzt wird. In einem Spruch der Überlieferung heißt es: “Strebe nach Wissen, selbst wenn es in China liegt”.

Gemäß der arabischen Schrift erscheint in der Transliteration des zitierten Textabschnitts <u> für <o> und <u>. Eine klare Differenzierung erfahren hingegen die Sibilanten, apikoalveolares (<šabiyuš> → *sabios*) und prädorsales /s/ (<sensiya> → *ciencia*). In altspanischer Graphie üblich, im Arabischen jedoch ausgeschlossen, ist anlautendes langes /r/ < رّ >, das in *rrecontador* (‘narrador’) gesetzt wird. Das <f-> in *fazen* ist im 16. Jh. ein Merkmal des Aragonesischen, denn das Kastilische zeigt die Entwicklung *f-* > *h-*, die im 14. Jh. mit <h-> auch graphisch umgesetzt wurde.

Acontentación und seine Ableitungsbasis *acontentar* sind Formen des 16. Jhs., wobei *acontentar* heute noch in Aragón gebräuchlich ist. Eine Nachahmung arabischer Syntax liegt in “un camino de los caminos” [del paraíso] vor (cf. 9.4.4.2).

Literaturhinweise

Über die Geschichte der Morisken von 1500 bis zu ihrer Vertreibung informiert Harvey (2005). Die arabischen Einflüsse in Aljamiadotexten behandelt Kontzi (1974, I, 183–343) in einer umfassenden Studie mit transliterierten Dokumenten und Glossar. Einen kurzen Überblick gibt Galmés de Fuentes (1996a). Ebenfalls von Galmés de Fuentes et al. (2016) stammt ein umfangreiches Glossar zum Aljamiado-Wortschatz. Das *Seminario de Estudios Árabo-Románicos* (Universität Oviedo) bietet eine Zusammenstellung überwiegend digitalisierter Beiträge (www.arabicaetromanica.com/biblioteca-digital-aljamiada/) zur Aljamiadoliteratur, darunter auch Textausgaben.

Aufgaben

1. Verschaffen Sie sich auf den Seiten der Universität Oviedo einen Überblick über die digitalisierten Beiträge zur Aljamiadoliteratur (→ Literaturhinweise). Klicken Sie auf Nykl, *A Compendium of Aljamiado Literature* (→ Weiterleitung) und lesen den die Abschnitte zu Mudéjares, Morisken und Textthematiken (23–33).
2. Schlagen Sie die Etymologie von sp. *galardón* nach (DCECH), kommentieren Sie den Anlaut im Abgleich mit den Textversionen (a) und (b) (cf. 10.5) und ziehen Parallelen zu Formen im arabischen Vaterunser (cf. 10.2).

11 Verlust und Ersetzung von Arabismen

Der Wortschatz aller Sprachen ist permanentem Wandel unterworfen. Mitunter bringt die Variation im Lexikon den Verlust von Wörtern, einzelner Wortbedeutungen oder Kollokationen mit sich. So wurde im *Cantar de Mio Cid* (um 1200) für *salida* auch asp. *exida* (Z 11) < lat. *exīre* gebraucht, und es hieß *tornar la cabeça* (Z 2) anstatt *volver la cabeza*.

Veränderungen im Wortschatz treten insbesondere auf, wenn Sprachen miteinander im Austausch stehen. In der Gegenwart lässt sich dies am allgemeinen Einfluss des Englischen beobachten, im Mittelalter hingegen war die wichtigste Gebersprache des Spanischen das Arabische. Die Gründe für den Verlust bzw. die Ersetzung lexikalischer Einheiten lassen sich im Einzelfall nicht immer exakt bestimmen. Einerseits sind sie sprachintern bedingt, andererseits unterliegen sie externen Einflüssen.

Ein innersprachliches Kriterium kann z.B. das Vorhandensein von Homophonen sein, die in Verbindung mit Arabismen allerdings keine Rolle spielen. So koexistieren im Spanischen seit der Desonorisierung im 16. Jh. (cf. 3.2.2.2) *azogue* 'Quecksilber' < ar. *az-zāʾūq* und *azogue* mit der Bedeutung 'Marktplatz' < ar. *as-sūq* 'Markt' (cf. pg. *azougue* vs. pg. *açougue*).

Zu den außersprachliche Faktoren gehören Maßnahmen, wie sie im 16. Jh. gegen die Morisken getroffen wurden (cf. 10.1) und damit auch den Verlust von Arabismen beförderten. Grundsätzlich bleibt festzuhalten, dass seit dem 14. Jh. bei Arabismen ein Rückgang zu verzeichnen ist, der auf den Niedergang der arabischen Herrschaft folgte, auch wenn aufgrund der Quellenlage viele Arabismen des Spanischen erstmals in Dokumenten des 13. Jhs. auftreten. Der Schwund des im Mittelalter entlehnten Vokabulars setzt sich bis in die Gegenwart fort. Dabei kann Wortgut arabischer Herkunft in der Standardsprache ausfallen, während es ggf. regional noch erhalten ist (cf. Walsh 1967, 350–351).

11.1 Die Einstellung zu Arabismen im 16. und 17. Jh.

Mit dem Ende der arabischen Herrschaft gingen die Vorbildfunktion der arabisch-islamischen Kultur sowie das Prestige des Arabischen verloren, und die Einstellung der Sprache gegenüber wandte sich nach dem Abschluss der Reconquista oftmals ins Gegenteil.

1502 wurden die Morisken in Kastilien und 1526 in Aragón gezwungen, das Christentum anzunehmen (cf. 10.1). 1478 hatten die Katholischen Könige die Inquisition (sp. *el Santo Oficio*) eingerichtet, deren Ziel es war, Verstöße gegen die Grundsätze des rechten katholischen Glaubens zu unterbinden und damit auch heimliche Anhänger des Islam aufzuspüren. Diese offiziellen Maßnahmen mussten Vorbehalte in der Bevölkerung verstärken. Ein weiteres Kriterium der Ablehnung waren in diesem

https://doi.org/10.1515/9783110697766-011

Zusammenhang die in jener Zeit entwickelten Vorstellungen zur *limpieza de sangre*, mit der sich die Altchristen gegenüber den Konvertiten abgrenzten.

Die *limpieza de sangre* fand auch in Bestrebungen, die Reinheit der Sprache zu gewährleisten, ein Echo. Eine entsprechende Haltung kommt bei dem Arzt Francisco López de Villalobos (1473–1549) im "Diálogo de las fiebres interpoladas" (1515) zum Ausdruck. In einem Vergleich des Sprachgebrauchs in Altkastilien und Toledo kritisiert er vehement die Arabismen der Toledaner:

> Y en Castilla los curiales no dizen [...] ni dizen albaceha, ni almutacẽ, ni atayforico: ni otras palabras moriscas con q̃ los Toledanos ensuziã y ofuscan la polideza y claridad de la lengua Castellana. Esta digressiõ he hecho aqui aunq̃ es fuera de proposito, porque las damas de Toledo no nos tẽngã de aqui adelante porçafios [sic]. (Villalobos 1574 [1515], 103)

Nach Villalobos 'beschmutzen und verdunkeln' (→ *ensuciar, ofuscar*) Arabismen die Reinheit und Klarheit des Spanischen. Wer sie in seiner Sprache verwende, dürfe als ordinär gelten ("çafios" → sp. *zafio* < ar. *safīh* 'dumm, unverschämt'). Im Gegensatz zum Lehngut anderer Sprachen lassen sich Arabismen im Spanischen zum Teil leicht erkennen, was ihre Vermeidung befördern konnte. Auf die Merkmale von Arabismen weist Juan de Valdés 1535 im *Diálogo de la lengua* hin:

> Quanto a lo demás, sabed que casi siempre son arávigos los vocablos que empiezan en *al-*, como *almohada*, [...] y los que comienzan en *az-*, como *azaguán*, [...] y los que comienzan en *gua-*, como *Guadalherza* [...] (*Diálogo*, 148)

Müller (2005, 1456a) ist der Ansicht, dass Antonio de Nebrija in seinem *Vocabulario español-latino* (um 1494) eine bewusste Reduzierung der arabischen Einträge vorgenommen habe. Zum Anlass nimmt er, dass sich unter den ungefähr 9.500 Lemmata lediglich 235 Arabismen (2,7%) befinden, was die "sprachpolitische Retusche einer Wirklichkeit, die nicht so sein sollte, wie sie war" repräsentiere. Eine für die Epoche angemessene Einordnung der Bedeutung des arabischen Lehnguts nahm Valdés vor:

> [...] la lengua castellana consiste principalmente en vocablos latinos, assí enteros como corrompidos, y en vocablos, arávigos o moriscos, y en algunos pocos griegos. (*Diálogo*, 193)

Einerseits zeigt Valdés in der Bewertung von Arabismen eine pragmatische Einstellung, wenn er z.B. in Bezug auf einen von ihm angesetzten Arabismus *helgado* 'hombre de raros dientes' erklärt: "[...] aunque parece vocablo arávigo, no me descontenta; y no teniendo otro que sinifique lo que él, sería bien usarlo" (ibid., 200). Andererseits deutet er durch "aunque" und "no me descontenta" an, dass es einen historischen Paradigmenwechsel in der Einschätzung von Arabismen gab.

Ein Beitrag von Case (1982) thematisiert die Sprache der Morisken in Theaterstücken Lope de Vegas (1562–1635) zwischen 1595 und 1615. Gerade in jener Zeit wurden Morisken sehr beargwöhnt, als falsche Christen dem Islam anzuhängen. Ihre Sprache karikiert Lope de Vega einerseits durch die Verwendung von Arabismen, bei denen er den Artikel abtrennt: "[...] Lope lops off the Arabic article *al* or *a*: *ceite, calde, caide, guacil, bricias, zadón, míbar, darga, fanje, marilia*" (Case 1982, 597). Andererseits macht sich Lope de Vega lustig, indem er Morisken syntaktisch falsche Formen mit *al* bilden lässt (**al vega*, **al maniana*), die wiederum Arabismen evozieren sollen (cf. Solá-Solé 1968, 282–283). Das Motiv für diesen sprachlichen Eingriff passt sich in jener Epoche der Tendenz allgemeiner Dearabisierung an.

11.2 Der Verlust von Arabismen in chronologischer Sicht

Der Verlust von Arabismen vollzog sich in unterschiedlichen Zeitfenstern. Gómez-Moreno (1919, 122–129) belegt für das 10. und 11. Jh. in lateinischen Quellen aus León 170 Arabismen. Einige dieser Wörter kamen gewiss schon früh wieder außer Gebrauch. So präsentiert Neuvonen (1941, 79–80) in diesem Zusammenhang eine Liste mit 64 Arabismen, die bis Mitte des 11. Jhs. belegt, im 13. Jh. aber nicht mehr nachzuweisen seien. Dazu gehört z.B. *tiraz* 'tejido de seda labrado' (belegt 934; cf. Gómez-Moreno 1919, 128) aus ar. *ṭirāz* 'Stickerei, Ausschmückung, Mode'. Im Portugiesischen gilt das Wort heute in der Bedeutung 'Leinen' als veraltet. Grundsätzlich ist zu beachten, dass manche der frühen Arabismen angesichts ihrer Einbettung in lateinische Texte möglicherweise nie in der Volkssprache geläufig waren.

In der weiteren Chronologie zeigt sich eine Staffelung der Entwicklung, die vom 13. bis zum 20. Jh. reicht. Es gibt Arabismen, die eine lange Präsenz im Spanischen aufwiesen, bevor sie schließlich untergingen. Sp. *albéitar* 'Tierarzt' (< ar. *al-bayṭār*), das 1023 erstmals belegt ist (DCECH, *s.v.*), wich seinem lateinischen Konkurrenten *veterinario* erst im 20. Jh. (cf. CORDE, *s.v.*). Grund hierfür ist, dass das Spanische lat. *veterinārius* erst im 19. Jh. als gelehrte Entlehnung aufnahm, während das Französische diesen Schritt schon im 16. Jh. vollzog. Sp. *albeitería* für 'Veterinärmedizin' hingegen ist heute noch geläufig.

Sp. *albañil* < ar. *al-bannāʾ* 'Maurer' hat sich bis in die Gegenwart erhalten, weil sich die Konkurrenzbezeichnung *pedrero* 'Steinmetz' semantisch unterscheidet. In älteren Texten bezeichnet das Wort auch den Edelsteinschleifer. Die innere Differenzierung wurde im Spanischen offensichtlich für wichtig erachtet. Im Portugiesischen wiederum vereint *pedreiro* die Bedeutungen 'Maurer' und 'Steinmetz'. Trotzdem ging der Arabismus *alvanel* 'Maurer' nicht verloren.

11.3 Gründe für den Schwund von Arabismen

Der Verlust von Arabismen, den das Spanische verstärkt vom ausgehenden Mittelalter an verzeichnet, ist auf eine Reihe von Faktoren zurückzuführen, die zum Teil zusammenwirkten. Dabei handelt es sich um

- politische Marginalisierung der maurischen Bevölkerung mit tendenziellem Prestigeverlust ihres Umfelds in Bezug auf Sachkultur und gesellschaftliche Aktivitäten.
- offizielle Verbote, arabisches Kulturgut und Sprache in das öffentliche Leben einzubringen, in der Absicht, maurische Lebensart und Traditionen aufzulösen.
- Vermeidung von Arabismen aufgrund leichter Identifikation (Wörter auf *al-*).
- Veränderungen durch den Epochenwandel zur Renaissance mit dem Lateinischen als Quelle für *cultismos*. Eine direkte Verbindung zu Italien ergab sich mit dem Beginn der Herrschaft Aragóns über das Königreich Neapel 1443.
- Fortschritt durch Wandel und Aufkommen einer neuen Sachkultur, Aufgabe bzw. Neuentwicklung von Werkzeugen, Techniken, Fertigkeiten, Traditionen und Moden.

11.4 Quantitative Aspekte des Wort- und Bedeutungsverlusts

Winet (2006, 299) ermittelte für das Spanische in diachroner Perspektive 1.437 Entlehnungen aus dem Arabischen. Das aktuelle Akademiewörterbuch (DRAE ^{23}2014) enthält 1.274 Arabismen (cf. 5.2). Von diesen gegenwärtig erfassten Arabismen werden 191 Einträge mit 230 Einzelbedeutungen als ungebräuchlich (*desusado*) gekennzeichnet. Die heute obsoleten Einträge wurden offensichtlich beibehalten, um den Zugang zu älterer Literatur zu erleichtern. Aus dem Vergleich von Winets Zahlen und denen des DRAE ergibt sich rein rechnerisch eine Differenz von 354 Arabismen, die nicht mehr in Gebrauch sind.

In seiner Arbeit *The Loss of Arabisms in the Spanish Lexicon* ermittelte Walsh (1967, 347) in diachroner Perspektive im Abgleich mit dem Akademiewörterbuch von 1956 (18. Aufl.) eine Liste mit 561 aufgegebenen Arabismen. Dabei handelt es sich um Wörter, die als untergegangen, ungebräuchlich oder aber semantisch wesentlich verändert einzustufen waren.

11.5 *Alfayate* vs. *sastre*

Das Standardbeispiel für den Verlust eines Arabismus im Spanischen ist die Bezeichnung für den Schneider. Den Belegen nach war *alfayate* (1234, < ar. *al-ḫayyāṭ*; DCECH, *s.v.*) – auch mit einer weiblichen Form *alfayata* – im 13. Jh. geläufig. Im Portugiesischen lebt *alfaiate* fort. Das heute gebräuchliche sp. *sastre* (1302, < lat. *sartor*, DCECH, *s.v.*) ist ebenfalls für jene Zeit belegt. Nach dem DCECH wurde es aus dem Katalanischen (kat. *sastre*) oder durch katalanischen Einfluss übernommen. Beide Wörter lassen sich mit dem nunmehr zugänglichen Material des *Diccionario del español medieval electrónico* (DEMel) etwas vordatieren, *alfayate* auf 1191 (Eslonza, León) und *sastre* auf 1197 (Huesca, Aragón).

Interessant ist die altspanische wie galicische Variante *xastre* [ʃ-]. Der anlautende Präpalatal kann ein Indiz dafür sein, dass das apikoalveolare /s/ durch arabischen Einfluss und mozarabischen Sprachgebrauch zu [ʃ] wurde. Dies entspräche der Entwicklung, die bei vlt. *sapone* > sp. *jabón* (vs. fr. *savon*) eintrat (cf. 3.2.2.2). Die Form *xastre* ist im *Cancionero de Baena* (Ende 14. Jh./Anfang 15. Jh.) belegt (DCECH, s.v. *sastre*). Zur Aussprache stellte Juan de Valdés 1535 fest, "en muchas partes de Castilla convierten la *S* latina en *x*, y por *sastre* dizen *xastre*" (*Diálogo*, 147).

Man fragt sich, welche Bezeichnung es für den Schneider im Spanischen vor der Entlehnung von *alfayate* gab? Die durchgehende Verwendung im Katalanischen spricht für *sastre*. Wann *alfayate* de facto übernommen wurde, steht nicht fest. Man sollte jedoch davon ausgehen, dass die Entlehnung bereits lange vor dem Erstbeleg von 1191 erfolgte. Somit koexistierten *alfayate* und *xastre/sastre*, wobei *alfayate* für die elegante Form der Schneiderei stand.

Nicht nur die Mozaraber orientierten sich an der arabischen Mode, sie diente bisweilen auch im christlichen Teil Spaniens als Vorbild. Es heißt, König Sancho III. von Navarra (1004–1035; cf. 1.5.2) habe sich "moslemisch" gekleidet. Der arabische Geograph al-Idrīsī rühmte im 12. Jh. Teppiche und edle Stoffe aus Spanien (cf. Clot 1999, Kap. 12, "La laine"). Nach CORDE (*s.v.*) erscheint der letzte Beleg für *alfayate* im Spanischen im zweiten Teil von *Guzmán el Alfarache* 1604, was zeitlich mit der endgültigen Vertreibung der Morisken konform geht.

11.6 Konkurrenz von Synonymen

Die Ersetzung von *albéitar* → *veterinario* (cf. 11.2) und *alfayate* → *sastre* (cf. 11.5) zeigt, dass am Schwund von Arabismen synonyme Bezeichnungen beteiligt waren, wenn es um Tätigkeiten und Berufe ging, die in der Gesellschaft eine Fortsetzung fanden und nicht grundsätzlich aufgegeben wurden. In den beiden zitierten Fällen haben sich die romanischen Synonyme gegen die Arabismen durchgesetzt. Dies ist jedoch nicht zwingend, denn *alfaiate* z.B. besteht seinerseits im Portugiesischen fort und sp. *albañil* (cf. 11.2) ist der potentiellen Konkurrenzform *pedrero* nicht gewichen.

Bei Ersetzungen sind grundsätzlich die näheren Umstände zu betrachten. Dies gilt auch für die Liste der 61 Arabismen, die Walsh (1967, 304–305) mit ihren romanischen Ersatz- bzw. Konkurrenzformen aufführt. Es stellt sich immer die Frage, ob die Arabismen konkurrenzfähige Synonyme darstellten, ob es sich ggf. um Träger von Spezifizierungen oder aber um Luxuslehnwörter handelte (cf. 5.1.4). So war z.B. asp. *alfarace* (sp. *alfaraz*) nie ein wirklicher Konkurrent für sp. *caballo*, denn es bezog sich immer nur auf ein arabisches Schlachtross (cf. 5.1.7). Auch der Kontrast von *almofalla* und *hueste* in der Kriegsführung bedarf der Differenzierung, denn asp. *almofalla* < ar. *al-maḥalla* 'Zwischenstation, Lager', das bis ins 14. Jh. gebräuchlich war (cf. DEM*el*, *s.v.*), bezieht sich in erster Linie auf ein (maurisches) Heerlager, während asp. *hueste* allgemein 'Heer' bedeutet und später seinerseits von *ejército* verdrängt wurde.

Alarife war im Altspanischen die Bezeichnung für einen Baumeister (cf. 3.3.1.5). Im Arabischen bedeutet *al-ᶜarīf* lediglich 'Kenner, Experte' (zu ar. *ᶜarafa* 'wissen'). Es sind die besonderen Fähigkeiten der Araber im Bereich der Architektur, die im Spanischen zu dieser Spezifizierung führten. Angesichts des etymologischen Hintergrundes hätte *alarife* im Prinzip auch in einem anderen Fachgebiet arabischer Spezialisierung auftreten können. Ab dem 16. Jh. wurde *alarife* von *arquitecto*, einer gelehrten lateinischen Bildung griechischer Herkunft, langsam verdrängt und erfuhr dabei eine qualitative Herabstufung als 'Maurer'. Heute gilt das Wort, wie auch dt. *Baumeister*, als antiquiert. In Argentinien ist *alarife* als 'schlaue, gewitzte Person' bekannt, was an die arabische Grundbedeutung anschließt. Pejorative Bedeutungsinhalte weist pg. *alarife* mit 'Bandit' und 'gerissen' auf.

Die Etymologie von sp. *arracada* 'Ohrgehänge, Ohrring' liegt vermutlich in hisp-ar. *ar-raqqáda* (cf. Corriente 1999, s.v. *arracada*) zu ar. *raqda* 'schlafende Position'. Bei *ar-raqqáda* handelt es sich um einen großen Ohrenschmuck, der sprichwörtlich auf den Schultern ruhte. Eine konnotative Überschneidung ergibt sich mit sp. *dormilona* 'Ohrring mit Stein oder Perle'. Regional ist *arracada* als 'Ohrring' noch erhalten (cf. DCECH, *s.v.*), ebenso im Katalanischen. Im spanischen Standard wurde *arracada* 'Ohrring' durch *pendiente* ersetzt. In dieser Verschiebung spiegelt sich der Wandel in der Mode.

11.7 Der Schwund von Arabismen nach Sachgebieten

Bei den Arabismen, die seit dem Mittelalter verloren gegangen sind, handelt es sich vor allem um Bezeichnungen für Berufe in Verwaltung und Handel, militärische Terminologie, Steuern und Abgaben, Münzen, Maße, mineralische Heilmittel, Pflanzen, Tiere, Textilien und Bekleidung, Schmuck und Verzierungen, Architektur, Geographie, arabische Titel und personelle Benennungen sowie religiöse Begriffe.

Kommentierte Aufstellungen zu untergegangenen Arabismen in einzelnen Sachgebieten mit Wortbedeutungen im Spanischen und zum Teil auch Erstbelegen präsentiert Walsh (1967, 311–346). Im Glossar der Arbeit (ibid., 23–288) erfährt das Material eine nähere Beschreibung hinsichtlich Etymologie und Wortgeschichte. Die chronologischen Angaben wären aus heutiger Perspektive zu aktualisieren. Dies betrifft die Erstbelege und den Zeitraum der Wortverwendung, die man anhand von DCECH (Ausgabe 1983 statt 1954), CORDE und DEM*el* überprüfen kann. Für die arabische Filiation der iberoromanischen Varianten stehen die neueren lexikographischen Beiträge von Corriente (1999, 2008) bzw. in Zusammenarbeit von Corriente/Pereira/Vicente (2019) zur Verfügung.

Die größte Zahl an aufgegebenen Arabismen für einen Bereich stellt Walsh (1967, 312–321) bei Textilien und Bekleidung fest. Dies ist auf diverse Faktoren zurückzuführen wie der besondere, dann jedoch nicht mehr nachgefragte orientalische Stil, die Entwicklung der Mode im Allgemeinen und der Bezug von Stoffen, die im 14. und 15. Jh. vor allem aus Nordfrankreich kamen.

11.8 Ausgeblendete Arabismen und heutiger Fachwortschatz

Es liegt auf der Hand, dass Arabismen, die mit offiziellen Aufgaben in Verbindung standen, nach Auflösung der damit verknüpften Strukturen oft obsolet wurden. Dies betrifft insbesondere die Bereiche Münzen, Maße, Steuern und Abgaben, arabische Titel und personelle Benennungen sowie die Religion. Nichtsdestoweniger bestehen manche Bezeichnungen heute noch als Fachtermini fort. In diesen Fällen erweisen sich die Kategorien untergegangener oder ungebräuchlicher Wörter (cf. 11.4) als offen und beziehen sich primär auf die Verlagerung außerhalb der allgemeinen Lebenswirklichkeit im heutigen spanischen Umfeld.

Eine Verbindung zur militärischen Terminologie, ein Gebiet, auf dem die Mauren bis zum Beginn des 13. Jhs. Überlegenheit ausspielen konnten, ergibt sich mit *belmez* (nsp. *velmez*) 'Wams'. Das Wort ist im *Cantar de Mio Cid* belegt (Z 3636) und bezeichnet ein Hemd, dass unter der Rüstung getragen wurde, um Wundreiben zu vermeiden. Die Entlehnung war gewiss prestigebedingt, denn das Etymon *malbas* ist im Arabischen selbst kein Terminus technicus, sondern bedeutet lediglich 'Kleidungsstück' zu ar. *labisa* 'anziehen' (cf. 3.3.1.3). Die militärische Zuordnung, die heute nur noch geschichtliche Relevanz hat, ergab sich erst im Spanischen.

Alfaquí < ar. *al-faqīh* war im Mittelalter ein Gelehrter für islamisches Recht, das in al-Andalus gesellschaftlich verankert war. Die Bedeutung besteht fort (cf. DRAE, *s.v.*), ist im Spanischen allerdings nur noch von historischem Belang oder bezieht sich auf Verhältnisse im Islam. Mit *alfaquí* nicht zu verwechseln ist *alfaquín* (*alfaquím*, auch *alh-*) < ar. *al-ḥakīm* 'Arzt, Gelehrter', das im Altspanischen einen Arzt bezeichnete. Der Vorsprung der arabischen Heilkunde im Mittelalter bewirkte die Übernahme des Wortes, das ohne Zweifel auch als Prestigeträger fungierte und auf der Iberischen Halbinsel zusammen mit der arabischen Kultur seine Stellung schließlich wieder verlor.

Sp. *maravedí* < ar. *murābiṭī* ist eine historische Münze, die in unterschiedlichen Zusammensetzungen aus Gold, Silber oder auch Kupfer bestand. Etymologisch handelt es sich um das vom Namen der Almoraviden (cf. 1.6) abgeleitete Relationsadjektiv (cf. 3.3.3.1). Auch asp. *alquilate* < ar. *al-quīrāṭ* war ursprünglich eine Münze und wurde in Murcia zur Bezeichnung einer Steuer auf den Verkauf von Eigentum und Ernten (cf. Corriente 1999, *s.v.*). Das Etymon ist das gleiche, das sp. *quilate* 'Karat' zugrunde liegt, das den Feingehalt von Gold bestimmt sowie eine Gewichtseinheit (heute 200 mg) darstellt. *Alquilate* und *quilate* entstammen offensichtlich zwei unterschiedlichen Entlehnungsvorgängen.

Bei Maßen und Gewichten herrschte bis zur Einführung des metrischen Systems, das Spanien 1849 per Gesetz annahm, eine große Variation, auch hinsichtlich quantitativer regionaler und diachroner Unterschiede. *Arroba* ist ein historisches Hohl- und Gewichtsmaß, das ungefähr dem Viertel eines Zentners entspricht (ein *quintal* hat vier *arrobas*). Entsprechend leitet sich das Wort von ar. *ar-rub*^{c} 'Viertel' ab. Als Maß wird es in der iberoromanischen Welt (pg. *arroba*, kat. *arrova*) heute nicht mehr offiziell, in unterschiedlicher Zumessung jedoch noch regional gebraucht. Als Name für das Symbol < @ > fand *arroba* in der Informatik eine neue Verwendung.

Arabismen als Bezeichnungen für Steuern auf Waren, Wasser, Vieh und Land, die zum Teil regional variierten, sind fast alle untergegangen. Sp. *alfarda* < ar. *al-farḍ* 'Verfügung, Verpflichtung' jedoch bezeichnet heute noch in Murcia und Aragón eine Wassernutzungssteuer. Neben dem genuinen Fachterminus *zakat* steht sp. *azaque* (um 1330, DEM*el*) < ar. *az-zakāt* 'Mildtätigkeit' für eine der fünf Säulen des Islam (cf. 1.3.1) und die Verpflichtung der Muslime, Almosen zu spenden.

11.9 Der Verlust von Einzelbedeutungen

Der Schwund von Arabismen betrifft nicht nur den Untergang von Lexemen, er erstreckt sich auch auf einzelne Wortbedeutungen. Ein Beispiel dafür ist sp. *alfarda* 'Umhang, Gewand'. Im Arabischen bezeichnet *farda* ursprünglich kein spezifisches Kleidungsstück für Frauen, sondern bedeutet 'eines (von einem Paar)'. Bei *alfarda* wurde dabei dem Umstand Rechnung getragen, dass es bei dem Umhang um die Kombination zweier Teile ging. In der Architektur hat sich *alfarda* als 'Dachbalken' erhalten. Hier ergibt sich das Paar wohl dadurch, dass jeweils zwei Balken gegeneinander stehen.

Lexikographisch gesehen besteht im Spanischen ein Lemma *alfarda* I, das dem arabischen Etymon *al-farda* zugewiesen wird, die damit verbunde Bedeutung 'Umhang' verloren, aber die durch Differenzierung für die Architektur abgeleitete bewahrt hat. Daneben existiert ein (homonymes) Lemma *alfarda* II, das sich auf das Wassernutzungsrecht bezieht und zu ar. *al-farḍ* gehört (cf. 11.8.). Entscheidend für die Zuordnung sind die unterschiedlichen Etyma.

11.10 Arabismen und Bedeutungswandel

Neben dem Verlust einzelner Lexeme und Wortbedeutungen kommt es vor, dass die Ausdrucksseite eines Lexems erhalten bleibt, während sich die Inhaltsseite semantisch verschiebt. In diesem Fall spricht man von Bedeutungswandel. Sp. *alférez* < ar. *al-fāris* 'Reiter' bezeichnete im Mittelalter einen Fahnenträger. In der modernen Sprache blieb das militärische Umfeld erhalten, die Bedeutung hat sich jedoch auf den Rang eines Leutnants bei der Marine verlagert.

In Zusammenhang mit dem Bedeutungswandel stellt man bei Arabismen fest, dass es im Vergleich mit der Ausgangsbedeutung teilweise zu einem Prestigeverlust oder sogar zu einer Bedeutungsverschlechterung (Pejoration) kam. Einem deutlichen Prestigeverlust unterlag sp. *alguacil* < ar. *al-wazīr* 'Minister'. Im 13. Jh. war es der Titel für den Leiter einer Stadtverwaltung oder einen Justizbeamten. Heute bezeichnet das Wort Gemeindediener und Gerichtsboten.

Der inhaltliche Standesverlust lässt sich für den Bereich der Verwaltung jedoch nicht verallgemeinern. So hat *alcalde* 'Bürgermeister' < ar. *al-qāḍī* 'Richter' seinen Rang nicht eingebüßt. Trotzdem ergab sich eine semantische Verschiebung, denn bis ins 18. Jh. bedeutet *alcalde* wie im Arabischen 'Richter', während der *alcaide* < ar. *al-qāʾid* 'Anführer, Kommandant' eine Burg oder Festung befehligte. Hinsichtlich der Leitungsfunktion lag asp. *alcaide* inhaltlich näher an der des heutigen *alcalde*. *Alcaide* bedeutet mit historischem Bezug immer noch 'Burgvogt' und seit dem 16. Jh. auch 'Kerkermeister' (cf. DCECH, EncId, *s.v.*), während *alcalde* erst durch die Umgestaltung der Verwaltung seine gegenwärtige Bedeutung 'Bürgermeister' erlangte.

Ein typischer Fall von Bedeutungsverschlechterung liegt bei sp. *mezquino* vor. Die Grundbedeutung entspricht der des arabischen Etymons *miskīn* 'arm'. Seit dem 16. Jh. stehen jedoch die pejorativen Inhalte 'geizig' und 'gemein' im Vordergrund. Mit diesem Wandel gehen das Portugiesische (*mesquinho*), das Katalanische (*mesquí*) und das Italienische (*meschino*) konform. Besonders drastisch zeigt sich der Kontrast – wenn auch infolge einer späteren Neuentlehnung – im Französischen (*mesquin*). Über okzitanische Vermittlung waren *meschin* (m.) und *meschine* (f.) Jahrhunderte zuvor ins Altfranzösische gelangt, wo sie als Substantive in den Bedeutungen 'junger Mann' bzw. 'Mädchen, junge Frau' auch für Personen hoher Abkunft standen.

Sp. *baladí* zu ar. *balad* 'Ort (der Herkunft), Dorf, Stadt, Land' bedeutete im Altspanischen 'ländlich', ab dem 14. Jh. auch 'von niederer Abstammung, geringgeschätzt' (cf. EncId, *s.v.*) und heute 'nichtig, belanglos'. Sp. *albarrán* < ar. *barrānī* 'extern, fremd' bezeichnete vom 12. bis zum 17. Jh. in der Dorfgemeinschaft einen Auswärtigen, meist einen noch unverheirateten Landarbeiter. Ab dem 16. Jh. wurde *albarrán* dann abwertend zum Vagabunden (cf. DEM*el*, EncId, *s.v.*).

Einen kuriosen Bedeutungswandel mit anstehendem Wortverlust und Reaktivierung hat sp. *azafata* durchlaufen. Ende des 15. Jhs. als *açafate* < ar. *as-safaṭ* belegt, bedeutete das Wort wie im Arabischen zunächst 'Korb', dann mit inhaltlicher Erweiterung im Spanischen auch 'Tablett (mit Rand)'. Im 16. Jh. übertrug es sich auf die Person, die dieses Servierbrett verwendete und wurde unter Spezifizierung des Geschlechts zu *azafata* 'Hofdame, Zofe'. *Azafate* 'Tablett' ist im amerikanischen Spanisch regional erhalten, während es ansonsten durch das aus dem Portugiesischen stammende *bandeja* ersetzt wurde. *Azafata*, das mit seinem höfischen Bezug in der modernen Zeit als überholt gelten durfte, fand im 20. Jh. als 'Stewardess' und 'Hostess' schließlich neue Bedeutung und Verwendung.

Literaturhinweise

Das Standardwerk zum Verlust von Arabismen im Spanischen ist nach wie vor die Dissertation von Walsh (1967). Arabismen, die bereits im Mittelalter außer Gebrauch kamen, behandelt Neuvonen (1941, 78–80, 134–135). Um die Zeit der Wortverwendung oder Einzelbedeutungen einzugrenzen, bieten sich der *Diccionario crítico etimológico castellano e hispánico* (DCECH), die *Enciclopedia del idioma* (EncId) und die Datenbank CORDE an. Für Recherchen bis ins 15. Jh. steht außerdem der *Diccionario del español medieval electrónico* (DEM*el*) zur Verfügung.

Aufgaben

1. Stellen Sie die Bezüge und Wertungen zum Arabischen im *Diálogo de la lengua* (1535, cf. Valdés 1919, auch → https://archive.org) zusammen und kommentieren diese.
2. Verfolgen Sie in DCECH, EncId und CORDE die Entwicklung von *alcalde*, *alcaide* und *azafata*.
3. Aktualisieren Sie die Angaben zu Berufsbezeichnungen/Betitelungen arabischer Herkunft (cf. Walsh 1967, 322–323; Glossar, 23–288) hinsichtlich der Chronologie (DCECH, DEM*el*, CORDE) sowie ihrer arabistischen Beschreibung (Corriente 1999, 2008) bzw. Corriente/Pereira/Vicente (2019), z.B. für *añacal*, *alfaquín*, *almadrabero*, *arráez*, *jeque*.

Literaturverzeichnis

Abad Merino, Mercedes (1999): "La ejecución de la política lingüística de la Corona de Castilla durante el siglo XVI o *no hablar algaravía so pena de çien açotes*", in: Díez de Revenga, María del Pilar/Jiménez Cano, José M. (ed.): Estudios de Sociolingüística. II. Sincronía y Diacronía. Murcia, Diego Marín, 9–34.

Abad Merino, Mercedes (2009): "El conflicto lingüístico en la Castilla del siglo XVI. Los moriscos", in: Aljamía 20, 15–24.

Ahmad, Aziz (1975): A History of Islamic Sicily. Edinburgh, Edinburgh University Press.

Alarcón, Maximiliano (1925): "Precedentes islámicos de la fonética moderna", in: Homenaje a Menéndez Pidal. Miscelánea de estudios lingüísticos, literarios e históricos. III. Madrid, Librería y Casa Editorial Hernando, 281–308.

Alarcos Llorach, Emilio (1951): "Alternancia de *f* y *h* en los arabismos", in: Archivum (Revista de la Facultad de Filosofía y Letras, Universidad de Oviedo) 1, 29–41.

Alcalá, Pedro de (1883 [1505]): De lingua Arabica libri duo. Göttingen, Hoyer.

Alonso, Amado (1946): "Las correspondencias arábigo-españolas en los sistemas de sibilantes", in: RFH 8, 12–76.

Alvar, Manuel (1953): El dialecto aragonés. Madrid, Gredos.

Álvarez Blanco, Aquilino (2019): "El árabe yā (يا) y su uso en castellano medieval. Problemas de interpretación y traducción", in: Anuario de estudios filológicos 42, 5–22.

Ariza, Manuel (2004): "El romance en al-Ándalus", in: Cano, Rafael (ed.): Historia de la lengua española. Barcelona, Ariel, 207–235.

Asín Palacios, Miguel (1940): Contribución a la toponimia árabe de España. Madrid, Maestre.

Baker, Philip (1984): "Agglutinated French Articles in Creole French: Their Evolutionary Significance", in: Te Reo 27, 89–129.

Baker, Philip (1984a): "The Significance of Agglutinated French Articles in the Creole Languages of the Indian Ocean and Elsewhere", in: York Creole Conference. Urban Pidgins and Creoles (York – 1983). New York, University of York, 1–10.

Baldinger, Kurt (1972^{2}): La formación de los dominios lingüísticos en la Península Ibérica. Madrid, Gredos.

Barceló, Carmen/Labarta, Ana (2001): "Árabe y español: un contacto multisecular", in: Calvo Pérez, Julio (ed.): Contacto interlingüístico e intercultural en el mundo hispano. I. Valencia, Universitat de València, 31–52.

Basset, René (1906): "Les mots arabes passés en berbère", in: Bezold, Carl (ed.): Orientalische Studien, Theodor Nöldeke zum siebzigsten Geburtstag. I. Gießen, Töpelmann, 439–443.

Battisti, Carlo/Furlani, Giuseppe (1927): "Sull'etimología di ar. *quṭn* <cotone>", in: L'Italia dialettale 3, 234–246.

Bergua Cavero, Jorge (2004): Los helenismos en español. Historia y sistema. Madrid, Gredos.

Betz, Werner (1974^{3}): "Lehnwörter und Lehnprägungen im Vor- und Frühdeutschen", in: Maurer, Friedrich/Rupp, Heinz (ed.): Deutsche Wortgeschichte. Berlin – New York, de Gruyter, 135–163.

Boronat y Barrachina, Pascual (1901): Los moriscos españoles y su expulsión. Estudio histórico-crítico. I. Valencia, Vives y Mora.

Bossong, Georg (ed.) (1978): Los Canones de Albateni. Herausgegeben sowie mit Einleitung, Anmerkungen und Glossar versehen. Tübingen, Niemeyer (Beihefte zur ZRPh, 165).

Bossong, Georg (1979): Probleme der Übersetzung wissenschaftlicher Werke aus dem Arabischen in das Altspanische zur Zeit Alfons des Weisen. Tübingen, Niemeyer (Beihefte zur ZRPh, 169).

https://doi.org/10.1515/9783110697766-012

Bossong, Georg (1982): "Las traducciones alfonsíes y el desarrollo de la prosa científica castellana", in: Briesemeister, Dietrich/Hempel, Wido (ed.): Actas del Coloquio hispano-alemán Ramón Menéndez Pidal (Madrid, 31 de marzo a 2 de abril de 1978). Tübingen, 1–14.
Bossong, Georg (2006): "Religion, Philosophie und Sprachgeschichte: Iberische Halbinsel", in: Ernst, Gerhard/Gleßgen, Martin-Dietrich/Schmitt, Christian/Schweickard, Wolfgang (ed.): Romanische Sprachgeschichte. Ein internationales Handbuch zur Geschichte der romanischen Sprachen. II. Berlin – New York, de Gruyter, 1333–1346.
Bossong, Georg (2016): Das maurische Spanien. Geschichte und Kultur. München, Beck.
Bramon, Dolors (1987): "Aglutinación y deglutinación del artículo en los arabismos del castellano y del catalán", in: VR 46, 138–179.
Bulliet, Richard W. (1979): Conversion to Islam in the Medieval Period. An Essay in Quantitative History. Cambridge, Harvard University Press.
Boullón Agrelo, Ana Isabel (2010): "Toponimia de Galicia: estado da cuestión", in: Gordón Peral 2010, 31–57.
Burnett, Charles S. F. (1977): "A Group of Arabic-Latin Translators Working in Northern Spain in the Mid-12th Century", in: Journal of the Royal Asiatic Society of Great Britain and Ireland 1, 62–108.
Burnett, Charles S. F. (1985): "Some Comments on the Translating of Works from Arabic into Latin in the Mid-Twelfth Century", in: Zimmermann, Albert/Craemer-Ruegenberg, Ingrid (ed.): Orientalische Kultur und europäisches Mittelalter. Berlin – New York, de Gruyter, 161–171.
Cabanelas Rodríguez, Darío/Fórneas Besteiro, José M. (1981): "Estado lingüístico de al-Andalus en torno al siglo XI: Estudios y perspectivas", in: Actas de las Jornadas de Cultura Arabe e Islámica 1 (1978), 25–43.
Cagigas, Isidro de las (1936–39): "Al-Andalus (unos datos y una pregunta)", in: Al-Andalus 4, 205–214.
Calila e Dimna: Calila e Dimna. Edición, introducción y notas de Juan Manuel Cacho Blecua y María Jesús Lacarra. Madrid, Castalia, 1984.
Cano, Rafael (ed.) (2004): Historia de la lengua española. Barcelona, Ariel.
Caracausi, Girolamo (1983): Arabismi medievali di Sicilia. Palermo, Centro di Studi Filologici e Linguistici Italiani.
Cardillac, Louis (1990): "Les morisques et leur langue", in: Cahiers d'études romanes 16, 1–25.
Case, Thomas E. (1982): "The Significance of Morisco Speech in Lope's Plays", in: Hispania 65, 594–600.
Castilla, Nuria de (2019): "Uses and Written Practices in Aljamiado Manuscripts", in: Bondarev, Dmitry, et al. (ed.): Creating Standards. Interactions with Arabic Script in 12 Manuscript Cultures. Berlin – Boston, de Gruyter, 111–129.
Castro, Américo (1948): España en su historia. Cristianos, moros y judíos. Buenos Aires, Losada.
Catlos Brian A. (2018): Kingdoms of Faith. A New History of Islamic Spain. New York, Basic Books.
Clot, André (1999): L'Espagne musulmane. VIIIe–XVe siècle. Paris, Perrin.
CORDE: Corpus Diacrónico del Español (https://corpus.rae.es/cordenet.html).
Corriente, Federico (1977): A Grammatical Sketch of the Spanish Arabic Dialect Bundle. Madrid, Instituto Hispano-Árabe de Cultura.
Corriente, Federico (1980): "Notas de lexicología hispano-árabe", in: VR 39, 183–210.
Corriente, Federico (1981): "Notas de lexicología hispano-árabe (III y IV). III. Los romancismos del Vocabulista. IV. Nuevos berberismos del hispanoárabe", in: Awrāq 4, 5–30.
Corriente, Federico (1988): El léxico árabe andalusí según P. de Alcalá (Ordenado por raíces, corregido, anotado y fonémicamente interpretado). Madrid, Universidad Complutense de Madrid.

Corriente, Federico (1989): El léxico árabe andalusí según el "Vocabulista in Arabico". Madrid, Universidad Complutense de Madrid.
Corriente, Federico (1991): El léxico árabe estándar y andalusí del "Glosario de Leiden". Madrid, Universidad Complutense de Madrid.
Corriente, Federico (1992): Árabe andalusí y lenguas romances. Madrid, Mapfre.
Corriente, Federico (1992a): "Linguistic interference between Arabic and the Romance languages of the Iberian Peninsula", in: Jayyusi 1992, 443–451.
Corriente, Federico (1995): "El idiolecto romance andalusí reflejado por las *xarajāt*", in: RFE 75, 5–33.
Corriente, Federico (1997): Poesía dialectal árabe y romance en Alandalús (céjeles y *xarajāt* de *muwaššahāt*). Madrid, Gredos.
Corriente, Federico (1998): "Le berbère en al-Andalus", in: Etudes et documents berbères 15–16, 269–275.
Corriente, Federico (1999): Diccionario de arabismos y voces afines en iberorromance. Madrid, Gredos.
Corriente, Federico (2000–01): "El romanandalusí reflejado por el glosario botánico de Abulxayr", in: Estudios de dialectología norteafricana y andalusí 5, 93–241.
Corriente, Federico (2003²): Diccionario de arabismos y voces afines en iberorromance. Madrid, Gredos.
Corriente, Federico (2004): "El elemento árabe en la historia lingüística peninsular: actuación directa e indirecta. Los arabismos en los romances peninsulares (en especial, en castellano)", in: Cano, Rafael (ed.): Historia de la lengua española. Barcelona, Ariel, 185–206.
Corriente, Federico (2008): Dictionary of Arabic and Allied Loanwords. Spanish, Portuguese, Catalan, Galician and Kindred Dialects. Leiden – Boston, Brill.
Corriente, Federico (2009): "The *kharjas*: An updated survey of theories, texts, and their interpretation", in: Romance Philology 63, 109–129.
Corriente, Federico (2018): "On the Arabic Loanwords in the Poema de mio Cid", in: Zaderenko/Montaner 2018, 169–180.
Corriente, Federico/Pereira, Christophe/Vicente, Ángeles (2015): Aperçu grammatical du faisceau dialectal arabe andalou. Perspectives synchroniques, diachroniques et panchroniques. Berlin – Boston, de Gruyter.
Corriente, Federico/Pereira, Christophe/Vicente, Ángeles (2017): Dictionnaire du faisceau dialectal arabe andalou. Perspectives phraséologiques et étymologiques. Berlin – Boston, de Gruyter.
Corriente, Federico/Pereira, Christophe/Vicente, Ángeles (2019): Dictionnaire des emprunts ibéro-romans. Emprunts à l'arabe et aux langues du Monde Islamique. Berlin – Boston, de Gruyter.
Corriente, Federico/Pereira, Christophe/Vicente, Ángeles (2020): Le substrat roman et l'adstrat berbère du faisceau dialectal andalou. Berlin – Boston, de Gruyter.
Corriente, Federico/Pereira, Christophe/Vicente, Ángeles (2022): Les toponymes et les anthroponymes d'origine arabe dans la Péninsule Ibérique. Berlin – Boston, de Gruyter.
CSM: Gil, Ioannis (ed.) (1973): Corpus Scriptorum Muzarabicorum. 2 vol. Madrid, Instituto «Antonio de Nebrija».
DCECH: Corominas, Juan/Pascual, José A.: Diccionario crítico etimológico castellano e hispánico. 6 vol. Madrid, Gredos, 1980–91.
DEM*el*: Diccionario del español medieval electrónico (https://demel.uni-rostock.de).
Der Große Ploetz: Der Große Ploetz. Atlas zur Weltgeschichte. Göttingen, Vandenhoeck & Ruprecht, 2009.
DHLE: Diccionario histórico de la lengua española. A–C. 1933–36. (https://apps2.rae.es/DH1936.html).

Deutschmann, Olaf (1988): "*Moros* und *cristianos*. Die Mauren in der spanischen und portugiesischen Sprache", in: RJ 39, 299–322.

Diálogo: Valdés, Juan de: Diálogo de la lengua. Edición de Cristina Barbolani. Madrid, Cátedra, [2]1984 [1535].

Dietrich, Günter (1937): Beiträge zur arabisch-spanischen Übersetzerkunst im 13. Jh. Syntaktisches zu Kalīla wa Dimna. Diss. Berlin.

Disney A. R. (2009): A History of Portugal and the Portuguese Empire. From Beginnings to 1807. I: Portugal. Cambridge, CUP.

Don Quijote: Cervantes Saavedra, Miguel de (1916 [1615]): Don Quijote de la Mancha. Segunda parte.

Dozy, Reinhart/Goeje, Michael J. de (ed.) (1866): Description de l'Afrique et de l'Espagne par Edrîsî. Texte arabe publié pour la première fois d'après les man. de Paris et d'Oxford avec une traduction, des notes et un glossaire. Leyde, Brill.

DRAE (2014[23]): Real Academia Española: Diccionario de la lengua española. Madrid, Gredos.

EALL: Versteegh, Kees (ed.): Encyclopedia of Arabic Language and Linguistics. 5 vol. Leiden – Boston, Brill, 2005–2009.

Eguílaz y Yanguas, Leopoldo de (1886): Glosario etimológico de las palabras españolas (castellanas, catalanas, gallegas, mallorquinas, portuguesas, valencianas y bascongadas) de orígen oriental (árabe, hebreo, malayo, persa y turco). Granada, La Lealtad.

Elcock, William D. (1960): The Romance Languages. London, Faber.

EncId: Alonso, Martín: Enciclopedia del idioma. Diccionario histórico y moderno de la lengua española (siglos XII al XX) etimológico, tecnológico, regional e hispanoamericano. 3 vol. Madrid, Aguilar, 1958.

Epistola Aristotilis ad Alexandrum: "Epistola Aristotilis ad Alexandrum cum Prologo Johannis Hispaniensis", in: Suchier, Hermann (ed.): Denkmäler provenzalischer Literatur und Sprache. I. Halle, Niemeyer, 1883, 473–480.

Fanjul, Serafín (2005): La quimera de Al-Ándalus. Madrid, Siglo.

Ferguson, Charles A. (1959): "Diglossia", in: Word 15, 325–340.

Fernández-Morera, Darío (2016): The Myth of the Andalusian Paradise. Muslims, Christians, and Jews Under Islamic Rule in Medieval Spain. Wilmington, ISI Books.

Fernández-Ordoñez, Inés (2006): "Alfonso X el Sabio en la historia del español", in: Cano, Rafael (ed.): Historia de la lengua española. Barcelona, Ariel, 381–422.

Ferrando, Ignacio (2000): "The Arabic language among the Mozarabs of Toledo during the 12th and 13th centuries", in: Owens, Jonathan (ed.): Arabic as a Minority Language. Berlin – New York, Mouton de Gruyter, 45–63.

Ferrando Francés, Antoni/Amorós, Miquel N. (2011): Història de la llengua catalana. Barcelona, UOC.

Fierro, Maribel (ed.) (2020): The Routledge Handbook of Muslim Iberia. London – New York, Routledge.

Fierro, Maribel/Samsó, Julio (ed.) (2017, [1]1998): The Formation of al-Andalus. Part 2: Language, Religion, Culture and the Sciences. New York, Routledge.

Fischer, Wolfdietrich (2006[4]): Grammatik des klassischen Arabisch. Wiesbaden, Harrassowitz.

Fórneas Besteiro, José M. (1981): "Elementos para una bibliografía lingüística básica sobre al-Andalus", in: Actas de las Jornadas de cultura árabe e islámica (1978). Madrid, Instituto Hispano-Árabe de Cultura, 45–107.

Fórneas Besteiro, María José (1994): "Observaciones sobre la semántica del árabe andalusí", in: Actas del Congreso Internacional sobre interferencias lingüísticas árabo-romances y paralelos extra-iberos celebradas en Madrid del 10 al 14 diciembre de 1990. Zaragoza, Navarro & Navarro, 77–103.

Gallego, María Ángeles (2003): "The languages of medieval Iberia and their religious dimension", in: Medieval Encounters 9, 107–139.
Galmés de Fuentes, Álvaro (1951): "Res. Menéndez Pidal, R., Orígenes del español", in: Al-Andalus 16, 238–250.
Galmés de Fuentes, Álvaro (1955–56): "Influencias sintácticas y estilísticas del árabe en la prosa medieval castellana", in: Boletín de la Real Academia Española 35, 213–275, 415–451; 36, 65–181, 255–307.
Galmés de Fuentes, Álvaro (1983): Dialectología mozárabe. Madrid, Gredos.
Galmés de Fuentes, Álvaro (1994): Las jarchas mozárabes. Forma y significado. Madrid – Barcelona, Crítica.
Galmés de Fuentes, Álvaro (1996^{2}): Influencias sintácticas y estilísticas del árabe en la prosa medieval castellana. Madrid, Gredos.
Galmés de Fuentes, Álvaro (1996a): "La lengua de los moriscos", in: Alvar, Manuel (ed.): Manual de dialectología hispánica. El español de España. Barcelona, Ariel, 111–118.
Galmés de Fuentes, Álvaro, et al. (2016, ^{1}1994): Glosario de voces aljamiado-moriscas. Gijón, Trea.
García Gómez, Emilio (1952): "Veinticuatro jarŷas romances en muwaššaḥas árabes", in: Al-Andalus 17, 57–127.
García Gómez, Emilio (1990^{3}, ^{2}1975, ^{1}1965): Las jarchas romances de la série árabe en su marco. Edición en caracteres latinos, versión española en calco rítmico y estudio de 43 moaxajas andaluzas. Madrid, Alianza.
García González, Javier (1993): "El contacto de dos lenguas: los arabismos en el español medieval y en la obra alfonsí", in: Cahiers de linguistique hispanique médiévale 18–19, 335–365.
García González, Javier (1996): "Los préstamos árabes en el español: una revisión crítica", in: Alonso, Alegría, et al. (ed.): Actas del III Congreso Internacional de Historia de la Lengua Española. I. Madrid, Arco Libros, 677–685.
García González, Javier (2007): "Una perspectiva sociolingüística de los arabismos en el español de la alta Edad Media (711-1300)", in: Puigvert Ocal, Alicia/Delgado Cobos, Inmaculada (ed.): Ex admiratione et amicitia. Homenaje a Ramón Santiago. Madrid, Ediciones del Orto, 523–548.
Garulo Muñoz, Teresa (1983): Los arabismos en el léxico andaluz (Según los datos del *Atlas Lingüístico y Etnográfico de Andalucía*). Madrid, Instituto Hispano-Árabe de Cultura.
GDLC: Gran diccionari de la llengua catalana. Barcelona, Enciclopèdia Catalana, ^{5}2013.
Georges: Baier, Thomas (ed.): Der neue Georges. Ausführliches lateinisch-deutsches Handwörterbuch. 2 vol. Darmstadt, WBG, 2013.
Gerber, Jane S. (1992): The Jews of Spain. A History of the Sephardic Experience. New York, The Free Press.
Gil, José S. (1985): La escuela de traductores de Toledo y sus colaboradores judíos. Toledo, Instituto Provincial de Investigaciones y Estudios Toledanos.
Gil, Pablo (1888): Colección de textos aljamiados. Zaragoza, Comas hermanos.
Giménez-Eguibar, Patricia (2010): "Algunas cuestiones respecto a la pérdida de arabismos en español peninsular", in: Romance Philology 64, 185–195.
Giménez-Eguibar, Patricia (2016): "Arabisms in the Spanish Lexicon of Trades: A Diachronic Perspective", in: Núñez Méndez, Eva (ed.): Diachronic Applications in Hispanic Linguistics. Cambridge, Cambridge Scholars Publishing, 35–88.
Gioeni, Giuseppe (1885): Saggio di etimologie siciliane. Palermo, Tipografia dello "Statuto".
Glick, Thomas F. (2005^{2}): Islamic and Christian Spain in the Early Middle Ages. Leiden – Boston, Brill.
Glos. bot.: Asín Palacios, Miguel (1994, ^{1}1943): Glosario de voces romances registradas por un botánico anónimo hispano-musulmán (siglos XI y XII). Zaragoza, Universidad de Zaragoza.

Goeje, Michael J. de (ed.) (1889): Abu'l-Kâsim Obaidallah ibn Abdallah Ibn Khordâdhbeh, Kitâb al-Masâlik wa'l-mamâlik (Bibliotheca Geographorum Arabicorum. Pars sexta). Accedunt excerpta e Kitâb al-Kharâdj auctore Kodâma ibn Dja^cfar, Lugduni-Batavorum, Brill.
Gómez Redondo, Fernando (1998–2007): Historia de la prosa medieval castellana. 4 vol. Madrid, Cátedra.
González Sopeña, Inmaculada (2021): Glosario de arabismos del reino de Granada (finales del siglo XV – siglo XVII). Sevilla, Alfar.
Gordón Peral, María Dolores (ed.) (2010): Toponimia de España. Estado actual y perspectivas de la investigación. Berlin – New York, de Gruyter.
Granja, Fernando de la (1976: "«Llenar el ojo»", in: Al-Andalus 41, 445–459.
Grimm, Jacob (1819): Deutsche Grammatik. Erster Theil. Göttingen, Dieterich.
Grossmann, Maria (1968): "Observaciones sobre los arabismos con la aglutinación del artículo árabe *al-*", in: Revue roumaine de linguistique 13, 143–145.
Grossmann, Maria (1969): "La adaptación de los fonemas árabes al sistema fonológico del romance", in: Revue roumaine de linguistique 14, 51–64.
Hallig, Rudolf/Wartburg, Walther von (1963^2, ^{1}1952): Begriffssystem als Grundlage für die Lexikographie. Versuch eines Ordnungsschemas. Berlin, Akademie-Verlag.
Halm, Heinz (1989): "Al-Andalus und Gothica Sors", in: Der Islam 66, 252–263.
Harrell, Richard S. (ed.) (2004, ^{1}1966): A Dictionary of Moroccan Arabic. Moroccan-English. Washington (D.C.), Georgetown University Press.
Harvey, Leonard P. (1977): "The Alfonsine School of Translators: Translations from Arabic into Castilian Produced under the Patronage of Alfonso the Wise of Castile (1221-1252-1284)", in: Journal of the Royal Asiatic Society of Great Britain and Ireland 1, 109–117.
Harvey, Leonard P. (2005): Muslims in Spain, 1500 to 1614. Chicago, The University of Chicago Press.
Hilty, Gerold (1979): "Das Schicksal der lateinischen intervokalischen Verschlusslaute *-p-*, *-t-*, *-k-* im Mozarabischen", in: Höfler, Manfred, et al. (ed.): Festschrift Kurt Baldinger zum 60. Geburtstag. Tübingen, Niemeyer, 145–160.
Hitchcock, Richard (1977): The Kharjas. A Critical Bibliography. London, Grant & Cutler.
Hitchcock, Richard (2014): Muslim Spain Reconsidered. From 711 to 1502. Edinburgh, Edinburgh University Press.
Hitchcock, Richard/López-Morillas, Consuelo (1996): The Kharjas. A Critical Bibliography. Supplement 1. London. Grant & Cutler.
Hottinger, Arnold (1995): Die Mauren. Arabische Kultur in Spanien. München, Fink.
Huffman, Henry R. Jr. (1973): Syntactical Influences of Arabic on Medieval and Later Spanish Prose. Tesis inédita de la Universidad de Wisconsin. Ann Arbor, University Microfilms.
Ineichen, Gustav (1966–67): "La traslitterazione dei termi arabi e la stratificazione degli arabismi nel medio evo", in: Bollettino dell'Atlante Linguistico Mediterraneo 8–9, 197–203.
Ineichen, Gustav (1987): "Zwischen Latein und frühem Romanisch (Die Schwelle um 800 n. Chr.)", in: Arens, Arnold (ed.): Text-Etymologie: Untersuchungen zu Textkörper und Textinhalt. Festschrift für Heinrich Lausberg zum 75. Geburtstag. Stuttgart, Steiner, 14–18.
Ineichen, Gustav (1997): Arabisch-orientalische Sprachkontakte in der Romania. Ein Beitrag zur Kulturgeschichte des Mittelalters. Tübingen, Niemeyer.
Jaspert, Nikolas (2019): Die Reconquista. Christen und Muslime auf der Iberischen Halbinsel 711–1492. München, Beck.
Jayyusi, Salma Khadra (ed.) (1992): The Legacy of Muslim Spain. Leiden – New York – Köln, Brill.
Jones, Alan (1988): Romance Kharjas in Andalusian Arabic Muwaššaḥ Poetry. A Palaeographical Analysis. London, Ithaca Press.

Keniston, Hayward (1937): The Syntax of Castilian Prose. The Sixteenth Century. Chicago, The University of Chicago Press.
Kiegel-Keicher, Yvonne (2005): Iberoromanische Arabismen im Bereich Urbanismus und Wohnkultur. Sprachliche und kulturgeschichtliche Untersuchungen. Tübingen, Niemeyer (Beihefte zur ZRPh, 324).
Kiesler, Reinhard (1992): "Die Arabismen im Katalanischen", in: Zeitschrift für Katalanistik 5, 79–105.
Kiesler, Reinhard (1993): "La tipología de los préstamos lingüísticos: no sólo un problema de terminología", in: ZRPh 109, 505–525.
Kiesler, Reinhard (1994): Kleines vergleichendes Wörterbuch der Arabismen im Iberoromanischen und Italienischen. Tübingen – Basel, Francke.
Kiesler, Reinhard (2007): "Ibero-Romance", in: EALL, II, 282–286.
Koningsveld, Pieter Sjoerd van (1977): The Latin-Arabic Glossary of the Leiden University Library. A Contribution to the Study of Mozarabic Manuscripts and Literature. Leiden, New Rhine Publishers.
Kontzi, Reinhold (1974): Aljamiadotexte. Ausgabe mit einer Einleitung und Glossar. 2 vol. Wiesbaden, Steiner.
Kontzi, Reinhold (1978): "Calcos semánticos en textos aljamiados", in: Actas del Coloquio internacional sobre literatura aljamiada y morisca (Oviedo, julio de 1972). Madrid, Gredos, 315–336.
Kontzi, Reinhold (1982): "Das Zusammentreffen der arabischen Welt mit der romanischen und seine sprachlichen Folgen", in: id. (ed.): Substrate und Superstrate in den romanischen Sprachen. Darmstadt, WBG, 387–450.
Kontzi, Reinhold (1998): "Arabisch und Romanisch", in: Holtus, Günter/Metzeltin, Michael/Schmitt, Christian (ed.): Lexikon der Romanistischen Linguistik (LRL). VII. Kontakt, Migration und Kunstsprachen. Kontrastivität, Klassifikation und Typologie. Tübingen, Niemeyer, 328–347.
Kramer, Johannes (2008): "Romanische Sprachen als Publikationssprachen der Wissenschaft bis zum 18. Jahrhundert", in: Ernst, Gerhard/Gleßgen, Martin-Dietrich/Schmitt, Christian/Schweickard, Wolfgang (ed.): Romanische Sprachgeschichte. Ein internationales Handbuch zur Geschichte der romanischen Sprachen. III. Berlin – New York, de Gruyter, 3354–3359.
Kress, Hans-Joachim (1968): Die islamische Kulturepoche auf der iberischen Halbinsel. Eine historisch-kulturgeographische Studie. Marburg, Geographisches Institut der Universität.
Kuen, Heinrich (1950): "Die sprachlichen Verhältnisse auf der Pyrenäenhalbinsel", in: ZRPh 66, 95–125.
Kunitzsch, Paul (1959): Arabische Sternnamen in Europa. Wiesbaden, Harrassowitz.
Kunitzsch, Paul (1961): Untersuchungen zur Sternnomenklatur der Araber. Wiesbaden, Harrassowitz.
Kunitzsch, Paul/Smart, Tim (2006²): A Dictionary of Modern Star Names. A Short Guide to 254 Star Names and Their Derivations. Cambridge, Mass., Sky Publishing.
La Mantia, Giuseppe (1917): Codice diplomatico dei re[i] aragonesi di Sicilia. Pietro I, Giacomo, Federico III, Pietro II e Ludovico, dalla rivoluzione siciliana del 1282 sino al 1335. Con note storiche e diplomatiche. I. (Anni 1282–1290). Palermo, Boccone del Povero.
Lancel, Serge (1981): "La fin et la survie de la latinité en Afrique du Nord. État des questions", in: Revue des études latines 59, 269–297.
Landgrave Ponce, Ana (2011): Arabismos en el español. Procesos de cambio semántico. Chisinau, Editorial Académica Española.
Lapesa, Rafael (1981⁹): Historia de la lengua española. Madrid, Gredos.

Lapidario: Alfonso X: "Lapidario" (según el manuscrito escurialense H. 1.15). Introducción, edición notas y vocabulario por Sagrario Rodrígues M. Montalvo. Madrid, Gredos, 1981 [1250].
Lautensach, Hermann (1954): "Über die topographischen Namen arabischen Ursprungs in Spanien und Portugal (Arabische Züge im geographischen Bild der Iberischen Halbinsel I)", in: Die Erde 6, 219–243.
Lautensach, Hermann (1960): Maurische Züge im geographischen Bild der Iberischen Halbinsel. Bonn, Dümmlers.
Lévi-Provençal, Evariste (1950–53): Histoire de l'Espagne musulmane. 3 vol. Paris, Maisonneuve.
Lewicki, Tadeusz (1951–52): "Une langue romane oubliée de l'Afrique du Nord. Observations d'un arabisant", in: Rocznik Orientalisticzny 17, 415–480.
Liber de anima: Avicenna Latinus. Liber de anima seu sextus de naturalibus. I-II-III. Edition critique de la traduction latine médiévale par S. van Riet. Louvain – Leiden, Peeters – Brill, 1972.
Libro conplido: El libro conplido en los iudizios de las estrellas. Traducción hecha en la corte de Alfonso el Sabio. Introducción y edición por Gerold Hilty. Madrid, Real Academia Española, 1954 [1258].
Libro de las cruzes: http://bdh.bne.es/bnesearch/detalle/bdh0000037615 [1259].
Libros del saber de astronomía: Libros del saber de astronomía del rey D. Alfonso X de Castilla, compilados, anotados y comentados por Don Manuel Rico y Sinobas. 5 vol. Madrid, Eusebio Aguado, 1863–67.
Llorca Ibi, Francesc X. (1992): "L'article *al-* en els arabismes valencians", in: Sharq al-Andalus 9, 183–186.
López-Morillas, Consuelo (1983): "Las jarchas romances y la crítica árabe moderna", in: Actas del VIII Congreso de la Asociación Internacional de Hispanistas celebrado en Brown University, Providence Rhode Island, del 22 al 27 de agosto de 1983. II. Madrid, Istmo, 1986, 211–218.
López-Morillas, Consuelo (1990): "Hispano-semitic calques and the context of translation", in: Bulletin of Hispanic Studies 67, 111–128.
López-Morillas, Consuelo (1994): "Aljamiado and the Islamicization of Spanish", in: Eid, Mushira, et al. (ed.): Perspectives On Arabic Linguistics VI. Papers from the sixth annual symposium on Arabic linguistics. Amsterdam, Benjamins, 17–23.
López-Morillas, Consuelo (2000): "Language", in: Menocal, María Rosa/Scheindlin, Raymond P./Sells, Michael (ed.): The Literature of al-Andalus. Cambridge, CUP, 33–59.
Lüdtke, Helmut (1968): "El beréber y la lingüística románica", in: XI Congreso internacional de lingüística y filología románicas. II. Madrid, CSIC, 467–471, "Discusión", p. 472.
Maíllo Salgado, Felipe (1998³, ¹1983): Los arabismos del castellano en la Baja Edad Media. Consideraciones históricas y filológicas. Salamanca, Ediciones Universidad de Salamanca.
Maneca, Constant (1967): "In proposito dei prestiti lessicali arabi dello spagnuolo", in: Revue roumaine de linguistique 12, 369–374.
Marín, Manuela (ed.) (2016, ¹1998): The Formation of al-Andalus. Part 1: History and Society. New York, Routledge.
Martínez Delgado, José (2013): "Secularization through Arabicization: The Revival of the Hebrew Language in Al-Andalus", in: Jahrbuch des Simon-Dubnow-Instituts 12, 299–317.
Melander, J. (1932–33): "Les mots d'emprunt orientaux en français", in: Studia Neophilologica 5, 89–102.
Menéndez Pidal, Gonzalo (1951): "Cómo trabajaron las escuelas alfonsíes", in: NRFH 5, 363–380.
Millás Vallicrosa, José (1933): "El literalismo de los traductores de la corte de Alfonso el Sabio", in: Al-Andalus 1, 155–189.
Montaner, Alberto (ed.) (1993): Cantar de Mio Cid. Barcelona, Crítica.
Moreno, María Águeda (2006): "Los arabismos del español (siglos XVI y XVII)", in: Roldán Pérez, Antonio (ed.): Caminos actuales de la historiografía lingüística. Actas del V Congreso

Internacional de la Sociedad Española de Historiografía Lingüística. II. Murcia, Cajamurcia, 1175–1187.
Montero Muñoz, Raquel (2006): "Sprachkontakte: Arabisch und Iberoromania", in: Ernst, Gerhard/Gleßgen, Martin-Dietrich/Schmitt, Christian/Schweickard, Wolfgang (ed.): Romanische Sprachgeschichte. Ein internationales Handbuch zur Geschichte der romanischen Sprachen. II. Berlin – New York, de Gruyter, 1655–1667.
Morera, Marcial (1999): "El arabismo español *hasta*: su evolución formal y semántica", in: Verba 26, 81–95.
Müller, Bodo (2004): "Die Arabisierung romanischer Wörter im Spanischen des Mittelalters", in: Gil, Alberto/Osthus, Dietmar/Polzin-Haumann, Claudia (ed.): Romanische Sprachwissenschaft. Zeugnisse für Vielfalt und Profil eines Faches. Festschrift für Christian Schmitt zum 60. Geburtstag. II. Frankfurt/M., Lang, 203–211.
Müller, Bodo (2005): "Epochenwortschätze V: Spanisch", in: Cruse, D. Alan/Hundsnurscher, Franz/Job, Michael (ed.): Lexikologie. Ein internationales Handbuch zur Natur und Struktur von Wörtern und Wortschätzen. II. Berlin – New York, de Gruyter, 1454–1467.
Muñoz y Romero, Tomás (1847): Colección de fueros minicipales y cartas pueblas de los reinos de Castilla, León, Corona de Aragón y Navarra. Madrid, Imprenta de don José María Alonso.
Nadal, Josep M./Prats, Modest (1983): Història de la llengua catalana. I: Dels orígens al segle XV. Barcelona, Edicions 62.
Nascentes, Antenor (1955): Dicionário etimológico da língua portuguesa. Rio de Janeiro, Alves et al.
Neuvonen, Eero K. (1941): Los arabismos del español en el siglo XIII. Helsinki, Sociedad de literatura finesa.
Noll, Volker (1996): "Der arabische Artikel al und das Iberoromanische", in: Lüdtke, Jens (ed.): Romania Arabica. Festschrift für Reinhold Kontzi zum 70. Geburtstag. Tübingen, Narr, 299–313.
Noll, Volker (1997):"Anmerkungen zur spanischen Toponymie: Andalucía", in: Holtus, Günter/Kramer, Johannes/Schweickard, Wolfgang (ed.): Italica et Romanica. Fs. für Max Pfister zum 65. Geburtstag. III. Tübingen, Niemeyer, 1997, 199–210.
Noll, Volker (1998): "Spanisch und Romanisch im 9. Jh.", in: ZRPh 114, 663–666.
Noll, Volker (2006): "La aglutinación del artículo árabe al en el léxico español", in: Arnold, Rafael/Langenbacher-Liebgott, Jutta (ed.): Cosmos Léxico. Contribuciones a la lexicografía y a la lexicología hispánicas. Frankfurt/M., Lang, 35–49.
Noll, Volker (2019): "The agglutinated Arabic article in Ibero-Romance", in: Iberoromania 90, 185–196.
Noll, Volker (2021): "Estruturas árabes no léxico ibero-românico", in: Confluência (Rio de Janeiro), Número especial 30 anos, 324–341.
Nykl, Alois R. (1929): A Compendium of Aljamiado Literature Containing: Rrecontamiento del Rrey Ališand^{e}re (an aljamiado version of the Alexander legend, with an introduction, study of the Aragonese traits, notes and glossary), The History and Classification of the Aljamiado Literature. Extrait de la Revue Hispanique, tome LXXVII. New York – Paris.
Odisho, Edward Y. (1997): "«al»-Prefixed Arabic Loanwords in Spanish: Linguistic Implications", in: Zeitschrift für arabische Linguistik 33, 89–99.
Orígenes: Menéndez Pidal, Ramón (1980^{9}): Orígenes del español. Estado lingüístico de la Península Ibérica hasta el siglo XI. Madrid, Espasa-Calpe.
Palencia: González Palencia, Ángel (1926–30): Los mozárabes de Toledo en los siglos XII y XIII. 4 vol. I. Documentos 1–382. Madrid 1926. II: Documentos 383–726. Madrid 1926. III: Documentos 727–1.151. Madrid 1928. Volumen preliminar. Estudio e índices. Madrid 1930.
Patterson, William/Urrutibéheity, Hector (1975): The lexical structure of Spanish. The Hague – Paris, Mouton.

PCrónGen: Primera Crónica General de España que mandó componer Alfonso el Sabio y se continuaba bajo Sancho IV en 1289. 2 vol. Ed. Menéndez Pidal, Ramón. Madrid, Gredos, 1955.
Pellat, Charles (1962): "Les emprunts arabes dans le parler ahaggar", in: Etudes d'orientalisme dédiées à la mémoire de Lévi-Provençal. I. Paris, Maisonneuve et Larose, 239–259.
Pellat, Charles (2001): "Berbers", in: The Encyclopaedia of Islam. CD-Rom Edition v. 1.1. Leiden, Brill.
Penny, Ralph (2014): Gramática histórica del español. Barcelona, Ariel.
Peñarroja Torrejón, Leopoldo (1990): El mozárabe de Valencia. Nuevas cuestiones de fonología mozárabe. Madrid, Gredos.
Pérès, Henri (1950): "L'arabe dialectal en Espagne musulmane aux Xe et XIe siècles de notre ère", in: Mélanges William Marçais, Paris, 289–299.
Pezzi, Elena (1995): Arabismos. Estudios etimológicos. Almería, Universidad de Almería.
Pocklington, Robert (1986): "El sustrato arábigo-granadino en la formación de los dialectos orientales del andaluz", in: RFE 66, 75–100.
Pocklington, Robert (2016): "Lexemas toponímicos andalusíes I", in: Alhadra 2, 233–320.
Pocklington, Robert (2017): "Nombres propios árabes y bereberes en la toponimia andalusí", in: Alhadra 3, 59–184.
Quesada Morillas, Yolanda (2019): "The Restrained Policies of Charles V in Applying Legislation for Moriscos from the Kingdom of Granada", in: Aslan, Ednan/Rausch, Margaret (ed.): Jewish-Muslim Relations. Historical and Contemporary Interaction and Exchanges. Wiesbaden, Springer, 141–157.
Ribera, Julián (1914): Historia de los jueces de Córdoba por Aljoxaní. Texto árabe y traducción española. Madrid, Imprenta Ibérica.
Rohlfs, Gerhard (1933): "J. Melander, Les mots d'emprunt orientaux en français", in: Archiv für das Studium der Neueren Sprachen 164, 154–155.
Roth, Norman (1990): "Jewish Collaborators in Alfonso's Scientific Work", in: Burns, Robert I., S.J. (ed.): Emperor of Culture. Alfonso X the Learned of Castile and His Thirteenth-Century Renaissance. University of Philadelphia Press, 59–71.
Ruhstaller Kuhne, Stefan (2003): "El mozárabe de Sevilla a la luz de la toponimia", in: Perdiguero Villareal, Hermógenes (ed.): Lengua romance en textos latinos de la Edad Media. Sobre los orígenes del castellano escrito. Universidad de Burgos, Instituto Castellano y Leonés de la Lengua, 263–277.
Ruhstaller, Stefan/Gordón Peral, María Dolores (2018): "The lexical impact of language contact with Arabic on Spanish and Catalan", in: Lexicographica 33, 277–296.
Sabaté, Flocel (1998): Atlas de la «Reconquista». La frontera peninsular entre los siglos VIII y XV. Barcelona, Ediciones Península.
Salomonski, Eva (1944): Funciones formativas del prefijo *a-* estudiadas en el castellano antiguo. Diss. Zürich.
Samsó, Julio (1977): "Los estudios sobre el dialecto andalusí, la onomástica hispanoárabe y los arabismos en las lenguas peninsulares desde 1950", in: Índice Histórico Español 23, XI–XLVII.
Sánchez-Albornoz, Claudio (1956): España, un enigma histórico. 2 vol. Buenos Aires, Ed. Sudamericana.
Santoyo, Julio-César (2009): La traducción medieval en la Península Ibérica (siglos III - XV). León, Universidad de León.
Schiaparelli, Celestino (1871): Vocabulista in Arabico, pubblicato per la prima volta sopra un codice della Biblioteca Riccardiana di Firenze. Firenze, Successori Le Monnier.
Schipperges, Heinrich (1960): "Die Schulen von Toledo in ihrer Bedeutung für die abendländische Wissenschaft", in: Sitzungsberichte der Gesellschaft zur Beförderung der Gesamten Naturwissenschaften zu Marburg 82, 3–18.

Seco de Lucena de Paredes, Luis (1974): Topónimos árabes identificados. Granada, Universidad de Granada.
Seybold, Christian F. (ed.) (1900): Glossarium Latino-Arabicum ex unico qui exstat codice Leidense XI° saeculo in Hispania conscripto. Berlin, Felber.
Sgroi, Salvatore C. (1985): "Agglutination et déglutination de l'article arabe dans les arabismes espagnols et siciliens", in: Contacts de langues, Discours oral. Actes du VIIe Congrès international de linguistique et philologie romanes (Aix-en-Provence, 29 août – 3 septembre 1983). VII. Marseille, Laffitte, 141–151.
Sgroi, Salvatore C. (1986): Interferenze fonologiche, morfo-sintattiche e lessicali fra l'arabo e il siciliano, Palermo, Centro di Studi filologici e linguistici Siciliani.
Sgroi, Salvatore C. (1992): "Arabo e dialetti italiani a contatto: Il caso della deglutinazione dell'articolo determinativo", in: L'Europa linguistica: contatti, contrasti, affinità di lingue. Atti del XXI Congresso internazionale di studi (Catania – 1987). Roma, Bulzoni, 247–257.
Simonet, Francisco J. (1888): Glosario de voces ibéricas y latinas usadas entre los mozárabes precedido de un estudio sobre el dialecto hispano-mozárabe. Madrid, Fontanet.
Singer, Hans-Rudolf (1980): "Conquista und Reconquista im Spiegel spanisch-arabischer Ortsnamen", in: Schützeichel, Rudolf (ed.): Erlanger Ortsnamen-Kolloquium. Ortsnamen als Ausdruck von Kultur und Herrschaft. Heidelberg, Winter, 119–130.
Singer, Hans-Rudolf (1980a): "Ortsnamenskunde und Dialektologie im muslimischen Spanien (Studien zu den Ortsnamen von al-Andlaus II), in: Zeitschrift für arabische Linguistik 5, 137–157.
Snyder Gehman, Henry (1982): "Arabic Syntax of the Relative Pronoun in *Poema de Mío Cid* and *Don Quijote*", in: Hispanic Review 50, 53–60.
Solá-Solé, Josep M. (1968): "El artículo *al-* en los arabismos del iberorrománico", in: Romance Philology 21, 275–285.
Solá-Solé, Josep M. (1973): Corpus de poesía mozárabe (Las ḫarga-s andalusíes). Barcelona, Hispam.
Speer, Andreas/Wegener, Lydia (ed.) (2006): Wissen über Grenzen. Arabisches Wissen und lateinisches Mittelalter. Berlin – New York, de Gruyter.
Steiger, Arnald (1932): Contribución a la fonética del hispano-árabe y de los arabismos en el ibero-románico. Madrid, CSIC.
Steiger, Arnald (1948–49): "Aufmarschstraßen des morgenländischen Sprachgutes", in: VR 10, 1–62.
Steiger, Arnald (1967): "Arabismos", in: Enciclopedia Lingüística Hispánica (ELH). II: Elementos constitutivos, fuentes. Madrid, CSIC, 93–126.
Stern, Samuel M. (1948): "Les vers finaux en espagnol dans les muwaššaḥs hispano-hébraïques. Une contribution à l'histoire du muwaššaḥ et à l'étude du vieux dialecte espagnol «mozarabe»", in: Al-Andalus 13, 299–346.
Stern, Samuel M. (1953): Les chansons mozarabes. Les vers finaux (*kharjas*) en espagnol dans les *muwashshahs* arabes et hébreux. Palermo, Manfredi.
Strohmaier, Gotthard (1969): "Arabisch als Sprache der Wissenschaft in den frühen medizinischen Übersetzungen", in: Mitteilungen des Instituts für Orientforschung 15, 77–85.
Tallgren, Oiva Joh (1925): "Los nombres árabes de las estrellas y la transcripción alfonsina", in: Homenaje ofrecido a Menéndez Pidal. Micelánea de estudios lingüísticos, literarios e históricos. II. Madrid, Hernando, 633–718.
Terés, Elías (1976): "Sobre el nombre árabe de algunos ríos españoles", in: Al-Andalus 41, 409–443.
Terés, Elías (1977): "La voz árabe «al-wādī» reflejada en documentos latinos y romances", in: Al-Andalus 42, 25–59.

Terés, Elías (1986): Materiales para el estudio de la toponimia hispanoárabe. Nomina fluvial. Madrid, CSIC – Instituto de Filología.
Thomas, Juan Antonio/Sayahi, Lofti (2012): "A Quantitative Analysis of Code-switching in the Arabic-Romance Kharjas", in: Journal of Language Contact 5, 262–278.
Thomason, Sarah G. (2001): Language Contact. An Introduction. Edinburgh, Edinburgh University Press.
Thomason, Sarah G./Kaufman, Terrence (1988): Language Contact, Creolization and Genetic Linguistics. Berkeley – Los Angeles – London, University of California Press.
Thompson, Billy R. (1969): Bilinguialism in Moorish Spain. Diss. University of Virginia.
Trend, John B. (1931): "Spain and Portugal", in: Arnold, Thomas (ed.): The Legacy of Islam. Oxford, Oxford University Press, 1–39.
Trend, John B. (1953): The Language and History of Spain. London et. al., Hutchinson.
Vázquez de Benito, Concepción/Herrera, María Teresa (1989): Los arabismos de los textos médicos latinos y castellanos de la Edad Media y de la Modernidad. Madrid, CSIC.
Vélez León, Paulo (2017): "Sobre la noción, significado e importancia de la Escuela de Toledo", in: Disputatio. Philosophical Research Bulletin 6, 537–579.
Vernet Ginés, Juan (1960): "Toponimia arábiga", in: Enciclopedia Lingüística Hispánica (ELH). I. Antecedentes. Onomástica. Madrid, CSIC, 561–578.
Vernet Ginés, Juan (2006 [1974]): Lo que Europa debe al Islam de España. Barcelona, Acantilado.
Versteegh, Kees (2001): "Linguistic Contacts between Arabic and Other Languages", in: Arabica 48, 470–508.
Vespertino Rodríguez, Antonio (1985): "La sonorización de las consonantes sordas intervocálicas en el latín de los mozárabes", in: Homenaje a Álvaro Galmés de Fuentes. Oviedo, Universidad de Oviedo, I, 345–355.
Vicente, Ángeles (2020): "Andalusi Arabic", in: Lucas, Christopher/Manfredi, Stefano (ed.): Arabic and Contact-Induced Change. Berlin, Language Science Press, 225–244.
Viguera Molins, María Jesús (2002): "Lengua árabe y lenguas románicas", in: Revista de filología románica 19, 45–54.
Villalobos, Francisco López de (1574 [1515]): "Diálogo de las fiebres interpoladas", in: Libro intitulado Los problemas de Villalobos, que trata de cuerpos naturales y morales [...]. Sevilla, Hernando Diaz, 102–111.
Walsh, Thomas J. (1971): "The Hispano-Oriental Derivational Suffix *-ī*", in: Romance Philology 25, 159–172.
Walsh, John K. (1967): "Supervivencia del árabe *š-r-q* y *g-r-b* en el léxico peninsular", in: Al-Andalus 32, 261–276.
Walsh, John K. (1973): The Loss of Arabisms in the Spanish Lexicon. Ann Arbor (Michigan), University Microfilms.
Wartburg, Walther von (1931): "Grundfragen der etymologischen Forschung", in: Neue Jahrbücher für Wissenschaft und Jugendbildung 7, 222–235.
Wasserstein, David J. (1991): "The Language Situation in al-Andalus", in: Jones, Alan/Hitchcock, Richard (ed.): Studies on the Muwaššaḥ and the Kharja. Proceedings of the Exeter International Colloquium. Reading, Ithaca Press, 1–15.
Wasserstein, David (1991a): "A Latin Lament On the Prevalence of Arabic In Ninth-Century Islamic Cordoba", in: Jones, Alan (ed.): Arabicus Felix. Luminosus Britannicus. Essays in Honour of A. F. L. Beeston On His Eightieth Birthday. Reading, Ithaca Press, 1–7.
Wehr, Hans/Kropfitsch, Lorenz (2020[6]): Arabisches Wörterbuch für die Schriftsprache der Gegenwart Arabisch – Deutsch. Wiesbaden, Harrassowitz.
Weld Coates, Mary (1943): "The Arabic element in modern Spanish", in: Hispania 26, 59–64.
Wijk, H. L. A. van (1949): "L'élément arabe en espagnol", in: Neophilologus 33, 13–23.

Wijk, H. L. A. van (1971): "Algunos arabismos semánticos y sintácticos em el español y el portugués", in: Norte. Revista hispánica de Amsterdam 12 (Homenaje a J. A. van Praag), 35–46.
Winet, Monika (1995): "*Amanecer, anochecer / amanhecer, anoitecer*: dos arabismos semánticos y sintácticos", in: RLiR 59, 25–65.
Winet, Monika (2006): El artículo árabe en las lenguas iberorrománicas (aspectos fonéticos, morfológicos y semánticos de la transferencia léxica). Córdoba, Universidad de Córdoba.
Wolff, Ekkehard (1981): "Die Berbersprachen", in: Heine, Bernd, et al. (ed.): Die Sprachen Afrikas. Hamburg, Buske, 171–185.
Wright, Roger (2017, [1]1998): "The end of written ladino in al-Andalus", in: Fierro/Samsó 2017, 19–35.
Zaderenko, Irene/Montaner, Alberto (ed.) (2018): A Companion to the Poema de mio Cid. Leiden – Boston, Brill.
Zamora Vicente, Alonso (1985[2]): Dialectología española. Madrid, Gredos.
Zwartjes, Otto (1997): Love Songs From al-Andalus. History, Structure, and Meaning of the Kharja. Leiden – New York – Köln, Brill.

Index

Abbasiden, 9
Ableitungen, 74, 77
Adjektive, 75
– Farbadjektive, 49
Agglutination, 51, 52, 53, 56, 57, 59, 60
al-andalusīya, 21, 135
aljamiado, 135
Aljamiadoliteratur, 118, 135, 137, 138, 139, 142
Almohaden, 7, 12, 14, 15, 17, 18, 28, 30
Almoraviden, 10, 12, 14, 15, 22, 27, 28, 30
Alphabet, 33, 97, 138
Altkastilisch, 39, 40, 104, 109, 116, 125, 144
Andalusisch, 23, 97
andalusisches Arabisch, 26, 36, 37, 42, 56, 57, 59, 98, 106
– Charakteristika, 35, 91
Anthroponyme, 84, 85, 86, 95
árabe andalusí. s. andalusisches Arabisch
Arabisch, 5, 7, 21, 23, 25, 26, 27, 28, 29, 30, 31, 32, 35, 36, 37, 38, 39, 41, 42, 43, 47, 48, 49, 69
– Mittelarabisch, 26, 43
Aragonesisch, 22, 23, 24, 102, 109, 112, 117, 119, 133, 137, 142
Assimilation, 32, 42, 54, 55, 56, 58, 94
Astrologie, 123
Astronomie, 121, 123, 132
Asturisch-Leonesisch. *s. Leonesisch*

Bayt al-Ḥikma, 121
Bedeutungswandel, 150, 151
– Bedeutungsverschlechterung, 151
– Pejoration, 151
Bedürfnislehnwörter, 65
Berber, 3, 5, 6, 14, 52, 53, 57, 59
Berbersprachen, 27, 52, 53, 57, 58
Berberthese, 52, 53, 54
Berufsbezeichnungen, 46, 85
Betonung, 35, 36, 37, 42, 43, 101
Bewässerungskultur, 9, 72, 121

Cantar de Mio Cid, 1, 6, 15, 19, 125, 128
castellano drecho, 126
Casus obliquus, 44
Casus rectus, 44

Degeminierung, 116
Deklination, 43, 44, 111
Diakritika, 34, 38, 43, 97, 99
Diálogo de la lengua, 51, 73, 144
Diminutive, 45, 77, 89, 90, 100, 109, 110
Diphthongierung, 102, 109, 119
Dual, 44, 93

Elision, 54, 55, 56, 57
emphatische Konsonanten, 33, 35, 37, 41, 112
Enklise, 57, 59, 98, 101
etymologia proxima, 64, 65
etymologia remota, 64
Extremadura (historisch), 11
Extremeñisch, 23, 117

Fachwortschatz, 149
Funktionswörter, 76

Galicisch, 22, 147
Galicisch-Portugiesisch, 22, 46, 96, 104, 122
Ġarb al-Andalus, 86
Gattungskollektive, 45
Gemination, 37, 106, 112
glosador, 125
Glossare, 120
Griechisch, 51, 80, 121
Grundwortschatz, 70

Hebräisch, 28
Hispanoarabisch. *s. andalusisches Arabisch*
Hybridbildungen, 58, 60, 62, 100
Hydronyme, 83, 86, 88, 89, 90

Imala, 36, 37, 44, 85, 89
imala granadina, 35, 37
Inquisition, 136, 143
Interferenzen, 126, 139, 140
Italienisch, 51, 52, 59, 60

Jarchas, 96, 97, 98, 101, 102
Judäo-Arabisch, 28
Judenspanisch, 8, 135

Kastilisch, 20, 21, 22, 23, 24, 25, 97

https://doi.org/10.1515/9783110697766-013

Katalanisch, 20, 22, 24, 29, 47, 51, 56, 59, 60, 109, 110, 111, 116, 117, 118, 119
Katholische Könige, 8, 10, 19, 143
Konsonantenschrift, 33, 99
Konvergenz, 131
Konzil von Tours, 20
Kreolsprachen, 57, 60
Kulturadstrat, 61

ladino, 137
Lambdazismus, 41
Las Navas de Tolosa, 17, 18, 19
Latein, 20, 21, 23, 25, 26, 27, 29, 61, 68, 93, 97, 105, 108, 121, 122, 123, 124, 133, 145, 146
Lehnaffixe, 62
Lehnbedeutung, 62, 63
Lehnbildung, 62
Lehnformung, 62, 63
Lehngut
- äußeres Lehngut, 61
- inneres Lehngut, 62
Lehnschöpfung, 62
Lehnsyntax, 64
Lehnübersetzung, 63
Lehnübertragung, 63
Leonesisch, 22, 23, 102, 109, 117, 118, 119, 133
lexikalischer Ausbau, 132
limpieza de sangre, 144
Luxuslehnwörter, 65, 147

Marken (Regionen), 10, 11
Medizin, 121, 138
Mehrfachentlehnung, 66, 67
Mittellatein, 24, 25, 29
Mondbuchstaben, 54, 55, 56
Morisken, 7, 8, 19, 24, 31, 135, 136, 137, 138, 139, 140, 142, 143
moro, 2, 6, 19
Morphemgrenzen, 54, 57
Motiviertheit, 83
Mozaraber, 6, 7, 8, 15
Mozarabisch, 21, 22, 97, 98, 99, 103, 104, 106, 114, 116
Mudéjares, 7
Muladíes, 7
Murcianisch, 23, 117
Muwaššaḥa, 96

Naṣriden, 14, 18
Naturwissenschaften, 121
Nautik, 121
Navarresisch, 22
Navarro-Aragonesisch. *s. Aragonesisch*
Nexus *-mb-*, 117, 119

Objektpronomen, 98, 101
Okzitanisch, 20
Omayyaden, 9
Onomastik, 83
Ost- und Westromania, 111

parataktischer Satzanschluss, 129
Paronomasie, 129, 130, 131
Persisch, 80
- Mittelpersisch, 80, 86, 121
- Neupersisch, 80
- Pehlevi, 121
Philosophie, 121
Phraseologismen, 76
Plural, 44, 85
- gebrochener Plural, 45, 140
Polymorphie, 53, 54, 55, 59
Portugiesisch, 22, 29, 51, 56, 59, 60, 99, 102, 109, 110, 111, 116, 117, 118
- brasilianisches Portugiesisch, 111
Prestige, 28, 31, 54, 58, 65, 126, 131, 149
Prestigeverlust, 143, 146, 151
Prosasprache, 122, 134
Protoromanisch, 20

Rektionen, 140
Relationsadjektive, 48, 49, 83, 149
Relativkonstruktionen, 127, 128
Rhotazismus, 85
romance andalusí, 21, 104
romandalusí, 21, 104
Romanisch, 20, 21, 22, 105, 108, 109, 111, 112, 113, 114, 116
Rückwanderer, 65, 86
Rückweisepronomen, 127

šadda, 105
Sanskrit, 121
Šarq al-Andalus, 86
Schola Medica Salernitana, 121
Segmentierung, 54, 57
Sibilanten, 38, 39
Signalpartikel, 57, 59

Silbengrenzen, 57
Sizilien, 3, 23, 27, 51, 58, 59, 80, 88
Sonnenbuchstaben, 54, 55, 56
Sprachkontakt, 29, 31, 32, 36
Sprachwandel
– außersprachliche Faktoren, 143
– innersprachliche Faktoren, 143
Status constructus, 55, 63, 67, 85, 90
Sternnamen, 83, 93, 94, 95
Strukturwörter, 76
Substantive, 43, 45, 46
Süditalien, 3
Superstrat, 61
Synonymie, 147

Taifas, 12, 14, 15
Toponomastik, 108
Toponyme, 83, 84, 85, 86, 92, 95
Transliteration, 34, 43, 49, 98, 99, 101

Übergangsmundarten, 23
Übersetzerschule von Toledo, 121, 134

Varietätenspektrum, 104, 119
Verben, 46, 47, 74
– Verben des IV. Stamms, 46, 47, 64, 74
Vermittlersprache, 79
Vulgärlatein, 20, 109

Westgoten, 2, 3, 4, 8
Wissenschaftssprache, 121, 122, 125, 134

Zweisprachigkeit, 21, 22, 29, 30, 31, 58, 59

www.ingramcontent.com/pod-product-compliance
Lightning Source LLC
Chambersburg PA
CBHW080412230426
43662CB00016B/2378